제2판

의료분쟁

법조문과 사례로 이해하는

김나경

박영사

제2판 머리말

『법조문과 사례로 이해하는 의료분쟁』이 '제2판'이라는 이름으로 새롭게 세상에 나오게 되었다. 2020년 첫 출간부터 지속적으로 힘을 실어주신 모든 독자분께 진심으로 감사드린다. 이 책은 법의 언어를 낯설어하는 일반인을 대상으로 하는 국가평생교육진흥원의 K-MOOC 강좌 〈의료사고, 법으로 이해하기〉를 계기로 기획되었다. 그런 만큼 의료사고와 이로 인한 분쟁 해결에 관심을 갖는 이라면 누구든 쉽게 관련 문제를 이해할 수 있도록 하는 데에 초점을 맞추었다. 이를 위해 제목처럼 한편으로는 의료분쟁과 관련한 다양한 쟁점들을 법조문 또는 판례의 핵심 문장을 길잡이 삼아 설명하고, 다른 한편으로는 판결문에 담긴 사안의 구체적 내용과 법리를 '사실 관계─쟁점─문제 해결'의 구조로 재구성하여 분석하였다. 이러한 구성을 따라가다 보면 법률가가 아닌 독자들도 의료분쟁을 대하는 이른바 리걸 마인드(legal mind)를 자연스레 만들어가게 될 것이다.

제2판에서는 우선 책에 소개된 모든 법규정 및 가이드라인 등의 개정 사항을 반영하고, 상자 안에 담긴 길잡이 판례도 가급적 가장 최근의 것으로 바꾸고자 하였다. 아울러, 참고 문헌을 추가 또는 변경하기도 하였으며, 의료분쟁의 발생 현황 등에 대한 소개에 최신 통계 자료를 반영하였다. 의료분쟁을 해결하는 법과 제도의 기본 원칙이 쉽게 변하지는 않겠지만, 경우에 따라서는 ─ 제2판에서 반영한, 형사소송법 개정에 따른 수사권 조정 등과 같은 ─ 근본 구조의 굵직한 변화도 있을 수 있다. 뿐만 아니라 의료의 방식 그리고 의료 환경은 생각지 못했던 모습으로 그리고 빠른 속도로 변화하고 있음을 절감한다. 독자들의 이해가 뒤처지지 않도록, 이러한 변화를 놓치지 않는 지속적인 노력을 기울여야겠다고 다짐해 본다.

마지막으로, 이 책의 기획과 교정의 모든 과정에서 세심한 배려를 아끼지 않으신 박영사 선생님들께 진심으로 감사드린다. 더불어, 이 책의 교정 작업에는 성신여자대학교의 권도진, 신소민 학생 그리고 이제는 졸업한 윤다정 양의 도움이 무엇보다 컸다. 깊은 고마움을 전한다. 아울러 성신여자대학교 그리고 K-MOOC〈의료사고, 법으로 이해하기〉강좌의 모든 수강생분께 진심으로 감사드린다.

2025.5.

김 나 경

머리말

이 책은 제목 그대로 의료분쟁을 둘러싼 주요 쟁점들을 관련 법조문과 사례에 기초해 설명하는, 환자와 의사를 위한 지침서이다. 이 책을 기획하게 된 것은, 2019년 국가평생교육진흥원의 K-MOOC 강좌로 〈의료사고, 법으로 이해하기〉 강의가 선정되면서부터이다. 강의를 준비하며, 법을 낯설어하는 대다수의 수강생들에게 어떻게 하면 의료사고로 인한 분쟁의 해결방법과 기준을 차근차근 알려줄 수 있을까 고민하였다. 우리가 법을 찾는 이유는 결국 문제를 해결하기 위해서이므로, 각 주제별로 문제 해결의 단서가 되는 관련 법조문과 판례의 핵심 내용을 알기 쉽게 전달하는 것에 강의의 무게가 실렸다. 아울러 단순한 이론만이 아닌 살아있는 이야기를 전달할 수 있도록, 판례의 기초가 된 사례를 재구성하여 소개하며 현장의 목소리를 담기 위해 애썼다. 이러한 강의 준비 과정에서 의료분쟁의 개별적인 주제들을 해당 법조문과 판례의 핵심 문장을 길잡이 삼아 새롭게 풀어내고 싶은 욕심이 생겼다. 강의를 위해 해체와 재구성의 과정을 거친 사안들도, 보기 좋고 읽기 편한 언어로 함께 담아내고 싶었다.

이 책이 의료법 분야에서 발간한 첫 책은 아니다. 2009년 처음 출간되어 개정을 거듭한 『의료법강의』(2인 공저, 법문사)는 의료분쟁에 국한하지 않고 의료체계와 생명윤리의 문제를 아우르는 다양한 주제들을 담은 개론서이다. 이후 2012년 출간한 『의료보험의 법정책』(집문당)은 『의료법강의』 중 한 단락이었던 의료보험의 문제를, 국민건강보험의 실무 사례들을 분석하며 다룬 연구서였다. 2016년 출간한 『의료사고와 의료분쟁』(커뮤니케이션북스)에서 새로이 의료분쟁의 문제에 집중하긴 했으나, 네이버(Naver) 지식백과로의 활용을 전제하느라 각 주제어를 압축된 언어로 설명할 수밖에 없었다.

많은 아쉬움 그리고 이를 다음 책으로 해소하고 싶은 소망을 동시에 안고 있던 중, 아쉬움을 해소하고 소망을 실현할 기회를 〈의료사고, 법으로 이해하기〉 강의로 만나게 되었다. 그러고 보니 지식백과 『의료사고와 의료분쟁』이 어쩌면 K-MOOC 강의보다 앞선, 이 책의 보다 이른 계기였던 셈이다. 의료사고와 분쟁에 관한 주요한 쟁점들을 담으려다 보니, 이 책에서도 『의료사고와 의료분쟁』에서 주제어로 삼은 쟁점들이 당연히 등장한다. 하지만 분량과 구성의 차이에서 이미 알 수 있듯, 이 책은 기존의 책과는 내용과 형식 모두에서 차별화된, 새로운 고민과 생각을 담은 결과물이다. 앞선 책들에서 참고한 또는 참고가 될 부분은 각주를 달았다. 다만, 주제별로 반드시 소개할 수밖에 없는 법조문과 판례의 내용에 대한 일반적인 설명의 경우에는, 각주가 필수적인 것은 아니라고 판단하여 필요한 경우로 각주 작업의 범위를 한정했다.

이 책은 각 주제별로 관련 법조문과 판례의 내용을 상자 안에 담아 먼저 제시한다. 경우에 따라서는, 상자에 제시된 내용에 관한 이론적 설명에 이어 관련된 주요 판례를 '사실관계-쟁점-문제 해결'의 순서로 구성하여 별도의 상자 안에 담아 소개하였다. 개별 주제와 관련해 좀 더 상세한 설명이 필요한 부분은 작은 글씨의 별도의 단락으로 기술했다. 독자들은 필요에 따라 처음에 제시되는 상자만을 골라서 보거나, 사례 상자만을 골라서 읽어도 좋을 것이다. 그것만으로도 의료분쟁에 관한 큰 그림을 그려볼 수 있으면 좋겠다는 바람이 서로 다른 모양의 상자들로 구체화된 것임을 참고해 두면 어떨까 한다.

시간이 지날수록 여전히 아는 것 또는 알 수 있는 것이 턱없이 부족하다는 생각 때문에 지식과 사변을 활자화하는 것이 부끄럽게 여겨진다. 다양한 사례에서 당사자가 겪었을 고통과 감정을 건조한 법적 언어 뒤로 숨기는 것 같아 늘 마음 한구석이 아프다. 그래도 강의에 함께 참여하고 또 포기하지 않도록 힘을 실어주신 분들께 감사하는 마음으로 그리고 의료분쟁을 둘러싼 이론과 사례에 쉽게 다가가고자 하는 분들께 조금이나마 보탬이 되려는 마음으로 용기를 내었다. 무엇보다 성심껏 출간을 도와주신 박영사 선생님들께 진심으로 감사드린다. 그리고 K-MOOC 강의 촬영을 기쁜 마음으로 함께 하고 이 책의 번거로운 교정 작업을 함께 해 준 성신여대 법학과

김희선 학생 그리고 고려대학교 대학원의 최한별 학생에게도 고마움을 전한다. 앞으로도 많이 부족하겠지만, 조금이나마 거듭날 수 있는 또 하나의 계기로 삼겠다고 변명해 본다.

2020.12.30.
김 나 경

차 례

.

[1] 의료의 시작: 만남

[2] 의료의 전개: 대화(Ⅰ), 대화의 원칙

[3] 의료의 전개: 대화(Ⅱ), 대화의 내용과 범위

[4] 의료의 시행: 사고의 발생

[5] 의료분쟁(Ⅰ): 민사소송과 민사책임

[6] 의료문쟁(Ⅱ): 형사소송과 형사책임

[7] 의료분쟁(Ⅲ): 화해, 조정 그리고 중재

[1] 의료의 시작: 만남

법조문과 사례로 이해하는 **의료분쟁**

I. 의료계약의 의의

> 환자가 의사(醫師) 또는 의료기관에게 진료를 의뢰하고 의료인이 그 요청에 응하여 치료행위를 개시하는 경우에 의료인과 환자 사이에는 의료계약이 성립된다(대판 2021다24113).

1. 청약과 승낙

의료의 시작은 환자와 의사의 만남이다. 이 만남을 통해 환자와 의사는 치료라는 공동의 목적을 실현하기 위해 노력할 것을 약속한다. 법적 관점에서 보면, 질병을 치료해 줄 것을 부탁하는 환자의 '청약'과 치료에 응하겠다는 의사의 '승낙'의 의사표시가 합치하여 '계약'이 성립하는 것이다.[1]

[청약과 승낙의 실제] 예를 들어 밤새 목이 붓고 열이 나서, 이 증상의 원인이 무엇인지를 알고 치료해야겠다고 생각하여 동네 의원을 찾아갔다고 생각해 보자. 환자는 의료기관을 방문하면 통상적으로 자신의 이름을 얘기하고 접수한 후 의사를 만나러 진료실에 들어가게 된다. 이러한 환자의 행위는 바로 '나는 이 의료기관에서 진단을 받고 진단에 기초해서 필요한 치료 혹은 처방을 받고 싶다'는 의사표시인 '청약'에 해당한다. 그리고 의사가 환자의 증상 등을 물으면서 진료를 시작하는 것은 이러한 청약에 대해 승낙으로, 청약과 승낙에 기초해 의료계약이 성립하게 된다.

2. 불요식 행위

의료계약은 불요식(不要式) 행위이다. 즉, 청약과 승낙의 의사표시가 특정한 방식에 따라 이루어져야 하는 것은 아니다. 의료기관을 방문하면 관행상 진료신청서 혹은 그 밖의 다른 서류를 작성해야 하는 경우가 종종 있다. 그러나 이는 어디까지나 효율적 업무처리를 위한 절차일 뿐, 의료계약이 성립하기 위한 필수 요건은 아니다.[2] 법원은 '의료인이 환자의 요청에 응해서 치료행위를 개시하면 의료계약이 성립한다'고 판시한다. 즉, 꼭 서면으로 계약을 체결하지 않더라도 의료인이 치료행위를 개시하면

---

1 의료가 반드시 의료계약의 체결에 기초해 시작되는 것은 아니다. 예를 들어, 의무 없이 타인을 위해 사무를 관리하는 민법상의 사무관리(민법 제734조)에 해당하는 경우, 응급의료 상황에서의 응급의료, 감염병 관리 등을 위해 강제적 진료를 시행하는 경우에는 의료계약이 체결되지 않더라도 의료행위가 시작된다(김나경, 『의료사고와 의료분쟁』, 커뮤니케이션북스, 2016, 3쪽 참조).

2 김천수, 「진료계약」, 『민사법학』, 제15호, 1997년 4월, 150쪽.

환자와 의료인 간에는 의료계약이 구두로 또는 묵시적 합의로 체결된다.

II. 의료계약의 체결능력

> 환자가 성인으로서의 판단능력을 가지고 있는 이상, 친족의 승낙으로써 환자의 승낙에 갈음하는 것은 허용되지 아니한다(대판 2015다13843).[3]

1. 행위능력

계약을 체결하기 위해서는 원칙적으로 민법상의 행위능력을 갖추어야 한다. 민법상 행위능력이란 "타인의 도움 없이 단독으로 유효하게 법률행위를 할 수 있는"[4] 능력이다. 「민법」 제4조는 "사람은 19세로 성년에 이르게 된다"고 규정한다. 아울러 민법상 "18세가 된 사람은 혼인할 수 있"으며(제807조) "미성년자가 혼인을 한 때에는 성년자로 본다"(제826조의2). 그렇다면 환자가 19세 이상의 성년자이거나 혼인을 한 18세 이상의 미성년자라면 계약을 스스로 체결할 수 있다.

2. 의사능력

환자가 행위능력은 없더라도 "행위의 사회적 의미 및 결과를 인식·변별"[5]하는 의사능력은 있는 경우가 있다. 환자가 행위능력이 없고 의사능력도 없는 경우에는 환자의 법정대리인이 의료계약의 당사자가 되어야 할 것이다. 하지만 환자가 행위능력이 없는 미성년자이지만 의사능력은 있는 경우 단독으로 의료계약을 체결할 수 있는가.[6] ① 의료계약을 다른 일반적인 계약과 동일하게 취급하는 견해는[7] 미성년자가

---

3 소개하는 판시 내용은 의료계약의 체결능력에 관한 것이기도 하지만, 수술행위에 대한 의료인의 설명은 원칙적으로 환자에게 직접 이루어져야 함을 말하는 것이기도 하다.

4 명순구, 『민법학원론』, 박영사, 2024, 31쪽.

5 명순구, 『민법학원론』, 31쪽.

6 환자의 의료계약 체결능력에 관한 이와 같은 견해대립은 김나경, 『의료사고와 의료분쟁』, 2-3쪽에서 소개한 바 있으며 여기서는 이를 수정하고 보완하여 설명하는 것임을 밝혀둔다.

7 행위능력설을 취하는 견해로는 김천수, 「진료계약」, 154쪽 참조. 이 견해는 의사능력설은 의료계약에 대해 민법상의 행위능력에 관해 다소 "무리한 예외를 인정"하는 것이라고 본다.

법률행위를 할 때에는 법정대리인의 동의를 얻어야 하고 그렇지 않은 경우 그 법률행위를 취소할 수 있다고 규정하는 「민법」제5조를 의료계약에도 적용한다. 그렇다면 환자가 의사능력이 있지만 행위능력이 없는 미성년자인 경우 법정대리인의 동의를 얻어야 계약을 체결할 수 있으며 법정대리인의 동의 없이 체결한 의료계약은 취소할 수 있다고 보게 된다(행위능력설). ② 이와는 달리, 의료계약을 다른 계약과는 다르게 보는 입장을 취하는 견해가 있다.[8] 이 견해에 따르면 의료계약은 통상의 재산 거래와는 다른 것으로, 환자가 자기결정을 할 수 있는 의사능력이 있다면 행위능력이 없더라도 단독으로 의료계약을 체결할 수 있다. 그리고 이러한 환자가 체결한 의료계약을 환자의 행위무능력을 이유로 취소할 수는 없다(의사능력설).

치료를 필요로 하는 상황은 많은 경우 긴급하므로, 의료기관에서 의사능력 있는 환자가 행위무능력자라는 이유로 진료를 지체하거나 법정대리인의 동의를 항상 요구하는 것은 비합리적일 수 있다는 점에서는 견해②가 보다 타당할 수 있다. 의료행위에 대한 환자의 동의에 대해 규율하는 「의료법」제24조의2 제1항에서는 "환자가 의사결정능력이 없는 경우 환자의 법정대리인"에게 설명하고 그의 동의를 받아야 한다고 규정한다. 견해①을 따르면, 환자가 자신의 건강을 위해 필요한 진료계약을 체결하고 진료를 받은 경우에도 법정대리인이 「민법」제5조에 기초해 이를 취소하는 것은 환자의 복리를 해치는 것일 수 있다는 문제가 발생할 수 있다. 다만, 이러한 극단적인 경우에는 예를 들어 법정대리인이 친권자인 경우 친권의 상실에 관해 규정하는 「민법」제924조에 기초하여 법정대리인의 지위가 박탈될 수 있다.[9] 또한 「민법」제5조에 기초해 미성년자 본인이 의료계약을 취소하더라도, 이미 이루어진 의료행위에 대한 보수의 문제는 「민법」제741조에서 규정하는 부당이득이나 「민법」제734조의 사무관리의 법리에 기초하여 해결할 수 있다.[10] 이러한 점에서 견해①을 취할 때 발생할 수 있는 문제도 민법의 다른 규정을 통해 해결될 수는 있다. 즉, 어떠한 견해를 취하더라도 실무상의 문제 해결에 큰 차이는 없을 것이다. 환자가 의사능력이 있더라도 의료행위가 환자의 신체에 대한 중요한 침습을 수반하는 경우 또는 그 밖의 사안에 따라 법정대리인의 동의가 필요하다고 보는 것이 합리적인

---

8 예를 들어 서광민, 「진료계약의 법률관계」, 「고시계」, 제37권 제9호, 1992년 9월, 42쪽 참조.
9 이러한 견해는 김천수, 「진료계약」, 154쪽 참조.
10 김천수, 「진료계약」, 154쪽.

경우에는 원칙적으로 법정대리인의 동의가 필요하다고 할 수 있지만, 이러한 경우에도 개별 사안의 특수성과 맥락을 모두 살펴보며 결정할 필요가 있을 것이다.

3. 성년후견인의 문제

환자가 성년이어도 사무처리 능력이 없는 경우가 있을 수 있다. 「민법」 제9조는 "질병, 장애, 노령, 그밖의 사유로 인한 정신적 제약으로 인해 사무를 처리할 능력이 지속적으로 결여된 사람"에 대한 가정법원의 성년후견개시 심판에 관해 규정한다. 이와 같은 성년후견개시 심판에 기초해 성년후견이 선고되는 때는 피후견인이 지병이나 장애를 갖는 경우가 많다.[11] 특히 「민법」은 피성년후견인의 건강 또는 의료에 관한 성년후견인의 이른바 '신상배려의무'[12]의 이행과 관련하여, 성년후견인은 피성년후견인의 신체를 침해하는 의료행위에 대하여 피성년후견인이 동의할 수 없는 경우 그를 대신하여 동의할 수 있다고 규정한다(동법 제947조의2 제3항). 다만, 이 경우 피성년후견인이 의료행위의 직접적인 결과로 사망하거나 상당한 장애를 입을 위험이 있을 때에는 가정법원의 허가를 받아야 하며, 허가절차로 인하여 의료행위가 지체되면 피성년후견인의 생명에 위험을 초래하거나 심신상의 중대한 장애를 초래하게 되는 경우에는 당해 허가를 사후에 청구할 수 있다(동법 제947조의2 제4항). 더 나아가 성년후견인이 피성년후견인을 치료 등의 목적으로 정신병원이나 그 밖의 다른 장소에 격리하려는 경우에는 가정법원의 허가를 받아야 한다(동법 제947조의2 제2항).[13]

---

11 김민중, 「성년후견제도의 도입에 관한 논의에서 의료행위와 관련한 과제」, 「저스티스」, 통권 제112호, 2009, 210쪽.

12 "피후견인의 건강상태의 변화에 대응하여 의료계약·입원계약의 체결"을 성년후견인의 "신상배려의무"에서 비롯되는 "성년후견인의 중요한 직무"라고 설명하는 김민중, 「성년후견제도의 도입에 관한 논의에서 의료행위와 관련한 과제」, 210쪽 참조.

13 이와 관련하여, 정신 장애가 있는 사람의 입원 및 치료에 대한 민법상의 성년후견제도 규정이 정신건강복지법에 의해 일면 충돌하며, 이에 대한 해결 방안을 모색해야 한다고 지적하는 유기훈, 「의사능력에 기반한 후견제도와 정신건강복지법의 융합 - 북아일랜드 정신능력법(Mental Capacity Act(Northern Ireland) 2016)의 제정 과정과 그 의의를 중심으로 -」, 「의료법학」, 제24권 제3호, 160쪽 이하 참조.

III. 의료계약의 내용

1. 당사자의 의무

> 의료계약에 따라 의료인은 질병의 치료 등을 위하여 모든 의료지식과 의료기술을 동원하여 환자를 진찰하고 치료할 의무를 부담하며 이에 대하여 환자 측은 보수를 지급할 의무를 부담한다(대판 2009다 17417 전원합의체).

민법상 계약에는 한 당사자만 무언가를 하기로 약속하는 '편무계약'과 양 당사자가 서로에게 무언가를 하기로 약속하는 '쌍무계약'이 있다. 의료계약은 일반적으로는 쌍무 계약에 해당한다.[14] 의료계약을 체결한 의료인은 환자에 대해 (모든 의료기술과 지식을 동원하여) 진료(할) 의무를 그리고 환자는 이에 대한 보수를 지급할 의무를 부담한다.

2. 의료계약의 범위

(1) 의료 과정의 역동성

> 의료계약에 따른 진료의 내용 및 범위는 그 의료계약 체결 당시에는 개괄적이고 추상적이다가, 이후 질병의 확인, 환자의 상태와 자연적 변화, 진료행위에 의한 생체반응 등에 따라 구체화되는 것(이다)(대판 2012다118396).

의료행위가 이루어지는 일련의 과정은 매우 가변적이고 역동적이다. 의료행위는 질병의 진행 상황 그리고 환자의 상태 변화에 섬세히 대응하며 이루어지기 때문이다. 의료인은 환자의 건강 상태나 질병이 진행되는 상황을 잘 살펴보고, 당시의 의료 수준 그리고 자신이 지닌 지식과 경험에 기초해 각 상황에 대한 의학적 판단을 내리면서 적절한 진료방법을 선택하게 된다. 따라서 의료계약의 내용이나 범위는 항상 처음부터 확정될 수 있는 것이 아니며, 의료의 과정 속에서 점차 구체화되는 것이라 할 수 있다.

[의료 과정의 역동성] 의료가 이루어지는 과정에 대해 한 번 생각해보자. 환자와 의사 간에

---

14 이러한 설명으로 민국현, 「사무장병원에서 민법상 의료계약의 적법성에 관한 검토」, 『한국의료법학회지』, 제 26권 제1호, 2018, 351쪽; 송오식, 「의료과오의 계약법적 구성」, 『법학연구』, 부산대학교, 제48권 제1호, 2007, 6쪽.

의료계약이 체결되면, 일반적으로는 진찰과 진단이 이루어지며 그 결과에 기초해서 처방이나 투약 또는 주사 행위가 있게 된다. 또한 수술이나 시술이 이루어지는 경우도 있는데, 수술 및 시술의 필요성은 진단 결과 바로 알 수 있는 경우도 있지만, 처방이나 투약 이후 질병이 호전되거나 악화되는 경과를 지켜보면서 결정되는 경우도 많다. 다른 한편, 진단이 한 번에 이루어지는 경우도 있지만 다양한 진단기기들을 이용해서 여러 가지의 진단이 지속해서 이루어지는 경우도 많다. 이 모든 다양한 모습의 의료행위들이 연속적으로 또는 중첩적으로 의료의 과정을 구성하며, 시시각각 변할 수 있는 환자의 상황이나 질병의 예후에 따라서 필요한 의료행위가 계속 새롭게 등장하기도 하고 또 이전에 했던 판단을 변경해야 하는 경우도 많다는 점에서, 의료계약을 체결하는 단계에서는 어떠한 의료행위가 의료의 전체 과정에서 필요하게 될지를 미리 정하기가 쉽지 않다.

(2) 사례 분석 (기초 판례: 대판 2012다118396)

1. 사실관계

A 의료법인이 B 사회복지법인과 업무협약을 체결했다. 업무협약의 내용은 B 법인이 운영하는 노인요양시설에서 응급환자가 발생할 경우 A 법인이 운영하는 병원으로 후송하여 진료를 받도록 하는 것이었다. 그런데 B 법인의 요양시설에 입원 중이던 X가 요양시설에 소속된 요양보호사의 잘못으로 골절상을 입게 되었고, X는 업무협약에 따라 A 법인의 병원으로 후송되어 입원치료를 받다가 사망하게 되었다.

2. 쟁점[15]

A 법인과 B 법인 사이에 체결된 의료계약은 X의 골절에 대한 치료만을 포함하는 것인가 아니면 골절에 대한 치료를 위해서 필요한 기존장애에 대한 치료까지도 포함하는 것인가.

3. 문제 해결

① **의료계약의 범위** 의료계약에 따른 진료의 내용과 범위는 처음에는 추상적이다가 나중에 의료행위가 진행되면서 질병이나 환자의 상태에 따라 구체화되는 것이다. ② **사안에의 적용** 이 사안에서 제2심 법원은 의료계약에 따른 A법인의 진료 범위는 골절에 대한 치료로 한정된다고 보았다. 하지만 대법원은 이러한 원심법원의 판단은 의료계약에 따른 진료의 내용과 범위가 의료행위가 진행됨에 따라 구체화된다는 법리를 오해한 것이라고 보면서, 'A 법인과 B 법인 사이에 체결된 업무협약에 따른 X에 대한 진료 범위는 단지 골절치료에 한정되지 않고 기존장애에 대한 치료도 포함한다'고 보았다. ③ **판례 소개** "X가 A법인의 병원에 입원하게 된 경위 및 그 과정, 치료 경과 등을 종합하여 볼 때, A 법인과 B 법인 사이에 체결된 의료계약에 따른 X에 대한 진료의 범위는 원심의 판단과 같이 이 사건 골절에 대한 치료로 한정되는 것이 아니라 이 사건 골절에 대한 치료를 위하여 필요한 전신에 대한 보존적 치료에 해당하는 이 사건 기존장애에 대한 치료도 포함된다고 보는 것이 타당하다."

IV. 의료계약의 한계

1. 의사의 진료인수의무

(1) 의사의 진료거부 금지

> **의료법** 제15조(진료거부의 금지 등) ① 의료인 또는 의료기관 개설자는 진료나 조산 요청을
> 받으면 정당한 사유 없이 거부하지 못한다.

> 의료법 제15조 제1항은 '의료인은 진료나 조산 요청을 받으면 정당한 사유 없이 거부하지 못한다'고
> 규정하고 있으므로, 결국 병원은 정당한 사유가 있어야 환자의 진료 요청을 거부하고 퇴원을 요구할
> 수 있다(서울지법 2007가합59573).

　민법상 가장 중요한 원칙인 사적 자치의 원칙에 따르면, 계약은 두 당사자의 자유로운 의사에 기초하여 체결된다. 어느 누구도 계약의 체결을 상대방에게 강제할 수 없다. 그런데 의료계약의 경우 의사에게는 계약 체결 여부를 결정할 자유가 없다. 환자가 진료를 요청하면 의사는 반드시 그 요청에 응해야만 한다. 「의료법」 제15조 제1항은 '진료거부의 금지'라는 제목으로 "의료인 또는 의료기관 개설자는 진료나 조산 요청을 받으면 정당한 사유 없이 거부하지 못한다"고 규정한다. 의사의 입장에서 보면, 환자의 요청이 있을 때 진료를 시작해야만 하는 '진료인수의무'를 부담하는 것이다. 이러한 진료인수의무의 근거는 의료인의 직업윤리라 할 수 있을 것이다. 만일 의료인이나 의료기관 개설자가 이 조항을 위반하여 진료를 거부하면 「의료법」 제89조에 기초하여 형사처벌이 이루어지게 된다.[16] 더 나아가 「의료법」 제63조는 진료를 거부한 의료기관에게 시정명령이 내려질 수 있다고 규정한다.[17]

---

15 이 사안에서는 여러 쟁점들이 문제 되지만, 여기서는 이 단락에서 다루는 의료계약의 내용 또는 범위와 관련한 쟁점만을 다룰 것이다.

16 의료법 제89조(벌칙) 다음 각 호의 어느 하나에 해당하는 자는 1년 이하의 징역이나 1천만원 이하의 벌금에 처한다. 1. 제15조 제1항(...)을 위반한 자.

17 의료법 제63조(시정 명령 등) ① 보건복지부장관 또는 시장·군수·구청장은 의료기관이 제15조 제1항(...)을 위반한 때(...)에는 일정한 기간을 정하여 그 시설·장비 등의 전부 또는 일부의 사용을 제한 또는 금지하거나 위반한 사항을 시정하도록 명할 수 있다.

(2) 진료거부의 정당한 사유

> [보건복지부 '안전한 진료환경을 위한 가이드라인' (2019.5.)[18]
> 보건의료기관 종사자에 대한 폭행과 같은 범죄행위, 의학적 사유 등 합리적 사유가 있을 경우 의료기관 및 의료인은 진료를 거부할 수 있다.

「의료법」 제15조 제1항에 따르면 의료인은 '정당한 사유'가 있는 경우에는 진료를 거부할 수 있다. 의료인 및 그 밖의 의료기관 종사자에 대한 범죄 행위, 의학적 사유 등이 정당한 사유에 해당할 것이다. 보건복지부는 〈안전한 진료환경을 위한 가이드라인〉에서 "환자 또는 보호자 등이 의료인에 대하여 모욕죄, 명예훼손죄, 폭행죄, 업무방해죄에 해당할 수 있는 상황을 형성하여 의료인이 정상적인 의료행위를 행할 수 없도록 한 경우"가 바로 정당한 진료거부 사유에 해당한다고 해석한다. 예를 들어 환자가 언어폭력에 해당하는 폭언과 욕설을 하는 것은 형법상의 폭행죄나 명예훼손죄, 모욕죄에 해당할 수 있다. 그리고 환자가 진료실에 난입하는 것은 형법상의 업무방해죄에 해당한다. 이와 같은 폭력 행사는 형법의 구성요건에 해당하기도 하지만 「의료법」 제12조 제2항이나 제3항 위반에 해당하는 경우도 많다.[19] 「의료법」 제12조 제2항은 "누구든지 의료기관의 의료용 시설·기재·약품, 그 밖의 기물 등을 파괴·손상하거나 의료기관을 점거하여 진료를 방해하여서는 아니 되며, 이를 교사하거나 방조하여서는 아니 된다"고 규정하며, 동조 제3항은 "누구든지 의료행위가 이루어지는 장소에서 의료행위를 행하는 의료인, 간호조무사 및 「의료기사 등에 관한 법률」 제2조에 따른 의료기사 또는 의료행위를 받는 사람을 폭행·협박하여서는 아니 된다"고 규정한다. 「의료법」 제12조 제2항이나 제3항을 위반하면 「의료법」

---

18 보건복지부는 의료기관에서의 폭력 등이 사회적으로 이슈화되자 2019년 5월 동 가이드라인을 만들어 배포하였다.

19 보건복지부의 〈안전한 진료환경을 위한 가이드라인〉 (2019.5.)에서는 '폭력 유형별 형사처벌의 예'를 다음과 같이 소개한다.

유형	행동방식	형사처벌
언어폭력	폭언, 욕설	의료법 제12조 제3항 위반, 폭행죄, 명예훼손죄, 모욕죄
	고성	의료법 제12조 제3항 위반, 신체근접시 폭행죄
	협박	의료법 제12조 제3항 위반, 협박죄
신체적 폭력 및 기타 위해	신체에 대한 직접적 위협, 폭행	의료법 제12조 제3항 위반, 폭행죄, 폭행치상죄, 상해죄
	물건 집어던짐	의료법 제12조 제3항 위반, 신체근접시 폭행죄
	진료실 난입	의료법 제12조 제2항 위반, 업무방해죄
	기물파손	의료법 제12조 제2항 위반, 손괴죄

제87조의2에 기초해 형벌이 부과된다.

[환자의 진료방해] 「의료법」은 바로 앞에서 설명한 것처럼, 환자의 진료방해행위를 형사처벌하는 명시적인 규정을 두고 있다.[20] 특히 「의료법」 제12조 제3항을 위반하여 사람을 상해나 중상해 또는 사망에 이르게 한 경우에는 가중처벌되며,[21] 음주로 인한 심신장애 상태에서 제12조 제3항을 위반한 경우에는 심신장애로 인해 사물변별능력이나 의사결정능력이 없는 자의 행위는 벌하지 않는다는 「형법」 제10조 제1항이 적용되지 않을 수 있어 좀 더 엄격하게 처벌될 수 있다.[22] 보다 구체적으로는 어떠한 행위가 「의료법」상의 진료방해에 해당할 수 있을까. 이해를 돕기 위해, 다음의 사례를 소개한다(기초 판례: 대판 2008도7567). ① **사실관계** X는 H 병원의 의사 A의 진료가 끝난 후 진료실에 들어가서 A에게 방 열쇠를 돌려달라는 행위를 반복하였다. 또한 Y와 Z는 병원 내에서 X의 지시에 응하지 않는 병원 직원들의 모습 또는 진료를 하지 않고 있는 A에게 경고장을 수여하는 모습을 캠코더로 촬영하였다. ② **쟁점**[23] X, Y, Z의 이와 같은 행위가 「의료법」 제12조 제2항에서 말하는 '의료기관을 점거하여 진료를 방해하는 행위'에 해당하는가. ③ **문제 해결** 「의료법」에서 규정하는 '의료기관을 점거하여 진료를 방해하는 행위'란 "진료실이나 병실을 어느 정도 사실상 지배하여 의료인의 진료를 방해할 수 있는 정도의 물리적 지배를 함으로써 진료행위를 방해하는 행위를 의미한다."[24] 이 사안에서 대법원은 X, Y, Z의 행위가 "진료실이나 병실을 사실상 지배하여 진료행위를 하려고 하는 의료인의 의료행위를 방해하는 정도에 이르지 않았다"는 원심의 사실인정과 판단은 정당하다고 보았다.

---

20 이와 관련하여 의료법상의 진료방해죄 규정의 해석에 관한 연구로 김태수, 「의료법 제12조 제2항의 해석론과 몇 가지 문제점」, 『비교형사법연구』, 제22권 제1호, 2020, 237쪽 이하 참조.

21 의료법 제87조의2(벌칙) ① 제12조 제3항을 위반한 죄를 범하여 사람을 상해에 이르게 한 경우에는 7년 이하의 징역 또는 1천만원 이상 7천만원 이하의 벌금에 처하고, 중상해에 이르게 한 경우에는 3년 이상 10년 이하의 징역에 처하며, 사망에 이르게 한 경우에는 무기 또는 5년 이상의 징역에 처한다. ② 다음 각 호의 어느 하나에 해당하는 자는 5년 이하의 징역이나 5천만원 이하의 벌금에 처한다. 2. 제12조 제2항 및 제3항(..)을 위반한 자.

22 의료법 제90조의2(「형법」상 감경규정에 관한 특례) 음주로 인한 심신장애 상태에서 제12조 제3항을 위반하는 죄를 범한 때에는 「형법」 제10조 제1항을 적용하지 아니할 수 있다.

23 이 기초 판례의 사안에는 여러 쟁점들이 있었지만, 여기서는 이 단락에서 다루는 의료계약의 내용 또는 범위와 관련한 쟁점만을 다룰 것이다.

24 대법원 1980.9.24. 선고 79도1387 판결.

2. 환자의 진료거부권

(1) 의의

환자는 헌법 제10조에서 규정한 개인의 인격권과 행복추구권에 의하여, 생명과 신체의 기능을 어떻게 유지할 것인지에 대하여 스스로 결정하고 의료행위를 선택할 권리를 보유한다. 따라서 환자는 스스로의 결정에 따라 의료진이 권유하는 진료를 동의 또는 거절할 권리가 있(...)다(대판 2009다 70906).

의사에게는 환자의 진료 요청을 거부할 권리가 원칙적으로 없다. 하지만 우리 법원은 환자에게는 헌법에서 규정하는 개인의 인격권과 행복추구권에 기초하여 '의료진이 권유하는 진료를 거절할 권리', 즉 진료거부권이 있다고 인정한다.

(2) 진료거부권 행사의 전제

1) 의사의 설명

환자는 스스로의 결정에 따라 의료진이 권유하는 진료를 동의 또는 거절할 권리가 있지만 의학지식이 미비한 상태에서는 실질적인 자기결정을 하기 어려우므로, 의료진은 환자의 증상, 진료의 내용 및 필요성, 예상되는 위험성과 함께 진료를 받지 않을 경우 예상되는 위험성 등 합리적인 사람이 진료의 동의 또는 거절 여부를 판단하는 데 중요하다고 생각되는 사항을 설명할 의무가 있다(대판 2009다 70906).

환자에게 진료거부권이 있긴 하지만, 환자는 많은 경우 의학적 전문지식이 부족하여 실질적으로 자기결정을 하기 어려울 수 있다. 그렇기 때문에 법원은 의사는 의학지식이 미비한 환자에 대해서는 "합리적인 사람이 진료의 동의 또는 거절 여부를 판단하는 데 중요하다고 생각되는 사항"에 대해 "설명할 의무"를 부담한다는 점을 분명히 한다(대판 2009다70906). 즉, 의사의 설명은 환자의 동의가 '정보를 제공받은 동의(informed consent)'가 되도록 하기 위해서만이 아니라 환자가 '정보를 제공받은 거절(informed refusal)'[25]을 할 수 있도록 하기 위해서도 요청된다.

---

25 '정보를 제공받은 거절(informed refusal)'에 대한 소개로 최민수, 「의료행위에 있어 환자의 진료거부와 의사의 설명의무」, 『한국의료법학회지』, 제21권 제1호, 2013, 132쪽 이하 참조.

2) 자기결정권의 보장

> 한편 이러한 의료진의 설명은 의학지식의 미비 등을 보완하여 실질적인 자기결정권을 보장하기 위한 것이므로, 환자가 이미 알고 있거나 상식적인 내용까지 설명할 필요는 없고, 환자가 위험성을 알면서도 스스로의 결정에 따라 진료를 거부한 경우에는 특별한 사정이 없는 한 위와 같은 설명을 하지 아니한 데 대하여 의료진의 책임을 물을 수는 없다. 그리고 이 경우 환자가 이미 알고 있는 내용인지는 해당 의학지식의 전문성, 환자의 기존 경험, 환자의 교육수준 등을 종합하여 판단할 수 있다(대판 2009다70906).

환자의 진료거부권의 전제가 되는 의사의 설명은 어디까지나 의학지식의 미비를 보완하여 실질적인 자기결정권을 보장하기 위한 것이다. 그렇기 때문에 의사는 환자가 이미 알고 있거나 상식적 내용까지 설명할 필요는 없다.[26] 의사는 환자가 이미 알고 있는 내용인지의 여부를 환자의 경험과 상식 등 제반 상황을 종합적으로 고려하여 판단한 후 설명하면 된다.

(3) 사례 분석 (기초 판례: 대판 2009나70906)

1. 사실관계

① 약 10년간 간호사로 근무한 경험이 있는 X는 결혼 후 4차례에 걸쳐 유산을 반복하다가 세쌍둥이를 임신하였다. 그 후 임신 9주에는 출혈증세로 5일간 입원치료를 받았고, 임신 11주 무렵에는 태아 중 한 아이를 자연유산으로 잃게 되었으며, 임신 15주에는 유산 방지를 위한 수술을 받았다. ② 그러던 중 임신 29주쯤 X는 호흡곤란, 빠른 호흡 등의 증상을 겪게 되었고 이로 인해 병원에 내원해서 진료를 받게 되었다. 의료진은 우선 저산소증으로 인해 과호흡을 하는 X에게 산소를 계속 공급했으며, 이 과정에서 내과의사는 X에게 흉부 방사선촬영이 필요하다는 처방을 하였다. 하지만 X는 자신이 임산부라는 이유로 촬영을 거부했고, 간호사가 다시 한 번 촬영을 권유했지만 같은 이유로 또 거부했다. ③ 그 후 X의 저산소증이 심화되어서 의료진은 우선 X에 대해 계속 산소를 공급했고, 응급실 내의 초음파기기로 태아들의 상태를 보고 나서, 태아에 대해서 모니터링을 하고 진통을 억제할 필요가 있다고 보아 X가 분만실에 입원할 필요가 있다고 판단했다. 그래서 이 점을 X에게 설명하고 입원장을 발부했다. 하지만 X는 산과보다는 호흡기 쪽에 심각한 문제가 있는 것이기 때문에, 일반 병실이 아니면 퇴원하겠다고 하면서 분만실에 입원하는 것을 거부했다. ④ 그리고 나서 X는 점점 자신의 상태가 안

---

26 이러한 경우들을 설명하지 않는 것이 환자에게 유익한 경우로 소개하는 최민수, 「의료행위에 있어 환자의 진료거부와 의사의 설명의무」, 140쪽; 범경철, 「의사의 설명의무와 환자의 자기결정권」, 『의료법학』, 제4권 제2호, 2003, 365쪽 참조.

좋아지자 그때서야 방사선촬영에 동의했다. 촬영 결과 X에게는 울혈성 심부전 및 폐부종이 의심되는 증세가 확인되었고 의료진이 X에게 이뇨제를 주사하고 인공호흡기를 연결했으나 이후 심정지가 발생하였다. 이에 X는 심폐소생술을 받은 후 응급제왕절개술을 받았는데, 그 결과 신생아 가사 상태의 여아와 사망한 상태의 남아를 출산하였고, 이후 여아도 치료를 받던 중에 사망하였다.

2. 쟁점[27]

X가 의료인이 필요하다고 판단한 흉부방사선 촬영을 거부하였고(사실관계②) 이에 따라 의료진이 촬영을 하지 못하고 나중에 상태가 더 악화되고 나서야 촬영을 하게 된 것에 대해 의료진에게 법적 책임을 물을 수 있는가. X가 태아의 상태를 관찰하기 위한 의료진의 분만실 입원 권유를 거부하여(사실관계③) 일반 병실에서 진료가 이루어진 것에 대해 의료진에게 법적 책임을 물을 수 있는가. 이 두 가지 물음은 바꾸어 말하면, 'X가 스스로 의료진이 권한 조치들을 받아들이지 않은 상황에서, 의사가 과연 이러한 환자의 선택권, 즉 진료거부권을 존중하는 것이 법적으로 문제 되지 않는 것인가'에 관한 것이다.

3. 문제 해결

① **기초 이론** 환자에게는 헌법상의 인격권과 행복추구권에 기초하여 진료를 거절할 권리, 즉 진료거부권이 있다. 그런데 환자의 진료거부권은 어떠한 상황에서도 환자가 진료를 받을 것인지의 여부를 독자적으로 결정해야 하고 의사는 환자의 결정과 관련하여 어떠한 의무도 부담하지 않는 것을 의미하는 것이 아니다. 환자의 진료거부권 행사는 환자가 자신의 결정이 갖는 의미를 잘 이해하고 내리는 "실질적인 자기결정"이어야 한다. 이를 위해 의사는 진료의 필요성과 진료거부의 위험에 대한 환자의 이해 정도를 보면서 무슨 이야기를 어느 정도로 더 해 주어야 할지 고민하고 환자의 이해에 상응하는 설명을 해 줄 의무를 부담한다. ② **사안에의 적용** 이 사안에서 대법원은 X의 간호사 경력을 고려하면서 (특히 흉부방사선 촬영 거절과 관련하여) "검사를 하지 못하여 호흡곤란에 적절하게 대처하지 못할 경우 산모 및 태아의 상태가 나빠질 수 있다는 것은 기본적인 의학지식을 갖추고 있는 경력 10년의 간호사인 X로서는 상당한 정도로 이해하고 있었을 것"이라고 보았다. 아울러 흉부방사선 촬영 거절 및 분만실 입원 거절과 관련하여 사안의 경과에 비추어 볼 때 "X의 이해정도에 상응한 설명은 있었을 것으로 보인다"고 하였다. 즉, 진료거부권 존중의 전제가 되는, 환자의 이해도를 고려한 의사의 설명의무 이행이 있었음을 확인하였다. 더 나아가 그렇기 때문에 대법원은 X의 방사선 촬영 거부로 인해 의사가 촬영을 하지 않아서 폐부종을 정확히 진단하지 못하거나 이뇨제를 투여하지 않았더라도, 이에 대해 의사에게 진료상의 과실이 있다고 볼 수는 없다고 보았다. 그리고 환자가 임산부여서 그 진료거절로 태아에게 위험이 발생할 우려가 있더라도, 환자가 충분히 위험을 인식했음에도 진료를 거절했던 것이라면 이에 대해 의사에게 책임을 물을 수는 없다고 하였다. ③ **판례 소개** "환자가 의료진이 권유하는 진료의 필요성과 그 진료 또는 진료거절의 위험성을 인식하면서 스스로의 결정에 따라 진료를 거절한 경우, 의료진으로서는 환자의 선택권을 존중할 수밖에 없고, 그 환자가 임신부여서 그 진료거절로 태아에게 위험이 발생할 우려가 있다고 해도 이는 마찬가지라 할 것이다."

3. 응급의료의무

> **의료법** 제15조(진료거부 금지 등) ② 의료인은 응급환자에게 「응급의료에 관한 법률」에서 정하는 바에 따라 최선의 처치를 하여야 한다.

> 환자가 의사결정능력이 없거나 생명에 급박한 위험 등이 있는 경우에는 설명 및 동의절차를 거치지 아니하더라도 의사는 응급의료를 개시할 의무가 있(...)다(서울서부지법 2008가합6977).

「의료법」은 의사에게 진료인수의무와 더불어 '응급의료의무'를 부과한다. 「의료법」 제15조 제2항은 의료인이 응급환자에게 「응급의료에 관한 법률」에서 정하는 바에 따라 최선의 처치를 할 의무를 규정한다. 「응급의료에 관한 법률」(이하 응급의료법) 제6조 제2항은 '응급의료의 거부금지'라는 제목으로 "응급의료종사자는 업무 중에 응급의료를 요청하거나 응급환자를 발견하면 즉시 응급의료를 하여야 하며 정당한 사유 없이 이를 거부하거나 기피하지 못한다"고 규정한다.[28] 응급의료를 거부하거나 기피하면 시간이 지체되어 환자의 생명이나 건강이 침해될 가능성이 특히 더 높아질 수 있다. 만일 의료인이 「응급의료법」 제6조 제2항을 위반하면 「의료법」 제15조 제1항의 진료거부 금지 규정을 위반한 경우보다 더 중한 형벌에 처해지며,[29] 면허 또는 자격이 취소되거나 정지될 수 있다.[30]

4. 국민건강보험법

(1) 진료의 규격화

> **국민건강보험법** 제41조(요양급여) ③ 요양급여의 방법·절차·범위·상한 등의 기준은 보건복지부령으로 정한다.

---

27 이 사안에서는 여러 쟁점들이 문제 되지만, 여기서는 이 단락에서 다루는 진료거부권과 관련한 쟁점만을 다룰 것이다.

28 여기서 응급의료종사자란 "관계 법령에서 정하는 바에 따라 취득한 면허 또는 자격의 범위에서 응급환자에 대한 응급의료를 제공하는 의료인과 응급구조사"를 말한다(응급의료법 제2조 제4호).

29 응급의료법 제60조(벌칙) ③ 다음 각 호의 어느 하나에 해당하는 사람은 3년 이하의 징역 또는 3천만원 이하의 벌금에 처한다. 1. 제6조 제2항을 위반하여 응급의료를 거부 또는 기피한 응급의료종사자

30 응급의료법 제55조(응급의료종사자의 면허, 자격정지 등) ① 보건복지부장관은 응급의료종사자가 다음 각 호의 어느 하나에 해당하는 경우에는 그 면허 또는 자격을 취소하거나 6개월 이내의 기간을 정하여 그 면허 또는 자격을 정지시킬 수 있다. 1. 제6조 제2항(...)을 위반한 경우

> **국민건강보험법** 제41조(요양급여) ④ 보건복지부장관은 제3항에 따라 요양급여의 기준을 정할 때 업무나 일상생활에 지장이 없는 질환에 대한 치료 등 보건복지부령으로 정하는 사항은 요양급여대상에서 제외되는 사항(이하 "비급여대상")으로 정할 수 있다.

> **국민건강보험 요양급여의 기준에 관한 규칙** 제9조(비급여대상) ① 법 제41조 제4항에 따라 요양급여의 대상에서 제외되는 사항은 별표 2와 같다.

> 국민건강보험제도는 보험재정의 허용한도 내에서 가입자 등에게 비용과 대비하여 효과적이면서도 의학적으로 안전성과 유효성을 갖춘 진료행위를 요양급여로 제공하고, 그 보험혜택을 모든 국민이 보편적으로 누릴 수 있도록 함으로써 공공복리의 증진을 도모하기 위한 제도이다. (...) 따라서 요양기관은 법정 비급여 진료행위가 아닌 한 원칙적으로 요양급여의 인정기준에 관한 법령에서 정한 기준과 절차에 따라 요양급여를 제공하고, 보험자와 가입자 등으로부터 요양급여비용을 지급받을 때에도 그 산정기준에 관한 법령에서 정한 기준과 절차에 따라야 한다(대판 2010두27639·2010두27646(병합) 전원합의체).

　우리나라는 「국민건강보험법」에 기초해 사회보장적인 의료체계를 구축하고 있다. 「국민건강보험법」과 관계 법령은 「국민건강보험법」에 기초한 보험서비스, 즉 보험급여 또는 요양급여로 제공하는 의료행위가 무엇인지를 정한다. 특히 「국민건강보험법」 제41조 제3항에 기초한 「국민건강보험 요양급여의 기준에 관한 규칙」(이하 요양급여기준) 제8조 제2항은 특히 보건복지부장관이 요양급여대상을 급여목록표로 정해서 고시하도록 하고 있다.[31] 의료기관이 보험급여로 제공할 수 있는 행위의 내용과 가격을 국가가 구체적인 목록으로 만들어 정하는 것이다. 즉, 요양급여 진료는 '규격화' 되어 있고, 그럼으로써 의료계약을 체결할 때 그 계약의 목적이 되는 의료행위가 '요양급여'에 해당하는 경우 계약의 내용은 — 계약의 당사자가 자유롭게 정할 수 없고 — 「국민건강보험법」에 의해 제한된다.

　더 나아가 국민건강보험법체계 하에서는 의료행위 중 요양급여가 아닌 비급여의 영역에 대해서도 일정한 통제가 이루어지고 있다. 「국민건강보험법」 제41조 제4항은 "보건복지부장관은 제3항에 따라 요양급여의 기준을 정할 때 업무나 일상생활에 지장이 없는 질환에 대한 치료 등 보건복지부령으로 정하는 사항은 요양급여대상에서

---

[31] 요양급여기준 제8조(요양급여대상의 고시) ② 보건복지부장관은 법 제41조 제2항에 따른 요양급여대상을 급여목록표로 정하여 (...) 고시한다.; 국민건강보험법에서의 요양급여와 비급여의 목록화에 대해서는 김나경, 『의료보험의 법정책』, 집문당, 2012, 110쪽 이하; 이상돈·김나경, 『의료법강의』, 법문사, 2020, 269쪽 이하 참조.

제외되는 사항으로 정할 수 있다"고 규정한다. 이 조항에 기초해서 「요양급여기준」 제9조 제1항 [별표2]는 비급여대상을 열거한다. 즉, 이 규칙에 기초하면, 요양급여만이 아니라 비급여의 영역에서도 행위 유형이 목록화되어 있다.[32] 그렇기 때문에 요양급여에 해당하지 않는 의료행위에 대해 계약을 체결하는 경우에도, 원칙적으로 이와 같이 목록화되어 있는 의료행위의 범위 내에서 계약을 체결해야 한다.

(2) 사례 분석 1 (기초 결정: 헌재 2006헌마417)

1. 사실관계

'○○의원'을 개원하여 운영하는 소아과 전문의 A는 자신의 의원을 방문한 환자들에 대해 아토피 피부염을 진단하고 치료하기 위해 검사를 실시하였다. 국민건강보험법에 기초한 보건복지부 고시 제2005-88호에서는 알레르기 질환에 대한 검사 항목의 종류를 특정하여 제한하고 있었지만, A는 더 많은 검사가 필요하다고 생각하여 제한된 검사항목 이외의 검사를 실시하였고, 환자로부터 초과 부분에 대한 진료비도 함께 받았다. 이러한 초과 부분의 검사는 요양급여기준에서 비급여로도 규정하지 않은 것이었다.[33] 보건복지부장관은 이러한 A의 행위를 기초로 '○○의원'에 대해 1년간의 요양기관업무정지처분을 부과했으며, 초과검사 부분의 진료비에 대해 '부당징수금 환수처분'을 부과하였다.

2. 쟁점

검사항목의 수를 제한하는 보건복지부 고시가 A의 기본권인 행복추구권, 직업수행의 자유, 재산권 및 국민의 보건권 등을 침해하는 것으로 위헌적인가.

3. 문제 해결

이 사안에서 헌법재판소는 "알레르기 검사방법 수를 제한하는 이 사건 고시의 입법목적"은 무엇보다 "한정된 건강보험재정으로 최대한의 건강보험 혜택을 부여하고자 하는 것"으로 정당하다고 보았다. 그리고 의료기관에게는 검사방법을 추가해 달라고 신청하는 길이 마련되어 있으므로 이 고시가 기본권 제한의 최소성 원칙에 반하지도 않고, 또 이 사건 고시로 인해 제한되는 이익이 이 고시가 추구하는 공익(한정된 재원으로 가급적 많은 건강보험혜택을 제공하려는 공익)보다 크지도 않다는 점에서, 이 사건 고시는 위헌이 아니라는 결정을 내렸다. 말하자면, 요양급여와 관련한 의료계약의 체결에서 계약 내용이 규격화되는 것이 합헌이라는 결정을 내린 것이다.[34]

---

32 예를 들어 요양급여기준 [별표2]의 제1호의 일부를 소개하면 다음과 같다: 1. 다음 각 목의 질환으로서 업무 또는 일상생활에 지장이 없는 경우에 실시 또는 사용되는 행위 · 약제 및 치료재료. 가. 단순한 피로 또는 권태. 나. 주근깨 · 다모(多毛) · 무모(無毛) · 백모증(白毛症) · 딸기코(주사비) · 점(모반) · 사마귀 · 여드름 · 노화현상으로 인한 탈모 등 피부질환 (...)

33 이 사안의 기초가 되는 판결의 사실관계를 보면, 실제로는 3가지 유형의 진료방식이 문제가 되었다. 이에

(3) 사례 분석 2 (기초 판례: 대판 2010두27639 · 2010두27646(병합) 전원합의체)

1. 사실관계

A 학교법인 소속 대학병원은 백혈병 환자 X를 치료하면서 요양급여기준 등에서 정하는 사항을 위반하여 의약품을 처방·투여하는 이른바 임의비급여 행위를 한 후[35] 그 비용을 환자의 본인부담금으로 징수하였다.

2. 쟁점

A 병원이 환자 X에게 행한 임의비급여 진료행위에 대해 진료비용을 받는 사적 계약을 체결한 것이 정당한가.

3. 문제 해결

① **임의비급여의 의의** 국민건강보험법은 요양급여와 비급여를 모두 목록화하고 있다. 그렇기 때문에 의료행위 중에는 요양급여의 목록에 속하지 않을 뿐만 아니라 비급여에도 속하지 않는 행위의 범주가 발생하게 된다. '법으로 규정되어 목록화되어 있는' 비급여가 '법정비급여'라면, 그렇지 않은 비급여행위를 의료기관이 하는 경우 이는 '법으로 규정되지 않은' 것임에도 '임의적으로 한다는 의미에서 종종 '임의비급여'라고 불리운다. ② **원칙** 대법원은 의료인이 임의비급여 행위를 하고 이에 대한 비용을 받는 계약을 환자와 사적으로 체결하는 것은 전면적으로 금지된다고 보아왔다. 좀 더 구체적으로는, 이러한 행위는 현행 국민건강보험법 제98조 제1항 제1호에서 말하는 '속임수나 그 밖의 부당한 방법으로 보험자·가입자 및 피부양자에게 요양급여비용을 부담하게 한 경우'에 해당하여, 국민건강보험공단이 그 비용을 부당이득으로 징수하고 보건복지부장관은 의료기관에게 업무정지를 명하거나 과징금을 부과하고 징수할 수 있다.[36] ③ **예외** 임의비급여 행위의 전면적 금지 입장을 고수해 온 대법원은 2012년 전원합의체 판결을 통해, '1. 법정비급여로의 편입 절차 부재 또는 임의비급여 진료행위의 시급성, 2. 의학적 안전성, 유용성 및 의학적 필요성, 3. 환자에 대한 충분한 설명과 동의'[37]의 요건이 갖추어진 경우에는 이러한 전면적인 금지에 대해 예외가 허용될 수도 있다고 하면서 기존의 입장을 다소 변경했다. 다만 법원은 이와 같은 허용요건이 충족된다는 점에 대한 입증 책임은 요양기관인 의료기관에게 있다고 보았다. ④ **사안에의 적용** A병원에서 환자에게 임의비급여 행위를 하고 본인부담금을 징수한 부분 중, 언급한 대법원의 허용요건을 갖춘 경우에 한해서는 본인부담금을 징수하기로 한 사적 계약의 체결은 정당하다.

대해서는 김나경, 『의료보험의 법정책』, 129쪽 이하에서 상세히 소개하고 있다.

34 이러한 헌법재판소의 결정을 "규격진료의 합헌결정"으로 소개하는 이상돈·김나경, 『의료법강의』, 270쪽 참조.

35 예를 들어 중심정맥관 삽입술을 하면서 이 시술을 적응증으로 규정하지 않고 있는 장치를 이용한 후 장치 이용의 비용을 환자의 본인 부담으로 처리하였다.

36 임의비급여에 기초한 사적 계약에 대한 법령 적용과 판례의 태도 등에 대해서는 김나경, 『의료보험의 법정책』, 141쪽 이하; 이상돈·김나경, 『의료법강의』, 274쪽 이하; 박현민, 「환자에 대한 임의비급여 진료비용 청구의 예외적 허용」, 『연세 의료·과학기술과 법』, 제7권 제1호, 2016, 93쪽 이하 참조.

37 대법원 판례에서 제시한 요건들을 정리한 김나경, 『의료보험의 법정책』, 143쪽 참조.

[2] 의료의 전개: 대화(Ⅰ), 대화의 원칙

환자와 의사가 만나 의료계약이 체결되어도, 어떠한 의료행위를 시행할 것인지는 의료의 과정이 전개되면서 구체화된다. 이러한 구체화 과정에서 반드시 필요한 것이 바로 의사의 '설명'이다.

I. 환자의 자기결정권

> 환자는 헌법 제10조에서 규정한 개인의 인격권과 행복추구권에 의하여 생명과 신체의 기능을 어떻게 유지할 것인지에 대하여 스스로 결정하고 의료행위를 선택할 권리를 보유한다(대판 2014다230535).

의료법의 영역에서는 의료행위를 종종 환자의 몸에 대한 일정한 '개입(介入)' 또는 '침습(侵襲)' 행위라고 표현한다.[38] 이러한 표현은 의료행위가 환자의 몸에 직접적으로 관여하는 것임을 드러낸다. 예를 들어, 외과의사가 의료용 칼인 메스로 개복을 하는 행위를 생각해 보자. 이 행위는 치료라는 고귀한 목적을 떼어놓고 생각한다면 사람의 신체에 대한 상해 행위와 외견상으로는 동일하다.[39] 이와 같은 의료행위의 특징은 의료행위가 본질적으로 위험성을 띠고 있음을 말해준다.[40] 그렇기 때문에 의료행위에 관한 환자의 결정은, 자신의 신체에 대해 위험성을 띠는 개입을 허용할 것인가에 관한 아주 중요한 결정이다. 이는 더 나아가서는 자신의 신체를 둘러싼, 자신의 '삶'에 관한 중요한 결정이기도 하다.[41] 따라서 「헌법」 제10조에서 규정하는 '인격권'과 '행복추구권'은 환자의 자기결정권의 근거가 된다.[42]

---

38 김나경, 『의료사고와 의료분쟁』, 20쪽; 의료행위의 특징으로 "신체침습성"을 이야기하는 황정민·김경례·이경권·류영주·임강섭, 『판례와 사례로 본 안과의료분쟁』, 신조사, 2016, 22쪽 참조.

39 의료행위가 상해죄의 구성요건을 충족하며, 환자가 승낙을 하는 경우 형법 제24조의 '피해자의 승낙' 규정에 의해 위법성이 조각된다고 설명하는 배종대, 『형법각론』, 홍문사, 2020, 59쪽 참조.

40 황정민·김경례·이경권·류영주·임강섭, 『판례와 사례로 본 안과의료분쟁』, 22쪽.

41 의료를 '몸과 삶에 대한 이해'의 과정이라고 설명하는 김나경, 「의료 개념의 다층적 이해와 법」, 『의료법학』, 제11권 제2호, 2010, 87쪽 이하 참조.

42 앞의 [1] Ⅳ. 2. '환자의 진료거부권' 단락에서 언급했듯, 환자의 진료거부권도 이러한 헌법상 기본권에 근거를 둔 자기결정권의 내용을 이룬다. 환자의 자기결정권은 개인의 자율성 확보와 의료에서의 인간성 회복이라는 맥락을 갖는다고 설명하는 박태신, 「환자의 자기결정권의 한계에 관한 연구 – 여호와 증인의 수혈거부사건을 둘러싸고」, 『연세법학』, 제26호, 2015, 244-245쪽; 그리고 우리 판례가 설명의무 위반을 환자의 자기결정권 침해로 본다고 소개하는 박영규, 「의사의 설명의무 위반에 따른 손해배상」, 『일감법학』, 제31호, 2015, 104쪽 참조.

II. 의사의 설명의무

> 의사는 의료행위에 앞서 환자나 그 법정대리인에게 질병의 증상, 치료방법의 내용 및 필요성, 발생이 예상되는 위험 등 당시의 의료 수준에 비추어 상당하다고 인정되는 사항을 설명하여 환자가 그 필요성이나 위험성을 충분히 비교해보고 그 의료행위를 받을 것인가의 여부를 선택할 수 있도록 할 의무가 있(..)다(대판 2007다3162).

환자는 의료행위에 관한 결정을 하기 위해, 그 행위가 지금 자신의 질병을 치료하기 위해 필요한 것인지의 여부와 이유, 행위가 어떻게 시행되는지 그리고 어떠한 위험을 안고 있는지 — 예를 들어 어떠한 부작용이 있을 수 있는지 또는 혹시 기대했던 효과를 가져오지 못할 확률은 어느 정도인지 — 등을 알고 싶을 것이다. 달리 말하면, 환자는 자기결정권을 행사하기 위해 우선 결정을 위한 지식과 정보를 필요로 한다. 의료의 과정에서 점점 더 강조되고 있는 의사의 '설명'이란 바로 이와 같은 정보를 환자에게 제공하는 것이다.[43]

의사가 환자에게 질병과 치료의 필요성, 방법, 효과, 위험성 등에 대한 설명을 하게 되면, 환자는 이에 기초하여 — 특히 의료행위의 필요성과 위험성을 비교한 후에 — '동의' 여부를 결정한다. 의료행위에 대한 환자의 동의를 종종 'informed consent'라고 표현하는 것은, 결정을 위해 필요한 '정보를 제공받은 상태에서 (informed)' 하는 '동의(consent)'여야 한다는[44] 것과 같은 맥락에서이다. 최근에는 무엇보다 환자의 자율성을 강조하는 의료사회의 패러다임 변화[45]에 힘입어 의사의 환자에 대한 '설명의무'를 강조하면서, 'informed consent'를 원래의 단어 의미를 그대로 살려서 번역하지 않고, '의사의 설명의무'를 지칭하는 용어로 사용하기도 한다.

---

43 환자의 자기결정권은 여러 가지 맥락에서 이야기할 수 있겠지만, 무엇보다 '설명'이 필요한 주된 근거라고 말할 수 있을 것이다. 다양한 맥락에서 환자의 자기결정권을 유형화하고 그중 "승낙과 설명의 전제"로서의 자기결정권을 설명하는 박태신, 「환자의 자기결정권에 관한 연구 - 의사·환자 관계의 유형을 중심으로」, 「연세법학」, 제24호, 2014, 44쪽 이하 참조.

44 'informed consent'를 "정보를 제공받은 동의"라고 해석하는 김나경, 「의사의 설명의무의 법적 이해」, 「한국의료법학회지」, 제15권 제1호, 2007, 11쪽 참조.

45 김나경, 「의사의 설명의무의 법적 이해」, 10쪽; 그밖에 의료행위에서 설명의무가 강조되는 과정에 대해서는 박종원, 「의사의 설명의무의 범위와 그 위반의 효과」, 「민사법연구」, 제10권 제1호, 2002, 84쪽 이하 참조.

III. 「의료법」의 규율

1. 설명의무

(1) 설명의무의 부과

> **의료법** 제24조의2(의료행위에 관한 설명) ① 의사 · 치과의사 또는 한의사는 사람의 생명 또는 신체에 중대한 위해를 발생하게 할 우려가 있는 수술, 수혈, 전신마취(이하 "수술등")를 하는 경우 제2항에 따른 사항을 환자(환자가 의사결정능력이 없는 경우 환자의 법정대리인을 말한다)에게 설명하고 서면(전자문서를 포함)으로 그 동의를 받아야 한다.

「의료법」 제24조의2 제1항은 '의료행위에 관한 설명'이라는 제목으로 의사의 설명의무를 명시적으로 규정한다. 우선 이 조항의 본문을 보면, '① [누가] 의사(의사, 치과의사, 한의사)가 ② [언제] 사람의 생명 또는 신체에 중대한 위해를 발생하게 할 우려가 있는 수술, 수혈, 전신마취를 할 때 ③ [누구에게] 환자(또는 법정대리인)에게 ④ [무엇을] 설명을 하고 서면동의를 받는 것을' 꼭 해야 한다는 내용을 담고 있다. 아울러 「의료법」 제92조 제1항 제1호의3에서는 "제24조의2 제1항을 위반하여 환자에게 설명을 하지 아니하거나 서면 동의를 받지 아니한 자"에 대해 "300만원 이하의 과태료를 부과한다"고 규정한다.

「의료법」 제24조의2에서 한 가지 주목할 점은, 동 규정이 적용되는 범위가 어디까지나 명시한 ②의 경우로 한정된다는 점이다. 이러한 제한은, 의사의 설명의무를 의료행위와 관련된 모든 상황에서 지나치게 강조하는 것이 최선의 치료를 위해 항상 바람직한 것만은 아니라는 점에서 비롯된다. 위험성이 아주 낮거나 거의 없는 의료행위에 대해서도 환자에게 모든 있을 수 있는 부작용을 남김 없이 설명하고 서면동의를 받아야 한다면, 환자는 오히려 정보를 제공받고 홀로 고독한 결정을 내려야 하는 고립 상태에 빠질 수 있다.[46] 아울러 효율적이고 원활한 진료가 이루어지기 어려울 수도 있을 것이다. 현행 「의료법」에서는 바로 이러한 점들을 고려하여, 의사가 시행하고자 하는 의료행위가 신체에 개입하는 정도가 아주 크고 또 그 위험성도 아주 큰 경우로 한정하여 설명의무의 위반에 대해 제재를 가한다.

---

46 이와 관련하여 독일 법원에서는 의사의 설명의 정도와 관련하여 "총체적으로(im großen und ganzen)" 설명하면 되고, 지나치게 세부적인 사항에 대해 모두 알려주어야 할 필요는 없다고 본다(박종원, 「의사의 설명의무의 범위와 그 위반의 효과」, 87쪽).

[설명의무 이행의 유연성] 예를 들어 우리가 상대적으로는 위험성이 적은 의료행위인 가벼운 감기에 관한 진료를 한다고 생각해 보자. 의사는 감기약을 처방할 때 물론 환자의 특이체질이라든가 환자가 특정 약에 대한 과민반응이 있는지의 여부 등을 잘 살펴서 처방해야 한다. 그런데 이러한 처방을 하면서, 문진의 결과 특이체질 등이 없는 것으로 보이는 환자들에게도 특이체질이나 약물에 민감한 환자에게 발생할 수 있는 희귀한 위험에 대해 모두 상세히 설명을 하고 서면동의를 받는다면 환자는 오히려 편안한 마음으로 치료를 받거나 약을 복용하기 어려울 수 있다. 즉, 설명의 범위와 정도는 개별 상황과 맥락에 따라 유연하게 결정되어야 한다.

[의료법상 설명의무의 법제화] 설명의무 및 그 위반에 대해 과태료를 부과하는 「의료법」의 규정은 오래전부터 있었던 것은 아니다. 설명의무에 대한 현행 규정은 2016. 12. 20. 신설되어 2017. 6. 21.부터 시행되기 시작했다. 의사의 설명의무를 「의료법」에 명시적인 조항으로 두자는 논의는 오래전부터 계속 있어 왔고 다양한 형태의 법률 개정안이 제안된 바 있었다. 예를 들어 2007년 제안되었던 한 「의료법」 개정안은 - 현행법에서 설명의무 규정이 적용되는 범위를 제한하는 것과는 달리 - "의료인은 환자나 환자의 보호자에게 질병 및 그 치료방법 등을 설명해야 한다"고 설명의무를 보다 포괄적으로 규정하고자 했었다. 만일 이 안(案)처럼 일반적·포괄적으로 규정을 하면, 설명의무의 위반에 대해 법적 제재를 가하는 것이 쉽지 않을 것이다. 의료 행위가 이루어지는 상황이 다양하고 복잡한 만큼 설명의무를 얼만큼 어떠한 방식으로 이행하는 것이 바람직한 것인지도 때에 따라서 모두 다르기 때문이다.

(2) 예외

> **의료법** 제24조의2(의료행위에 관한 설명) ① 의사·치과의사 또는 한의사는 (…) 환자에게 설명하고 서면으로 그 동의를 받아야 한다. 다만, 설명 및 동의 절차로 인하여 수술등이 지체되면 환자의 생명이 위험하여지거나 심신상의 중대한 장애를 가져오는 경우에는 그러하지 아니하다.

「의료법」 제24조의2 제1항은 단서를 통해, 환자에 대한 설명과 서면동의가 법적으로 요청되는 경우에 대한 예외를 규정한다. 의료행위가 빨리 이루어져야 하는 급박한 상황, 즉 설명과 동의의 절차로 인해 의료행위의 시행이 지체되면 "환자의 생명이 위험"해지거나 "심신상의 중대한 장애"가 초래될 수 있는 경우에는, 동조 본문에서 요구하는, 설명을 하고 서면동의를 받을 의무를 이행하지 않아도 된다.

2. 설명과 동의의 내용

(1) 의무적 설명 사항

> **의료법 제24조의2**(의료행위에 관한 설명) ② 제1항에 따라 환자에게 설명하고 동의를 받아야 하는 사항은 다음 각 호와 같다.
> 1. 환자에게 발생하거나 발생 가능한 증상의 진단명
> 2. 수술등의 필요성, 방법 및 내용
> 3. 환자에게 설명을 하는 의사, 치과의사 또는 한의사 및 수술등에 참여하는 주된 의사, 치과의사 또는 한의사의 성명
> 4. 수술등에 따라 전형적으로 발생이 예상되는 후유증 또는 부작용
> 5. 수술등 전후 환자가 준수하여야 할 사항

「의료법」 제24조의2 제2항은 동조 제1항에 기초하여 설명하고 동의를 받아야 하는 사항들을 5가지로 열거하여 규정한다.

[동의를 위해 필요한 설명] 내가 환자가 되어 수술, 수혈이나 전신마취를 받아야 하는 상황에 처했다고 생각해 보자. 환자는 어떠한 점들을 설명받아야 수술, 수혈, 마취라는 의료행위에 동의할 수 있을까. ① **환자에게 발생하거나 발생 가능한 증상의 진단명**(제1호) 환자는 우선 현재 자신에게 나타나는 증상의 원인이 되는 질환 또는 이러한 증상으로 인해 향후 내가 앓게 될 수 있는 질환이나 그 질환의 정확한 진단명은 무엇인지를 알고 싶을 것이다. ② **수술등의 필요성, 방법 및 내용**(제2호) 다음으로 환자는 내게 발생한 증상을 치료하기 위해 또는 앞으로 발생할 수 있는 증상의 가능성을 검사하기 위해서는 어떠한 수술, 수혈 또는 마취가 필요한지 그리고 왜 필요하며 어떻게 이루어지는지를 알고자 할 것이다. 예를 들어 환자의 장기 조직 일부를 떼어내어 조직검사를 하기 위해 전신마취를 해야 한다면, 조직검사의 이유, 그 조직검사를 위해 전신마취가 필요한 이유, 전신마취가 이루어지는 구체적 과정 등을 알고 싶을 것이다. ③ **수술등에 따라 전형적으로 발생이 예상되는 후유증 또는 부작용**(제4호) 수술, 수혈, 전신마취는 특히 위험성을 안고 있는 의료행위인 만큼, 환자의 입장에서는 당해 행위로 인한 발생할 수 있는 후유증이나 부작용을 알고 싶을 것이다. 앞의 예의 경우, 전신마취에 사용되는 주사제는 다양하며, 환자의 체질 등에 따라 특정 주사제에 민감한 반응을 보일 수 있으므로, 이러한 부작용의 가능성 등에 대한 설명이 있어야만 안전하게 마취가 진행될 수 있을 것이다. ④ **수술등 전후 환자가 준수하여야 할 사항**(제5호) 아울러 중요한 것은, 환자는 자신이 수술을 받기 전 유의해야 할 사항 – 예를 들어 복용하고 있던 약을 중단해야 하는지의 여부 및 그 밖에 먹지 말아야 할 음식이 있는지 등의 사항 – 그리고 수술, 수혈이나 마취를 받은 후 주의해야

할 사항들 – 예를 들어 하지 말아야 할 운동 기타 활동 등 – 에 대해 제대로 숙지할 필요가 있다는 점이다. 이러한 유의사항 등을 숙지해야만 의료행위가 안전하게 시행될 수 있고 원하는 치료 목적이 달성될 수 있을 것이다. ⑤ **수술 등에 참여하는 주된 의사, 치과의사 또는 한의사의 성명 및 환자에게 설명을 하는 의사, 치과의사, 한의사의 성명**(제3호) 더 나아가 환자의 입장에서는 실제 수술 등의 의료행위를 시행하는 사람이 누구인지를 정확히 아는 것도 중요하다. 자신의 신체에 대해 개입하는 사람이 정확히 누구인지를 아는 것은 환자가 의료의 과정에 진입하면서 의료행위 및 의료인에 대한 신뢰를 갖기 위해 알아야 하는 기본적인 정보라 할 수 있다. 그리고 실제로 수술, 수혈, 마취를 주로 하는 의료인이 설명을 하는 것이 아니라 같은 의료팀으로 참여를 하지만 보조적인 역할을 하는 의료인이 설명을 하는 경우도 많은데, 이러한 경우 환자에게는 설명을 하는 의료인 역시 소개할 필요가 있다.

(2) 변경 사항 고지

> **의료법** 제24조의2(의료행위에 관한 설명) ④ 제1항에 따라 동의를 받은 사항 중 수술등의 방법 및 내용, 수술등에 참여한 주된 의사, 치과의사 또는 한의사가 변경된 경우에는 변경 사유와 내용을 환자에게 서면으로 알려야 한다.

「의료법」 제24조의2 제2항에서 열거하는 사항들을 설명하고 환자로부터 서면으로 동의를 받았더라도, 수술등 의료행위를 시행하는 과정 중에 환자의 상태에 대한 새로운 점들이 발견되거나 환자의 상황이 달라지는 등 상황은 늘 역동적으로 변화될 수 있다. 그리고 의료인은 이러한 역동적인 변화 상황에 대응해 의료행위를 시행해야 하므로, 동조 제2항 제2호에서 말하는 '수술등의 방법과 내용'이 실제 의료행위가 진행되는 과정에서 이전에 얘기했던 것과 다르게 변경될 수 있다. 그리고 또 실제 의료의 과정에서는 특수한 사정으로 인해 제3호에 기초해 안내된 '수술등에 참여하는 주된 의사, 치과의사 또는 한의사'가 아닌 '다른 의료인'이 실제 수술등에 참여하게 될 수 있다. 「의료법」 제24조의2 제4항은 이러한 경우 변경 사유 및 변경된 내용을 환자에게 서면으로 알려야 한다고 규정한다. 만일 "환자에게 변경 사유와 내용을 서면으로 알리지 않는 경우"에는, 환자에게 처음부터 설명하고 서면동의를 받을 의무를 이행하지 않은 경우와 마찬가지로, 「의료법」 제92조 제1항에 의거해 300만원 이하의 과태료가 부과된다.[47]

---

47 의료법 제92조(과태료) ① 다음 각 호의 어느 하나에 해당하는 자에게는 300만원 이하의 과태료를 부과한다. 1의3. 제24조의2 제4항을 위반하여 환자에게 변경 사유와 내용을 서면으로 알리지 아니한 자.

3. 서면동의서 발급

> **의료법** 제24조의2(의료행위에 관한 설명) ③ 환자는 의사, 치과의사 또는 한의사에게 제1항에 따른 동의서 사본의 발급을 요청할 수 있다. 이 경우 요청을 받은 의사, 치과의사 또는 한의사는 정당한 사유가 없으면 이를 거부하여서는 아니 된다.

「의료법」 제24조의2 제1항에 기초해 작성된 서면동의서는, 환자의 입장에서도 당연히 본인이 서명한 서류인 만큼 그 사본의 발급을 요청할 수 있다. 동의서 사본의 발급을 요청받은 의사, 치과의사, 한의사는 정당한 사유 없이 이를 거부해서는 안 된다.

IV. 그 밖의 규율

「의료법」 외에 보건의료와 관련된 기본적 사항을 규율하는 「보건의료기본법」 및 그 밖에 의료와 관련된 다른 여러 법률 등에서도 설명의무에 관한 규정을 두고 있다.

1. 「보건의료기본법」의 규율

> **보건의료기본법** 제12조(보건의료서비스에 관한 자기결정권) 모든 국민은 보건의료인으로부터 자신의 질병에 대한 치료 방법, 의학적 연구 대상 여부, 장기이식(臟器移植) 여부 등에 관하여 충분한 설명을 들은 후 이에 관한 동의 여부를 결정할 권리를 가진다.

보건의료를 둘러싼 국민의 권리와 의무 그리고 국가와 지방자치단체의 책임을 규정하는 「보건의료기본법」 제12조는 '보건의료서비스에 관한 자기결정권'을 규정한다. 동조는 국민의 권리에 관해 규율하는 다른 조항들과 나란히 배치되어 있는 만큼, 설명을 해야 하는 의사의 의무에 초점을 맞추기보다는 설명의무가 이행되어야 하는 보다 근본적 이유인 '환자의 권리'에 초점을 맞추어 규정한다. 동 조항은 보건의료 기본법이 제정되어 시행된 2000년부터 — 그러니까 의료법이 설명의무를 명시적으로 규정한 2016년 이전부터 — 규정되어 왔으며 보건의료기본법의 다른 모든 조항들처럼 법적 제재와 결합되어 있지 않은 '선언적'[48]인 규정이다.

[보건의료에 관한 국민의 권리와 의무] 「보건의료기본법」 제2장은 "보건의료에 관한 국민의 권리와 의무"라는 제목으로 한편으로는 국민의 권리인 건강권(제10조), 보건의료에 관한 알 권리(제11조), 보건의료서비스에 관한 자기결정권(제12조) 그리고 환자의 비밀 보장(제13조)에 관해 규정하며, 다른 한편 보건의료에 관한 국민의 의무로 '자신과 가족의 건강을 보호하고 증진하기 위해 노력할 의무, 관계 법령에서 정하는 바에 따라 건강의 보호, 증진과 관련된 비용을 부담할 의무, 다른 사람의 건강을 해치지 않을 의무 그리고 보건의료인의 정당한 보건의료 서비스와 지도에 협조할 의무를 규정한다(제14조).

「보건의료기본법」 제12조는 환자의 자기결정권 또는 의사의 설명의무라는 보편적인 원칙을 선언함과 동시에, 설명과 동의가 특히 중요한 의료적 상황에 대해서도 예시적으로 열거하고 있다. 동조가 제시하는 상황은 "질병에 대한 치료", "의학적 연구", "장기이식"이다.

[의료적 자기결정의 예시 상황] ① 질병에 대한 치료 「보건의료기본법」 제12조는 우선 통상적인 의료의 개념에 기초해, 질병에 대한 치료를 하는 경우를 환자의 자기결정이 필요한 상황으로 명시한다. 예를 들어 종양을 제거하는 수술을 하는 경우, 대상포진이 발병해 이에 대한 치료를 하는 경우 등이 여기에 해당할 것이다. ② 의학적 연구 동조는 더 나아가 환자는 '의학적 연구 대상 여부'를 알고 이에 대해 결정할 권리를 지닌다고 규율한다. 예를 들어, 새로운 시술법의 안전성과 유효성을 증명할 목적으로 환자에 대해 임상시험을 하는 경우가 있다. 이 경우에는 환자에게 임상시험을 실시해도 되는지의 여부에 대한 동의를 받기 위해 필요한 설명을 해야 한다. ③ 장기이식 장기이식은 고전적인 유형의 의료행위는 아니지만 신체에 대한 개입의 정도가 매우 큰 행위로, 다른 어떤 경우보다도 의료인으로부터 충분히 설명을 듣고 결정해야 할 필요가 있는 경우에 해당한다. 동조에서 ②와 ③의 경우를 명시적으로 규정한 것은 의료(적) 행위와 기술의 유형이 점점 더 많아지고 의료의 범주가 확장되는 현실을 반영한 것이라 할 수 있다.

---

48 '선언적' 규정이란 보편적이고 추상적인 기본 원칙이나 원리에 관한 규정으로 그 조항을 위반한 법적인 제 재와 결합되어 있지는 않은 규정을 의미한다.

2. 그 밖의 법률에 의한 규율

질병의 치료라는 보편적인 의료행위 이외에, 「보건의료기본법」 제12조에서 예시적으로 열거하는 의학적 연구대상 여부나 장기이식 등과 같이 환자의 자기결정이 특히 중요한 의미를 갖는 새로운 형태의 의료행위 또는 의과학 기술을 활용하여 이루어지는 행위에 대해서는, 「의료법」 외의 관련되는 개별 법률에서 설명과 동의에 관한 구체적인 규정을 두고 있는 경우가 종종 있다.

(1) 「장기등 이식에 관한 법률」의 규율

> **장기이식법** 제22조(장기등의 적출 요건) ① 살아있는 사람의 장기등은 본인이 동의한 경우에만 적출할 수 있다.

> **장기이식법** 제23조(장기등의 적출 시 준수사항) 장기등을 적출하려는 의사는 다음 각 호의 사항을 준수하여야 한다. (...)
> 2. 장기등기증자가 살아있는 사람인 경우에는 본인 여부를 확인하고 본인과 그 가족에게 다음 각 목의 사항을 충분히 설명할 것
>   가. 장기등기증자의 건강상태
>   나. 장기등 적출수술의 내용과 건강에 미치는 영향
>   다. 장기등을 적출한 후의 치료계획
>   라. 그 밖에 장기등기증자가 장기등의 적출과 관련하여 미리 알아야 할 사항

「보건의료기본법」 제12조에서 명시하는 '장기이식 여부'에 관한 설명과 동의는 「장기등 이식에 관한 법률」(이하 장기이식법)에서 구체화되고 있다. 「장기이식법」 제22조 제1항은 우선, 살아있는 사람의 장기를 적출하고자 하는 경우 본인의 동의가 필요하다는 점을 규정한다. 이는 장기기증 여부는 자기결정에 기반한 것이어야 한다는 대원칙을 명시한 것이다. 동 조항을 위반하여 본인의 동의를 받지 않고 장기를 적출하는 것은 신체에 대한 자기결정권을 중대하게 침해하는 범죄행위로 무기징역 또는 2년 이상의 유기징역에 처해진다(동법 제44조 제1항 제8호).[49] 아울러 동법 제23조 제2호는 장기기증자로부터 장기를 적출하는 경우 의사가 이행해야

---

49 장기이식법 제44조(벌칙) ① 다음 각 호의 어느 하나에 해당하는 자는 무기징역 또는 2년 이상의 유기징역에 처한다. 8. 제22조 제1항 또는 제2항을 위반하여 본인 등의 동의를 받지 아니하고 장기등을 적출한 자.

하는 설명의무의 내용에 대해 규율한다. 의사는 장기를 적출하는 경우 장기기증자 본인과 그 가족에게 장기적출 수술의 내용이나 장기적출이 장기기증자의 건강에 향후 미치게 될 영향 등에 관해 설명해야 한다. 동조에서 요구하는 설명을 하지 않은 경우에는 300만 원 이하의 과태료가 부과된다(동법 제53조 제2항 제3호).[50]

[장기기증자의 동의 철회] 더 나아가 장기 기증자의 입장에서 장기적출은 자신의 신체에 중대한 변화를 초래하며 큰 위험을 감수하는 결정이라는 점에서, 장기이식의 상황에서는 장기기증자가 수술이 시작되기 전까지 언제든 자신의 의사를 변경할 수 있도록 할 필요가 있다. 즉, 동의 의사의 철회도 자기결정권의 중요한 내용이기 때문에, 「장기이식법」 제22조 제4항은 장기기증에 "동의한 사람은 장기등을 적출하기 위한 수술이 시작되기 전까지는 언제든지 장기등의 적출에 관한 동의의 의사표시를 철회할 수 있다"고 규정한다.

(2) 「생명윤리 및 안전에 관한 법률」의 규율

생명윤리법 제24조(배아의 생성 등에 관한 동의) ① 배아생성의료기관은 배아를 생성하기 위하여 난자 또는 정자를 채취할 때에는 다음 각 호의 사항에 대하여 난자 기증자, 정자 기증자, 체외수정 시술대상자 및 해당 기증자·시술대상자의 배우자가 있는 경우 그 배우자의 서면동의를 받아야 한다. (...)
4. 잔여배아(...)를 연구 목적으로 이용하는 것에 관한 사항
② 배아생성의료기관은 제1항에 따른 서면동의를 받기 전에 동의권자에게 제1항 각 호의 사항에 대하여 충분히 설명하여야 한다.

「보건의료기본법」 제12조에서 명시하는 '의학적 연구대상 여부'에 관한 설명과 동의를 구체화한 예로는 「생명윤리 및 안전에 관한 법률」(이하 생명윤리법)의 규율이 있다.[51] 체외수정의 방식으로 인간 배아를 생성하는 경우, 만들어진 여러 개의 배아 중 임신 목적으로 여성에게 이식을 하고 나서 남게 되는 이른바 잔여배아는 일정 요건을 갖추면 법이 정하는 연구 목적으로 이용할 수 있다.[52] 이 경우 배아의 생성과

---

50 장기이식법 제53조(과태료) ② 다음 각 호의 어느 하나에 해당하는 자에게는 300만원 이하의 과태료를 부과한다. 3. 제23조를 위반하여 (...) 본인 여부를 확인하지 아니하거나 필요한 설명을 하지 아니한 자.

51 '의학적 연구대상 여부'에 대한 자기결정이 문제 되는 경우는, 자신에 대한 임상시험 등이 이루어지는, 즉 자신의 신체가 직접 연구대상이 되는 경우와 자신 또는 자신과 관련된 인체유래물 등이 연구대상이 되는 경우가 있을 것이며, 여기서 소개하는 경우는 후자에 해당한다.

52 생명윤리법은 잔여배아가 발생학적으로 보았을 때에 원시선이 나타나기 전까지의 단계에 있다면, 그러니까 아직 생물학적 발전 단계를 많이 지나지 않은 상태인 경우에는, 법이 정하는 일정한 목적, 예를 들어 희

중요한 관련성을 지니는 사람들, 그러니까 배아를 만들 때 생식세포를 기증한 사람과 그의 배우자 그리고 체외수정 시술을 받는 사람이나 그 사람의 배우자가 연구목적으로의 이용 여부에 대해 결정을 할 수 있도록 하는 것도 이들의 자기결정권이나 행복추구권의 중요한 내용 중 하나이다. 체외수정 방식으로 배아를 생성하는 절차를 규율하는 생명윤리법은, 잔여배아를 연구목적으로 이용하기 위해서는, 배아를 체외수정의 방식으로 만들기 위해 난자와 정자를 채취할 때에 체외수정 시술대상자를 비롯해 법에서 규정하고 있는 관련된 사람들에게 잔여배아의 연구 목적으로의 이용에 대해 '충분히 설명'하고 '서면동의'를 받아야 한다고 규정한다(생명윤리법 제24조 제1항 및 제2항).[53] 아울러 「생명윤리법」 제28조 제1항 제1호는, 배아를 생성하는 의료기관이 배아를 취급할 때, 「의료법」 제24조에 따른 동의서에 적힌 내용대로 취급해야 한다고 다시 한 번 분명히 규정함으로써, 배아의 취급과 관련된 행위가 관련된 당사자들의 권리를 침해하지 않도록 하고 있다.[54] 아울러 「생명윤리법」은 제24조와 제28조를 위반하는 경우 의료기관과 의료인에게 부과되는 법적 제재에 대해 규정한다. 우선 배아생성의료기관[55]이 언급한 법 제24조와 제28조 규정을 위반하면 보건복지부장관은 배아생성의료기관으로 지정했던 것을 취소하거나 1년 이내의 기간을 정해 업무정지를 명할 수 있으며(동법 제56조 제1항), 업무정지처분에 대신하여 2억 원 이하의 과징금을 부과할 수도 있다(동법 제58조 제1항). 다른 한편, 서면동의를 받지 않고 난자나 정자를 채취한 행위를 한 의료인에 대해서는 2년 이하의 징역 또는 3천만 원 이하의 벌금이 부과된다(동법 제67조 제1항). 행위자에게 이와 같이 과중한 형벌을 가하는 것은, 과학 기술이 발전하면서 등장하는 다양한 유형의 새로운 의료적 행위의 경우 설명의무 위반이 그 자체만으로도 생명윤리의 맥락에서 큰 불법성을 띠는 행위일 수 있음을 말해 주는 것이기도 하다.

귀·난치병의 치료를 위한 연구의 목적으로 이용할 수 있다고 규정하고 있다[생명윤리법 제29조(잔여배아 연구) ① 제25조에 따른 배아의 보존기간이 지난 잔여배아는 발생학적으로 원시선(原始線)이 나타나기 전까지만 체외에서 다음 각 호의 연구 목적으로 이용할 수 있다. (…) 2. 근이영양증(筋異營養症), 그 밖에 대통령령으로 정하는 희귀·난치병의 치료를 위한 연구].

53 체외수정을 통한 배아 생성 등에 관한 「생명윤리법」의 규율에 대해서는 이상돈·김나경, 『의료법강의』, 322쪽 이하 참조.

54 생명윤리법 제28조(배아생성의료기관의 준수사항 등) ① 배아생성의료기관은 다음 각 호의 사항을 준수하여야 한다. 1. 제24조에 따른 동의서에 적힌 내용대로 배아·난자 및 정자를 취급할 것.

55 「생명윤리법」에 따르면 모든 의료기관이 배아를 생성할 수 있는 것이 아니고 동법 제22조 제1항에 따라 보건복지부장관으로부터 배아생성의료기관으로 지정을 받은 의료기관만이 배아생성을 할 수 있다.

[잔여배아 연구에 대한 동의 철회] 잔여배아를 연구목적으로 사용하는 것에 대해 동의할 것인가의 문제는, 자신과 직접적으로 관련된 인간 생명의 소모적 이용에 관한, 생명에 대한 가치관과 사회윤리적 요청에 관한 진지한 고민을 수반하는 중대하고 어려운 결정이다. 따라서 이에 대한 설명을 듣고 이용에 대해 동의를 했더라도 언제든 이후 새롭게 마음을 바꾸어 생명윤리적 결단을 내릴 수 있는 길을 열어 줄 필요가 있다. 그렇기 때문에 「생명윤리법」 제24조 제1항은 "동의의 변경 및 철회에 관한 사항"에 대해서도 반드시 설명하도록 함으로써 동의권자의 철회권을 분명히 보장하고 있다.[56]

---

56 그 밖에도 생명윤리법 제24조는 배아를 생성하기 위해 난자나 정자를 채취하는 경우 언급한 동의권자에게 설명해야 하는 사항으로 '배아생성의 목적에 관한 사항, 배아·난자·정자의 보존기간 및 그 밖에 보존에 관한 사항, 배아·난자·정자의 폐기에 관한 사항, 동의권자의 권리 및 정보 보호, 그 밖에 보건복지부령으로 정하는 사항'을 열거하고 있다.

[3] 의료의 전개: 대화(Ⅱ), 대화의 내용과 범위

법조문과 사례로 이해하는 의료분쟁

I. 설명의무의 유형

> 의사의 환자에 대한 설명의무는 수술 시에만 한하지 않고 검사·진단·치료 등 진료의 모든 단계에서 발생한다(…)(대판 2015다66601, 66618).

의료의 역동적 과정 속에서 의사가 이행해야 하는 설명의무는 단지 의료행위가 이루어지기 전 뿐만 아니라 '의료의 모든 과정에서' 등장하는 문제이다. 의사에게 요구되는 설명의 유형은 의료의 과정이 전개되는 시간적 순서에 따라서 의료행위 '전(前)' 설명, 의료행위 '중(中)' 설명, 의료행위 '후(後)' 설명으로 나누어 볼 수 있다.[57]

1. 의료행위 '전(前)' 설명

> 의사는 환자에게 수술 등 침습을 가하는 과정 및 그 후에 나쁜 결과 발생의 개연성이 있는 의료행위를 하는 경우 또는 사망 등의 중대한 결과 발생이 예측되는 의료행위를 하는 경우, 응급환자라는 등의 특별한 사정이 없는 한 진료계약상의 의무 또는 침습 등에 대한 승낙을 얻기 위한 전제로서, 환자나 그 법정대리인에게 질병의 증상, 치료 방법의 내용 및 필요성, 발생이 예상되는 위험, 시술 전 환자의 상태 및 시술로 인한 합병증으로 중대한 결과가 초래될 가능성의 정도와 예방가능성 등에 관하여 당시의 의료 수준에 비추어 상당하다고 생각되는 사항을 설명하여 해당 환자가 그 필요성이나 위험성을 충분히 비교해 보고 그 의료행위를 받을 것인지 여부를 선택할 수 있도록 할 의무가 있다(대판 2018다217974).

의사에게 요청되는 의료행위 '전(前)' 설명이란, 의료행위가 이루어지기 전에 환자가 의료행위 시행에의 동의 여부를 결정하도록 하기 위한 설명이다. 이를 "자기결정을 위한 설명"[58]이라고도 한다. 의료행위 전(前) 설명에는 환자에게 진단의 결과를 알려 줌으로써 환자가 자신의 질병에 대해 이해할 수 있도록 하는 '진단 설명', 진단된 질병을 치료하기 위해서는 어떠한 의료행위가 필요한지 그리고 그 의료행위는 어떻게 이루어질 것인지를 알려주는 '경과 설명', 의료행위 시행으로 인해 등장할 수 있는 위험하거나 좋지 않은 결과 등에 관해 알려 주는 '위험 설명' 등이 있다.[59] 위의

---

57 의사의 설명의무를 이와 같이 전체 의료 시퀀스의 진행 과정에 따라 분류한 김나경, 「의사의 설명의무의 법적 이해」, 14쪽 이하 참조; 이러한 의료의 진행 과정에 따른 설명의무의 유형 분류는 이상돈·김나경, 『의료법강의』, 139쪽에서 간략히 다시 소개된 바 있다.

58 Adolf Laufs·Wilhelm Uhlenbruck, 『Handbuch des Arztrechts』, 제2판, C.H.Beck Verlag, 1999, S. 265; 그 밖에 설명의무의 유형에 대한 독일의 개념들을 소개하는 박영규, 「의사의 설명의무 위반에 따른 손해배상」, 102쪽 참조.

판례에서 소개하는 "질병의 증상"은 진단설명, "치료방법의 내용 및 필요성"은 경과설명, "발생이 예상되는 위험"은 위험설명의 내용에 해당한다고 할 수 있다.

[수술, 수혈, 전신마취에서의 설명의무] 「의료법」에서 명시적으로 설명의무를 부과하는 수술, 수혈, (전신)마취행위를 하는 경우 법원에서 – 당해 「의료법」 규정이 신설되기 이전 시점까지를 포함하여 – 설명의무의 내용으로 언급한 바를 살펴보면 다음과 같다.[60] ① **수술의 경우** '백내장 수술'을 하는 경우에는 '그 후유증으로 망막박리 현상이 나타날 수 있다는 점 그리고 수술치료를 받지 않을 경우 초래될 결과'에 대해 설명해야 한다.[61] 심장질환을 앓고 있는 환자에 대해 '개심수술'을 하는 경우에는 "그 수술을 받지 않을 경우에 생길 것으로 예견되는 결과와 대체 가능한 차선의 치료방법" 및 당해 수술로 인해 나타날 수 있는 "전형적인 부작용"인 "뇌전색의 후유증"을 설명해야 한다.[62] 화상으로 인해 두부의 모발이 결핍된 부분에 대해 성형수술로서 피부이식수술을 하는 경우에는 "피부 이식에 필요하거나 필요하게 될 피부의 부위"가 어디인지 그리고 '이식에 어느 정도의 피부가 필요한지, 이식으로 인해 발생할 수 있는 후유증은 무엇인지'를 설명해야 한다.[63] ② **수혈의 경우** '수술중의 출혈로 인해서 수술 후 수혈을 하게 되는 경우'에는 "수혈에 의해 에이즈 바이러스에 감염될 위험"에 대해 설명해야 한다.[64] ③ **전신마취의 경우** 교통사고로 입은 상해 부위를 수술하기 위해 전신마취를 하는 경우에는 "전신마취가 초래할 수 있는 위험성이나 부작용"을 반드시 설명해야 한다.[65]

[의약품 투약에서의 설명의무] 「의료법」에서 설명의무를 명시적으로 부과하지는 않지만 설명이 중요한 의미를 갖는 경우 중 하나는 의약품 투약이다. 의약품 투약과 관련해 법원은 다음과 같은 점들을 설명이 이행되어야 할 사항으로 판시한다. ① **의약품의 위험성** 의사가 의약품을 투약하는 방식으로 의료행위가 이루어지는 경우, 법원은 의사가 환자에게 "해당 의약품에 위험성이 있다는 점"을 설명해야 한다고 분명히 판시한다.[66] 특히 법원은 의약품의 경우 "의약품의 위험성의 존부가 먼저 밝혀진 다음에야 위험이 발현되는 기전이 밝혀지게 되"는데, 그렇더라도 "의약품의 위험성이 발현되는 구체적 기전보다는 위험성의 존부가 환자의 의사결정을 위하여

59 김나경, 「의사의 설명의무의 법적 이해」, 16쪽; 이상돈·김나경, 『의료법강의』, 139쪽 참조.
60 여기서 소개해하는 판례의 내용은 법원이 언급한 바를–환자의 상황이나 상태, 의료행위의 정황을 생략하고–아주 간략하게 축소한 것으로, 유사한 사안으로 보이는 경우라도 법적인 설명의무의 구체적인 범위는 개별 상황에 따라 모두 상이할 수 있음을 유념해야 한다.
61 대법원 1998.2.13. 선고 96다7854 판결.
62 대법원 1995.1.20. 선고 94다3421 판결.
63 대법원 1987.4.28. 선고 86다카1136 판결.
64 대법원 1997.7.22. 선고 95다49608 판결.
65 대법원 1994.11.25. 선고 94다35671 판결.
66 여기서 설명하는 판례는 대법원 2011.10.13. 선고 2009다102209 판결.

중요한 사항"이라는 점을 지적한다. 그리고 이러한 맥락에서 "의약품에 위험성이 있다는 점이 밝혀졌을 뿐 위험성의 구체적인 발현 기전이 밝혀지지 아니한 단계에서도" 의사는 환자에게 "해당 의약품에 위험성이 있다는 점을 설명할 필요"가 있다고 본다. ② **한약의 위험성에 대한 한의사의 설명의무** 법원은 이러한 의약품의 위험성에 대한 설명의무는 "한의사가 한약을 투여하는 경우에도 마찬가지"로 이행되어야 한다는 점을 분명히 한다.[67] 더 나아가 법원은 한약의 위험성이 "한약의 단독 작용에 의해 발생할 가능성 뿐만 아니라 한약과 양약의 상호작용에 의해 발생할 가능성"이 있다면, 한의사는 "양약과의 상호작용으로 발생할 수 있는 한약의 위험성"에 대해서도 환자에게 설명해야 한다고 보았다. 아울러 법원은 한의사가 이러한 내용을 설명하는 것은 한의사 면허의 범위를 넘어서는 의료행위를 하는 것이 아니라는 점도 분명히 밝혔다.[68]

2. 의료행위 '중(中)' 설명

의료행위 '중(中)' 설명이란 의료행위가 이루어지는 도중에 하는 설명이다. 예를 들어 의료행위를 안전하고 원활하게 수행하기 위해서는 ─ 시술의 과정에서 신체의 일부분을 움직이지 않아야 한다거나, 시술이 진행되는 동안 눈을 깜빡이지 않아야 하는 등 ─ 환자가 유의해서 조력해야 하는 경우가 있다.[69] 의사는 이러한 점들을 의료행위가 진행되는 과정에서 충분히 설명하고 환자 역시 그러한 설명에 기초해서 적극적으로 협력해야 성공적으로 치료 목표에 도달할 수 있을 것이다.

3. 의료행위 '후(後)' 설명

일반적으로 의사는 환자에게 수술을 시행하는 과정 및 그 후에 나쁜 결과가 발생할 개연성이 있는 의료행위를 하는 경우에 있어서는 (...) 그 진료 목적의 달성을 위하여 환자 또는 그 보호자에 대하여 요양의 방법 기타 건강관리에 필요한 사항을 상세히 설명하여 후유증 등에 대비하도록 할 의무가 있다고 할 것이다(대판 95다49608).

의료법 제24조(요양방법지도) 의료인은 환자나 환자의 보호자에게 요양방법이나 그 밖에 건강관리에 필요한 사항을 지도하여야 한다.

---

67 여기서 설명하는 판례는 대법원 2011.10.13. 선고 2009다102209 판결.

68 대법원 2011.10.13. 선고 2009다102209 판결.

69 김나경, 「의사의 설명의무의 법적 이해」, 17쪽; 이상돈·김나경, 『의료법강의』, 139-140쪽 참조.

의료행위 '후(後)' 설명이란 어떤 의료행위가 끝났더라도 성공적인 치료 또는 환자의 건강을 위해 필요한 사항을 설명하는 것을 말한다. 예를 들어 의료행위가 종료된 후 환자에게 건강관리 방법이나 주의사항 등을 알려 주는 것이 이에 해당한다. 「의료법」 제24조는 '요양방법지도'라는 제목으로 환자(또는 환자의 보호자)에 대한 요양 방법 및 건강관리 관련 사항의 지도에 관해 규정한다. 이러한 의료인의 지도는 의료행위 '후(後)' 설명의 한 유형으로 이해할 수 있다. 「의료법」에서 설명의무에 관한 명시적 규정을 신설하면서 이를 — 이미 규정되어 있던 — 요양방법지도의무와 나란히 위치시킨 것도 이러한 맥락에서라고 이해할 수 있다.

[의료행위 후(後) 설명의 예] 법원은 백내장수술을 받은 환자가 이후 후유증으로 망막박리를 호소한 사안에서, 의사가 – 수술 전에 백내장수술의 후유증으로 망막박리가 발생할 수 있다는 점을 설명하지 않은 점뿐만 아니라 – "수술 도중에 수정체 후낭이 파열되어 백내장수술의 후유증인 망막박리의 가능성이 더욱 커졌"다는 점 그리고 이 사건 환자의 경우와 같은 "중등도 이상의 근시인 사람이 사회적으로 심한 활동을 할 경우에도 망막박리가 초래될 가능성이 있다는 점" 등을 설명하여 환자가 이에 대비하도록 하여야 하는데도 이러한 설명을 하지 아니한 점은 설명의무 위반에 해당한다고 판시한 바 있다.[70]

II. 설명의무의 범위

의료행위와 관련해 의사에게 법적으로 부과되는 설명의무의 범위는 어디까지인가. 즉, 법적으로 '설명의무의 위반이 있었는가'를 판단하는 구체적인 기준들은 무엇인가.

1. 판단기준: 위험의 전형성(예측가능성)과 중대성

의사의 설명의무는 그 의료행위에 따르는 후유증이나 부작용 등의 위험 발생 가능성이 희소하다는 사정만으로 면제될 수 없고, 후유증이나 부작용이 당해 치료행위에 전형적으로 발생하는 위험이거나 회복할 수 없는 중대한 것인 경우에는 그 발생가능성의 희소성에도 불구하고 설명의 대상이 된다(대판 2018다217974).

---

70 대법원 1997.7.22. 선고 95다49608 판결.

> 의사에게 당해 의료행위로 인하여 예상되는 위험이 아니거나 당시의 의료 수준에 비추어 예견할
> 수 없는 위험에 대한 설명의무까지 부담하게 할 수는 없(...)다(대판 99다10479).

설명의무의 위반이 가장 많이 문제 되는 설명 유형 중 하나는 의료행위 전(前) 설명 중 '위험 설명'이다. 의료행위로 인해 발생할 수 있는 위험이나 부작용을 설명해야 하더라도, 모든 가능한 위험이나 부작용을 다 설명하는 것은 오히려 환자의 심리적 부담만 가중시키고 결정을 어렵게 할 수도 있다. 법원은 설명해야 하는 위험이나 부작용과 관련하여 우선 다음과 같은 판단 기준을 제시한다. ① **위험의 전형성**(예측가능성) 시행하고자 하는 의료행위를 했을 때 발생할 수 있는 '전형적'인 위험은 설명해야 한다. 이러한 전형성은 당해 의료행위와 관련한 위험의 '예견가능성'이라고도 할 수 있다. ② **위험의 중대성** 위험이 현실화되면 회복할 수 없는 중대한 결과가 발생할 수 있다면 이러한 위험은 설명해야 한다. 법원은 이와 같은 '전형성'과 '중대성' 기준은 위험의 '발생빈도'보다 더 중요한 의미를 갖는다고 본다.

[위험의 전형성 및 중대성에 기초한 설명의무 존부 판단] 법원이 '위험의 전형성'이나 '중대성'을 기준으로 설명의무 위반 여부를 판단한 예를 살펴보면 다음과 같다. ① **심장수술의 예** 환자에게 판막수술을 하기 위해 심장을 절개하는 개심수술을 하는 경우, 개심수술의 후유증으로 뇌손상이 나타나는 빈도가 0.5에서 10퍼센트 정도로 크지 않더라도 즉 위험의 발생빈도는 낮더라도, 이러한 뇌손상이 개심수술에 따르는 "전형적인 부작용"의 하나라면 이를 수술 전에 환자에게 설명해 주어야 한다.[71] ② **안과(안검)수술의 예** 오른쪽 눈의 눈꺼풀 부위를 수술했는데 수술 후 갑자기 예측불가능한 시신경염이 나타나서 환자의 시력이 상실된 경우, 시신경과는 무관한 눈꺼풀 부위를 수술하는데 시신경염으로 인해 시력상실이 발생할 위험은 이 사건 수술에서 "통상적으로 예견되어지는 후유증이 아니고" "의사들로서도 사전에 이를 미리 예측할 수 없었"다면 이에 대한 의사의 설명의무가 인정될 수 없다.[72] ③ **수혈의 예** 수혈을 하는 경우 에이즈바이러스에 감염될 위험은 비록 "발생가능성의 희소성"이 인정된다고 할지라도 "수혈행위에 전형적으로 발생하는 위험"이므로 이에 대한 의사의 설명의무가 면제될 수 없다.[73] ④ **의약품 투약의 예** 무혈성 골괴사라는 "심각한" 부작용을 초래할 수 있는 스테로이드제제를 투여하는 경우에는 그 위험발생의 가능성에 대해 설명해야 한다.[74]

---

71 대법원 1995.1.20. 선고 94다3421 판결.
72 대법원 1999.9.3. 선고 99다10479 판결.
73 대법원 1998.2.13. 선고 96다7854 판결.
74 대법원 2007.9.7. 선고 2005다69540 판결.

2. 기준의 구체화 1: 예측가능성의 판단 기준

(1) 의사의 재량범위

> 즉시 추가검사 등 의료행위를 시행하지 않고 경과관찰을 선택한 의사의 판단이 합리적인 범위에 있다면, 환자의 상태가 당시의 의료 수준에서 예상할 수 있는 통상의 예후와는 달리 갑자기 악화될 예외적 가능성까지 고려하여 환자의 상태가 갑자기 악화될 수 있다거나 그에 대비한 추가검사를 받을 것인지에 관한 설명을 하지 않았다고 하더라도, 의사가 설명의무를 위반하여 환자의 치료기회를 상실시켰다거나 자기결정권을 침해하였다고 할 수 없다(대판 2011다36848).

설명의무 존부를 판단하는 기준이 되는 '위험의 예측가능성'과 관련해서는, 특히 당해 위험과 관련된 의료행위의 시행 여부가 '의사의 재량적 판단범위' 내에 있는 것인지가, 그 의료행위 및 위험을 설명해야 하는지에 대한 세부적인 판단 기준이 된다. 의료는 여러 의료행위들이 언제 새롭게 필요하게 될지 모르는 역동적 과정으로, 의사는 환자의 상태와 질병의 진행 상황 등을 살펴보면서 그때그때 어떠한 의료행위가 필요한지 그리고 언제 그러한 행위를 시행하는 것이 적절할지를 판단하게 된다. 그렇기 때문에 예를 들어, 우선은 합리적인 판단의 범위 내에서 경과를 지켜보다가 추후 어떤 의료행위가 필요하다고 생각될 때 환자에게 그 시행 여부 및 관련 위험에 관한 설명을 하고자 했다면, 경과 관찰을 하는 동안 바로 그 의료행위에 대해 설명하지 않았더라도 설명의무를 위반한 것은 아니다.

(2) 사례 분석 (기초 판례: 대판 2011다26848)

> #### 1. 사실관계
>
> 신경외과 전문의 A는 2003.5.20. 환자 X에게 뇌동맥류 결찰 수술을 시행하였다. 수술 후 X는 중환자실에서 수술 후 회복을 위한 치료를 받았고 점차 호전되는 상태를 보였다. 그러던 중 2003.5.26. 수술경과 확인을 위해 뇌 CT 촬영이 이루어졌고 검사결과 뇌 좌측 기저핵 부위에서 경미한 뇌경색 및 뇌부종의 증상으로 볼 만한 소견이 발견되었다. A는 2003.5.27. 'X의 상태가 호전되어 위 뇌경색 및 뇌부종은 일과성으로 진행되는 경미한 것'이라고 판단하였고 — 즉시 뇌혈관조영술을 비롯한 추가 검사 등의 의료행위를 시행하지 않고 — 경과관찰을 선택했다. 이후 X는 자주 두통을 호소하다가 2003.5.29. 의식을 잃었고 2003.6.11. 뇌사 상태에 빠지게 되었다. 이 사안에서 A는 2003.5.20. 뇌동맥류 결찰 수술 전 X에게 수술의 부작용인

뇌경색 등에 관해 설명하였는데, 2003.5.26. CT 촬영 후에는 X나 X의 가족에게 뇌경색 및 뇌부종의 증상으로 볼 만한 소견이 발견되었다는 사실이나 치료방법 및 확진을 위해 침습적인 뇌혈관조영술 등이 필요할 수도 있다는 점을 설명하지 않았다.

2. 쟁점[75]

의사 A가 뇌 CT촬영 후 환자 X나 X의 가족에게 X가 갑자기 악화될 수 있는 가능성 및 뇌경색과 뇌부종 확진을 위한 추가검사와 이에 관한 치료방법에 관한 설명을 하지 않은 것이 설명의무를 위반한 것인가.

3. 문제 해결

① **설명의무 인정의 전제** 의사의 설명의무는 당해 설명과 연계된 의료행위를 시행하는 것이 필요함을 전제로 한다. 만일 그 의료행위를 시행하지 않는 것이 의사의 합리적인 재량 판단의 범위 내에 있는 것이라면, 당해 의료행위에 관한 설명을 하지 않았더라도 설명의무 위반이 인정될 수 없다. ② **사안에의 적용** 이 사안에서 대법원은 "CT검사에서 관찰된 좌측 기저핵 부위의 작은 뇌경색과 경미한 뇌부종 소견만으로는 X가 불과 2-3일 만에 좌측 중대뇌동맥 영역의 뇌경색으로 진행되어 사망에 이를 수 있다고 예측하기는 어려웠고, (...) 뇌 CT 검사 후 즉시 뇌혈관조영술 검사 등 조치를 시행하지 않고 경과관찰을 선택한 판단이 합리적인 범위를 벗어난 것이라고 볼 수 없다"고 보았다. 달리 말하면, 이 사안에서 A가 경과관찰을 선택한 것, 즉 당장 추가검사가 필요하지 않다고 판단한 것은 의사의 합리적 재량 범위 내에 속하는 것이므로, 경미한 뇌경색 및 뇌부종 소견과 추가검사 및 치료방법에 관한 설명을 하지 않은 것이 설명의무를 위반한 것이라고 볼 수 없다. ③ **판례 소개** "A를 비롯한 의료진이 뇌 CT 소견 등을 토대로 망인에 대한 경과관찰을 하는 사이에 X가 갑자기 심각한 뇌경색으로 진행되어 사망에 이를 수 있다거나 뇌혈관 연축 발생 여부 등을 진단하기 위하여 추가로 뇌혈관조영술 검사 등을 받을 것인지에 관한 설명을 하지 않았다고 하더라도, X의 치료기회를 상실시켰다거나 자기결정권을 침해하였다고 할 수는 없다."

3. 기준의 구체화 2: 설명의무의 강화

(1) 미용 목적 의료행위

1) 설명의 '구체성'

미용성형술(...)을 의뢰받은 의사로서는 의뢰인 자신의 외모에 대한 불만감과 의뢰인이 원하는 구체적 결과에 관하여 충분히 경청한 다음 전문적 지식에 입각하여 의뢰인이 원하는 구체적 결과를

---

75 이 사안에서는 여러 쟁점들이 문제 되지만, 여기서는 이 단락에서 다루는 설명의무와 관련한 쟁점만을 다룰 것이다.

실현시킬 수 있는 시술법 등을 신중히 선택하여 권유하여야 하고, 당해 시술의 필요성, 난이도, 시술 방법, 당해 시술에 의하여 환자의 외모가 어느 정도 변화하는지, 발생이 예상되는 위험, 부작용 등에 관하여 의뢰인의 성별, 연령, 직업, 미용성형 시술의 경험 여부 등을 참조하여 의뢰인이 충분히 이해할 수 있도록 상세한 설명을 함으로써 의뢰인이 필요성이나 위험성을 충분히 비교해 보고 시술을 받을 것인지를 선택할 수 있도록 할 의무가 있다. 특히 의사로서는 시술하고자 하는 미용성형 수술이 의뢰인이 원하는 구체적 결과를 모두 구현할 수 있는 것이 아니고 일부만을 구현할 수 있는 것이라면 그와 같은 내용 등을 상세히 설명하여 의뢰인에게 성형술을 시술받을 것인지를 선택할 수 있도록 할 의무가 있다(대판 2012다94865).

최근에는 미용 목적의 의료행위가 많이 이루어진다. 법원은 개인의 심미적 만족감 충족을 위한 의료행위의 경우에는 질병 치료 목적의 다른 의료행위에 비해 '긴급성'이나 '불가피성'이 매우 약한 특성이 있다는 점을 고려해야 한다고 본다. 이러한 경우에는 충분하고 상세한 설명이 이루어져야 환자의 선택권이나 자기결정권이 충분히 실현될 수 있다. 법원은 미용 목적으로 성형수술을 하는 경우 의사는 우선 의뢰인이 어떠한 외모 개선을 원하는지를 충분히 경청하고 의뢰인의 요구에 기초해서 그러한 개선 결과를 실현시킬 시술법을 신중히 선택해 권유해야 한다고 판시한다. 그리고 이 경우 의사에게는 의료행위 전에 ① 시술로 인해 발생할 수 있는 '위험이나 부작용'을 의뢰인이 충분히 이해할 수 있도록 '상세하게' 설명할 의무, ② 만일 '시술을 통해서 의뢰인이 원하는 결과를 모두 구현할 수 있는 것이 아니라면 이러한 점'에 대해서도 '상세히' 설명을 할 의무가 있다.

2) 사례 분석 (기초 판례: 대판 2012다94865)

1. 사실관계
성형외과 의사 A는 '눈매교정을 통해 눈은 커지되 쌍꺼풀 라인은 좁게 줄여 주고, 눈과 눈썹이 좁아서 화난 인상으로 느껴지는 것과 눈꼬리 기울기가 심하게 올라가 있는 것을 개선하여 달라'고 요청하는 환자 X에게 눈썹 아래의 피부를 절개하는 상안검성형술(이하 눈썹올림수술)을 시행하였다. 이 수술을 하기 전 A는 X로부터 수술동의서를 받았는데, 그 동의서에는 '① 눈썹 밑 절개를 통한 눈썹올림수술은 우울해 보이거나 피곤해 보이는 것을 좋게 완화시키고, 눈을 커지게 하는 효과를 내기 위해 시행된다. ② 그렇더라도 모든 성형수술이 마찬가지겠지만 몇 가지 위험요소가 있는데, 감염, 상처가 덧나는 경우, 눈썹 위와 아래의 피부에 약간 융기된 듯한 부분이 초기에 생길 수 있다. ③ 눈썹 주위에는 여러 가지 감각신경이 혼재해 있어 감각이 무디거나 찌릿찌릿한 느낌이 초반에 생기거나 지속될 수 있다. ④ 개인마다 피부와 피부 및 조직, 그리고 당겨지는 조직의 탄력성이 모두 다르므로 시간이 경과하면서 여러 가지 변수가 생길 수 있다'는 내용이 기재되어 있었다.

2. 쟁점[76]

A가 X로부터 받은 수술동의서에 기재된 내용에 비추어볼 때 A는 법적으로 요청되는 설명의무를 다 이행한 것인가.

3. 문제 해결

① **일반적 설명의무** 이 사안에서 의사 A는 X에게 눈썹올림수술을 하기 전에 – 일반적인 의료행위에서의 설명의무 내용인 – 수술의 내용과 방법, 위험성, 부작용 등에 대해 설명해야 한다. ② **미용 목적 의료행위에 대한 설명의무** 더 나아가 눈썹올림수술은 '미용 목적 성형수술' 행위이므로, A는 X에게 일반적인 의료행위에 있어서보다도 더 '상세하게' 설명할 의무가 있다. 특히 A는 눈썹올림수술의 필요성, 난이도, 방법, 위험, 부작용뿐만 아니라 이 수술에 의해 X가 요청한 외모 개선이 어느 정도 이루어지는지를 설명해야 하며, 만일 눈썹올림수술을 통해 X가 요청한 외모 개선의 결과를 모두 구현할 수는 없다면 이 점에 대해서도 상세하게 설명해야 한다. ③ **사안에의 적용** 이 사안에서 A는 수술동의서에 기초하여 의료행위에 요청되는 일반적인 수준의 설명의무는 이행한 것으로 볼 수 있다. 하지만 이 사안에서 문제 된 눈썹올림수술은 – 특히 제2심법원이 채택한 대한의사협회의 사실조회 회신에 의하면 – 눈꼬리가 올라가 있는 것을 개선하는 수술법은 아니고 쌍꺼풀 라인을 좁게 줄이는 데에는 효과가 없는 수술법이다. 법원은 이 사안에서 바로 이러한 점을 문제 삼으면서, 눈썹올림수술이 X가 요청한 외모 개선의 결과를 구현할 수 있는 수술이 아닐 수 있는데 A가 수술 전에 이러한 점을 X에게 설명하지 않았다는 점을 지적하였다. 즉, A에게는 설명의무 위반이 인정된다. ④ **판례 소개** "눈썹올림수술이 X가 원하는 (...) 결과를 구현할 수 있는 시술법은 아니라고 볼 여지가 충분하므로, A로서는 이 점에 관하여 X에게 설명하였어야 할 것이다. 그러나 원심이 인정한 사실관계에 의하더라도 A가 X에게 눈썹올림수술을 시행하면 눈이 커지는 효과가 있다는 설명을 하였다는 것일 뿐 위와 같은 내용을 알려 주었다는 것은 아니고, 기록상 이를 알려 주었다고 볼 별다른 자료도 찾아볼 수 없다. 따라서 A는 이 점에서 X에게 설명의무를 다하였다고 할 수 없다."

(2) 임상시험 의료행위

1) '비교 설명'의 요청

의사는 의료행위에 앞서 (...) 특히 그러한 의료행위가 임상시험의 단계에서 이루어지는 것이라면 해당 의료행위의 안전성 및 유효성(치료 효과)에 관하여 그 시행 당시 임상에서 실천되는 일반적·표준적

---

76 이 사안에서는 여러 쟁점들이 문제 되지만, 여기서는 이 단락에서 다루는 설명의무와 관련한 쟁점만을 다룰 것이다.

임상시험이란 사람을 대상으로 하는 연구로, 그 연구 당시까지의 지식과 경험에 의해 안전성 및 유효성이 충분히 검증되지 않은 것을 말한다. 임상시험에 해당하는 의료행위를 하는 경우에는, 이러한 점을 환자가 충분히 이해하고 임상시험에 해당하지 않은 다른 의료행위와 비교하여 선택 여부를 결정하도록 하는 것이 중요하다. 이러한 점에서 법원은 임상시험 의료행위의 경우 의사에게 의료행위 전에 환자에게 "그 시행 당시 임상에서 실천되는 일반적·표준적 의료행위와 비교"하여 설명할 의무를 부과한다.[77]

2) 사례 분석 (기초 판례: 대판 2007다3162)

1. 사실관계

H 병원의 의사 A는 2명의 간경화 환자들에게 제대혈 줄기세포로 만들어진 '임상시험용 의약품'을 인체에 이식하는 치료를 하였다. 그 후 A는 이 의약품을 만드는 회사의 대표이사와 함께 공동 기자회견을 열어서 '2명의 간경화 환자에게 제대혈 줄기세포를 이식한 결과 간 기능이 현저하게 호전되는 결과를 얻었다'는 취지의 발표를 했다. 또 H 병원의 재단은 병원 홈페이지를 통해서 '탯줄혈액에서 분리한 줄기세포로 간경화증을 치료하는 기술이 세계 최초로 국내에서 임상시험에 성공했다'고 알리면서, '시술 환자들에 대한 각종 검사 결과 간 기능이 현저히 호전되었고 특히 한 환자는 간경화증 말기 판정을 받았음에도 불구하고 빠른 속도로 회복되어 현재 한라산 등반이 가능할 정도로 완치되었다', '이번 성공을 계기로 줄기세포의 효능이 입증되었다'는 내용의 글을 게재했으며, 제약회사 역시 비슷한 취지의 내용을 서울탯줄은행 홈페이지에 게재하였다. 이러한 기자회견이나 홈페이지의 글은 신문방송 등 여러 매체를 통해 임상시험이 성공했다는 내용으로 널리 보도되었다. 간경화증이 상당히 진행되어 간이식 수술 외에는 효과적인 치료 방법이 없는 상태의 환자 X와 Y는 언론과 홈페이지를 통해 이러한 정보를 접하였고 당해 줄기세포 이식술에 관심을 갖게 되었다. 이에 X와 Y는 병원에 내원하여 당해 시술의 치료 효과에 대해 집중적으로 문의했는데, 의사 A와 줄기세포 관련 전담간호사는 치료 효과에 대한 통계를 제시할 수 없다는 이야기만 하면서 이 시술은 그 당시 의학계에 인정된 치료 방법인 간이식수술보다 수술방법, 비용, 부작용, 치료 효과 등에 있어서 장점이 있음을 강조했다. 실제 당해 줄기세포 이식을 받았던 두 명의 환자들은 실제로는 간 기능에 관한 일부 검사 수치에서 약간의 변화가 나타났을 뿐 임상적으로 치료 효과가 있다고 보기 어려운 상태에

---

77 덧붙여 법원은 의약품 공급자의 경우에는 임상시험 단계에 있는 의약품을 의료인에게 공급하는 경우 "해당 의약품의 안전성 및 유효성(치료효과) 등 그 구입 여부의 의사결정에 영향을 줄 수 있는 중요한 사정을 (...) 고지할 신의칙상의 의무가 있다"고 본다(대법원 2010.10.14. 선고 2007다3162 판결).

있었다.[78] 뿐만 아니라 언론이나 홈페이지를 통해 얘기되었던 것처럼 먼저 임상시험을 받았던 환자가 한라산을 등반했다거나 그 정도로 건강을 회복한 사실은 없었는데, 이를 X와 Y는 안내받지 못했다. 이러한 상황에서 X와 Y는 당해 줄기세포 이식술을 받기로 결정했고 시술이 이루어졌다.

2. 쟁점[79]

이 사안에서 의사 A는 환자 X와 Y에 대한 설명의무를 위반하였는가.[80] 특히 문제 되는 줄기세포 이식술이 '임상시험'에 해당하는 행위라는 점을 고려할 때, A가 X와 Y에게 이행해야 하는 설명의무의 내용은 무엇인가.

3. 문제 해결

① **일반적 설명의무** 이 사안에서 의사 A는 X와 Y에게 문제 되는 줄기세포 이식술을 시행하기 전에 – 일반적인 의료행위에서의 설명의무 내용인 – 질병의 증상, 치료 방법의 내용, 치료의 필요성, 이 치료 방법을 사용함으로써 발생할 수도 있는 위험에 대해 설명해야 한다.
② **임상시험 행위에 대한 설명의무** 더 나아가 임상시험에 해당하는 의료행위를 하는 경우에는 – 행위의 안전성이나 유효성에 대해 충분히 검증되지 않은 만큼 – 이러한 점을 환자가 분명히 인식한 후 당해 행위에 관한 결정을 내리는 것이 중요하다. 특히 법원은 이러한 안전성과 유효성에 대한 설명을 할 때에는, 임상에서 환자를 치료하기 위해 시행하는 일반적이고 표준적인 의료행위와 "비교"를 해야 한다고 판시한다. 이러한 요청은 환자가 문제 되는 임상시험에 대해 정확히 이해하고 동의 여부를 합리적으로 결정할 수 있게 하기 위함이다. ③ **사안에의 적용** 이 사안에서 문제 된 줄기세포 이식술은 이미 홍보되었던 사실과는 달리 실제로는 임상적 치료 효과가 있다고 보기 어려웠으며, 당해 시술의 홍보 대상이 되었던 환자에게는 실제로는 – 한라산 등반 등이 가능할 정도의 – 호전이 있지 않았다. 그러나 이 사안에서는 이러한 점이 X와 Y에게 설명되지 않고 당해 이식술의 장점만이 강조되어 이야기되었다. 이러한 점을 보면, X와 Y에게는 우선 환자가 시술 여부를 결정하는 가장 중요한 근거라고 할 수 있는, 문제 되는 줄기세포 이식술의 '치료 효과'에 대한 분명하고 올바른 정보가 제공되지 않았다고 할 수 있다. 아울러 임상시험에 해당하는 당해 줄기세포 이식술의 안전성이나 유효성을 간경화 환자에게 임상에서 일반적으로 실천되고 있는 다른 치료 방법의 경우와 사실에 입각하여 '비교하는 설명'도 올바로 이루어지지 않았다고 볼 수 있다. 따라서 A에게는 임상시험에 해당하는 의료행위를 할 때 의사가 이행해야 하는 설명의무를 이행하지 않은 위법이 인정된다.[81]
④ **판례 소개** "의사는 의료행위에 앞서 (...) 특히 그러한 의료행위가 임상시험의 단계에서 이루어지는 것이라면 해당 의료행위의 안전성 및 유효성(치료효과)에 관하여 그 시행 당시 임상에서 실천되는 일반적·표준적 의료행위와 비교하여 설명할 의무가 있다." "이 사안의 피고 의사는 임상시험의 단계에 있는 이 사건 줄기세포 이식술을 시행함에 있어 환자들의 의사결정에 영향을 줄 수 있는 중요한 사정인 치료 효과에 관하여 객관적으로 확인해 보려는 노력을 기울이지 아니한 채 의약품 회사와의 공동기자회견, 병원 홈페이지 광고, 상담 등을 통하여 그릇된 정보를 제공하는 등 환자들에 대한 설명의무를 위반한 잘못이 있다."

(3) 수혈 거부

수혈을 거부하는 환자의 자기결정권이 생명과 대등한 가치가 있다고 평가될 것인지는 (...) 제반 사정을 종합적으로 고려하여 판단하여야 한다. (...) 이러한 판단을 위해서는 (...) 의사의 설명의무 이행과 이에 따른 환자의 자기결정권 행사에 어떠한 하자도 개입되지 않아야 한다는 점이 전제되어야 한다. (...) 또한 의사는 실제로 발생된 상황 아래에서 환자가 수혈 거부를 철회할 의사가 없는지 재확인하여야 한다(대판 2009도14407).

1) 의료행위 전(前) 설명

환자가 자신의 가치관과 신념을 이유로 수혈을 거부하는 경우가 있다. 이때 의사가 수혈이라는 의료행위를 하지 않으면 한편으로는 환자의 자기결정권을 실현할 수 있지만, 다른 한편 환자의 생명이나 신체에 큰 위험을 초래할 수 있다. 환자에게 위험이 초래될 수 있는 상황에서 의사는 환자의 판단을 존중해야 하는지 아니면 환자의 생명을 구하기 위해 환자의 자기결정과는 상관없이 수혈을 무조건 해야 하는 것인지를 두고 큰 갈등을 겪을 것이다. 법원은 환자가 수혈을 거부하는 경우 의사는 수혈거부의사가 얼마나 진지하고 확고한 신념에 기초한 것인지를 다양한 상황들을 살펴보면서[82] 종합적으로 판단해야 한다고 말한다. 그리고 이러한 판단을 위해서는

---

78 더 나아가 결국 한 명의 환자는 간경화증이 진행되어 - 환자 X와 Y가 줄기세포 이식술을 받은 이후의 시점이긴 하지만 - 줄기세포를 이식받은 지 약 9개월이 지나 사망했다.

79 이 사안에서는 여러 쟁점들이 문제 되지만, 여기서는 이 단락에서 다루는 설명의무와 관련한 쟁점만을 다룰 것이다.

80 특히 이 사안의 기초가 된 판례에서는 의사 A의 설명의무 위반이 「민법」 제750조에서 규정하는, "고의 또는 과실로 인한 위법행위로 타인에게 손해를 가한" 행위인 '불법행위'에 해당하는지의 여부가 문제 되었다.

81 이 사안의 기초가 된 판례에서 법원은 A의 설명의무 위반이 「민법」 제750조의 '불법행위'에 해당한다고 보았다.

82 앞에서 소개한 판례(대법원 2014.6.26. 선고 2009도14407)에서는 - 의사가 환자에게 다음에서 말하는 설명의무를 이행했다는 점 외에도 - 환자가 특정 종교의 신도로서 타인에게 수혈을 받는 행위를 종교적인 신념에 따라 명백하게 거부하고 있었다는 점, 이 사건이 일어난 병원에서 수술을 받기 전 다른 병원들에서도 무수혈 방식의 수술은 위험하다는 얘기를 들었으며 환자의 딸도 환자가 무수혈 방식의 수술을 받는 것을 반대했지만 환자를 설득할 수는 없었다는 점 등이 환자의 수혈거부의사에 대해 의사가 내린 결정의 타당성을 판단하는 기초가 되었다; 특히 이 판례의 대상은 형사사건으로 이 사안은 설명의무에 관한 부분 이외에 더 많은 쟁점을 안고 있다. 형사사건의 경우 검사가 어떠한 사항을 기초로 공소를 제기했고 또 나중에 상고이유가 무엇이었는지에 따라 법원이 판단을 해야 하는 부분도 달라지기 때문에, 관련되는 모든 법적 쟁점에 대한 대답을 법원의 판결로부터 알 수는 없다는 점을 이 판례의 이해와 관련하여 유념해야 할 것이다. 특히 이 사안에 대해서는 대법원은 나중에 검찰이 상고이유보충서를 제출하면서 주장한 부분에 대해서는 판단하지 않았는데, 이 사안에 대해서는 설명의무에 관한 부분 뿐만 아니라 다양한 쟁점들에 관해 앞으로도 많은 논의가 필요할 것이다; 이 판례에 대한 평석으로 박태신, 「환자의 자기결정권의 한계에 관한 연구 - 여호와 증인의 수혈거부사건을 둘러싸고」, 235쪽 이하 참조.

우선 의사가 환자에게 다음과 같은 점을 충분히 설명해야 한다고 판시한다: ① 치료행위 과정에서의 수혈의 필요성, ② 수혈을 하지 않을 경우 야기될 수 있는 생명 등에 대한 위험성, ③ 수혈을 대체할 수 있는 의료 방법의 효용성과 한계 등. 수혈거부는 환자가 이러한 설명을 이해한 후에 내린 진지한 의사결정이어야 한다.

2) 의료행위 중(中) 설명

이러한 과정을 거쳐 환자의 진지한 수혈거부의사를 확인한 후 수혈하지 않음을 전제로 수술을 시작했더라도, 수술 과정에서 수혈을 하지 않으면 환자가 생명에 위험이 발생할 수 있는 응급상태에 이를 수 있으며, 이는 환자가 자기결정을 할 당시 "예상한 범위 내의 상황"[83]이 아닐 수 있다. 즉, 환자가 의사의 상세한 설명을 들은 후 수혈거부 결정을 했더라도 환자의 그러한 결정은 생명에 대한 위험이 현실화되지 않을 것이라고 기대하면서 내린 결정일 수 있다. 의사는 수혈이 꼭 필요한 위험 상황이 발생하면 환자가 수혈 거부를 철회할 의사가 없는지를 다시 확인해야 한다.

III. 설명의무의 이행

1. 이행의 주체

> 설명의무의 주체는 원칙적으로 당해 처치의사라 할 것이나 특별한 사정이 없는 한 처치의사가 아닌 주치의 또는 다른 의사를 통한 설명으로도 충분하다(대판 2009도14407).

환자에게 의료행위에 관한 설명을 해야 하는 주체는 원칙적으로는 당해 '의료행위를 하는 주체인 의사'이다. 하지만 법원은 특별한 사정이 없다면 처치의사가 아닌 주치의나 다른 의사가 설명을 할 수 있다고 본다. 앞에서 보았듯, 「의료법」 제24조의2 제2항은 「의료법」에서 명시적으로 설명의무가 부과되는 경우 반드시 설명해야 하는 사항으로 '설명을 하는 의사'와 '수술등에 참여하는 의사'의 성명을 규정한다. 이는 설명의 주체와 의료행위의 주체가 다를 수 있음을 전제하는 것이다. 다만 이러한 경우 설명이 단지 설명의무를 면하기 위해 형식적으로 진행되지 않도록, 환자와의

---

83 대법원 2014.6.26. 선고 2009도14407 판결.

사이에 충분한 신뢰를 형성하고 환자가 의료행위를 잘 이해할 수 있도록 애써야
할 것이다.

2. 이행의 상대방

> 의사의 설명의무(...)의 상대방은 원칙적으로 당해 환자 또는 그 법정대리인이라 할 것이고, 수술청약서에
> 당해 환자와 더불어 그 배우자도 서명하였다거나 의사가 당해 수술에 관하여 그 배우자의 동의가
> 필요하다고 인식하고 있었다는 사정만으로 의사가 당해 환자 외에 그 배우자에 대하여도 수술을
> 받을 것인지의 선택을 위한 조언설명의무를 부담하는 것은 아니라고 할 것이다(대판 2013다28629).

의사가 설명의무를 이행하는 상대방은 원칙적으로는 물론 환자이다. 환자가 의사
결정능력이 없는 경우에는, 「의료법」 제24조의2가 명시하는 것처럼, 예외적으로
환자의 법정대리인이 설명의 상대방이 된다.

[환자의 배우자에 대한 설명의무] 설명의무 이행의 상대방은 원칙적으로 환자이다. 그렇기 때문에
앞의 판례에서 우리 법원은 – 환자가 수술여부를 결정할 능력이 있는 경우 – 수술청약서에
환자뿐만 아니라 환자의 배우자가 함께 서명을 했거나 의사가 수술에 관해 배우자의 동의도
필요하다고 인식했더라도, 이러한 사정이 환자의 배우자에 대한 의사의 설명의무를 근거짓는
것은 아니라는 점을 분명히 판시하고 있다.[84]

3. 이행의 방식: 선택권의 보장

(1) 충분한 숙고 시간

> 환자의 선택권을 실질적으로 보장하기 위해서는, 환자에게 수술의 필요성이나 위험성을 비교해 보고
> 후유증 등의 나쁜 결과가 발생할 경우를 대비하기에 충분한 시간, 즉 원칙적으로 자신이 신뢰하는
> 사람과 의논하고 충분히 숙고한 후 결정할 시간이 주어져야 할 것이다. 그 시간은 응급상황이거나
> 질병 자체가 중대할수록 짧아진다고 봄이 상당하다(서울동부지법 2006가합15982 판결(확정)).

의사의 설명은 환자가 의료행위에 대해 충분히 이해하고 합리적 결정을 내릴
수 있도록 하기 위한 것이다. 그렇기 때문에 환자에게는 설명에 기초해 결정을
내리기 위한 숙고 시간이 필요하다. 이러한 점에서 법원은 환자에게는 설명을 듣고

---

84 대법원 2014.12.24. 선고 2013다28629 판결 참조.

동의를 하기 전까지 수술의 필요성이나 위험성을 비교해 보고 후유증 등의 나쁜 결과가 발생할 경우를 대비하기에 충분한 시간이 주어짐으로써 선택권이 실질적으로 보장되어야 한다고 판시한 바 있다.[85] 즉, 환자에게는 원칙적으로 자신이 신뢰하는 사람과 의논하고 충분히 숙고한 후 결정할 시간이 주어져야 한다. 다만, 응급상황이라서 치료를 지체할 수 없거나 질병 자체가 중대하다면 그 시간은 경우에 따라 짧아질 수 있을 것이다.

(2) 사례 분석 (기초 판례: 서울동부지법 2006가합15982)[86]

1. 사실관계

신경외과 의사 A는 2006.7.7. 뇌하수체 선종에 의한 쿠싱증후군 진단을 받은 환자 X에 대해 두개골을 절개하여 종양을 제거하는 수술을 시행하기로 하였다. 2006.7.8. 수술이 적합하다는 심장내과의 판정이 있자 주치의 A는 X와 X의 가족에게 이 사실을 통지하였다. 하지만 수술의 내용, 위험성 및 후유증 등에 관한 설명은 당시 이루어지지 않았다. 2006.7.10. 20:00에는 삭발, 금식 지도 및 수술 후 호흡기 합병증 예방법에 관한 간호사의 설명 등 수술을 위한 준비가 모두 완료되었고, 수술의 필요성, 내용, 예상되는 합병증 및 후유증 등에 대한 설명은 그 후 2006.7.10. 21:00경에 이루어졌다. X에 대한 수술은 다음 날인 2006.7.11. 8:00부터 15:00까지 이루어졌다. X에 대한 수술은 응급을 다투는 상황에서 실시된 것은 아니었으며, X의 종양은 거대 선종으로 이를 제거하기 위해 두개골을 절개하여 이루어지는 수술은 사망가능성이 비교적 큰 수술이었다.

2. 쟁점[87]

의사 A가 수술의 내용 및 위험성 등에 관한 구체적인 설명을 수술 준비 완료 후인 수술 전날 밤에야 한 것은 당해 수술에 대한 설명의무를 위반한 것인가.

3. 문제 해결

① **설명의무 이행의 기준** 환자가 의료행위의 시행 여부를 선택할 수 있도록 하기 위해 의사가 설명을 하는 경우, 당해 설명은 환자의 선택권을 실질적으로 보장할 수 있도록 환자에게 "충분히 숙고한 후 결정할 시간"을 주면서 이루어져야 한다. ② **사안에의 적용** 이 사안에서 의사 A는 실질적으로 수술에 관한 모든 준비가 완료된 후인 수술 전날 21:00경에야 비로소 수술의 내용 및 위험성 등에 관한 구체적인 설명을 했고, 환자 X는 설명을 듣고 11시간 후인 다음 날 08:00경 수술을 받았다. 법원은 이 사안에서 환자의 수술은 '수술의 필요성과 위험성을

---

85 서울동부지방법원 2008.9.25. 선고 2006가합15982 판결.
86 동 기초 판례는 제1심법원의 판결이기는 하지만 1심 판결 그대로 '확정'된 판결이다.

비교하면서 치료행위를 선택할 것인지의 여부를 판단하고 나쁜 결과에 대비하는 데 필요한 충분한 시간이 제공되지 않은 상태에서 이루어진 것'이라고 보았다. ③ **판례 소개** "사망가능성이 비교적 큰 두개골 절개에 의한 종양제거수술은 환자에게 수술 여부를 결정할 충분한 시간이 주어져야 할 것인데도, 의사가 실질적으로 수술에 관한 모든 준비가 완료된 후인 수술 전날 21:00경에야 비로소 수술의 내용 및 위험성 등에 관한 구체적인 설명을 한 것은, 수술의 필요성 및 위험성을 비교해 보고 치료행위에 대한 선택 여부를 판단하고 나쁜 결과에 대하여 대비하는 데 필요한 충분한 시간을 주지 않은 것이므로 환자의 자기결정권 내지 선택권을 침해한 것에 해당한다."

IV. 설명의무의 위반

의사가 설명의무를 위반한 경우 환자는 의사에게 법적으로 어떠한 책임을 물을 수 있는가. 설명의무 위반의 법적 효과는 통상적으로 민법상의 손해배상과 관련하여 논의되는데, 경우에 따라서는 설명의무 위반을 기초로 한 형사책임이 문제 되기도 한다.

1. 민사책임

(1) 원칙

1) 정신적 손해배상 (위자료)

의료행위로 인하여 환자에게 나쁜 결과가 발생하였는데 의사의 진료상 과실은 인정되지 않고 설명의무 위반만 인정되는 경우, 설명의무 위반에 대한 위자료의 명목 아래 사실상 재산적 손해의 전보를 꾀하여서는 아니 된다(대판 2011다29666).

의료를 환자와 의사 간의 계약이라고 볼 때, 의사가 민법상 계약의 한 당사자로서 다른 당사자인 환자에게 부담하는 설명의무는 ─ 물론 매우 중요한 의무이기는 하지만 ─ 통상적으로는 계약에서의 주된 의무라고 보기는 어렵다. 그렇기 때문에 설명의무

---

87 이 사안에서는 여러 쟁점들이 문제 되지만, 여기서는 이 단락에서 다루는 설명의무와 관련한 쟁점만을 다룰 것이다.

를 위반한 것 그 자체는, 의사가 계약의 주된 의무인 치료행위를 할 때 범한 과실과 동일하게 생각할 수 없다. 법원은 의사가 설명의무를 위반했다면 환자는 그러한 위반에 기초해서는 원칙적으로 재산상 손해에 대한 배상은 청구할 수 없고 정신적 손해에 대한 배상만을 청구할 수 있다고 본다(대판 2011다29666).[88]

2) 요건과 범위

> 설명의무 위반에 대하여 의사에게 위자료 등의 지급의무를 부담시키는 것은 의사가 환자에게 제대로 설명하지 아니한 채 수술 등을 시행하여 환자에게 예기치 못한 중대한 결과가 발생하였을 경우 의사가 그 행위에 앞서 환자에게 질병의 증상, 치료나 진단방법의 내용 및 필요성과 그로 인하여 발생이 예상되는 위험성 등을 설명하여 주었더라면 환자가 스스로 자기결정권을 행사하여 그 의료행위를 받을 것인지 여부를 선택함으로써 중대한 결과의 발생을 회피할 수 있었음에도, 의사가 설명을 하지 아니하여 그 기회를 상실하게 된 데에 따른 정신적 고통을 위자하는 것이다(대판 2016다223265).

의사가 설명의무를 위반한 경우 환자가 입은 '정신적 손해'는 환자가 설명의 결여 또는 부족으로 인해 '자기결정권을 행사하지 못하고 선택의 기회를 상실'한 것이다. 그렇기 때문에 환자가 설명의무 위반을 기초로 정신적 위자료를 청구하기 위해서는 적어도 설명을 이행하지 않은 사항이 환자의 자기결정의 기초가 되는 사항이었어야 한다. 뿐만 아니라 설명의무 위반으로 인한 위자료란 당연히 '설명의무를 이행하지 않음'을 원인으로 하여 발생한 정신적 고통에 대한 배상이므로, "설명의무 위반이 인정되지 않은 부분과 관련된 자기결정권 상실에 따른 정신적 고통"을 위자하거나 또는 설명의무 위반 이외의 이유로 인한, 예를 들어 "중대한 결과의 발생 자체에 따른 정신적 고통"을 위자하는 금액은 여기에 포함되지 않는다.[89]

(2) 예외

1) 모든 손해의 배상

> 의사가 설명의무를 위반한 채 수술 등을 하여 환자에게 중대한 결과가 발생한 경우에 환자 측에서 (...) 그 결과로 인한 모든 손해의 배상을 청구하는 경우에는 그 중대한 결과와 의사의 설명의무

---

88 그 밖에도 같은 취지의 판결로 대법원 2014.12.14. 선고 2013다28629 판결 참조.

89 대법원 2013.4.26. 선고 2011다29666 판결; 우리 법원이 '설명의무 위반으로 인한 위자료'와 '진료상의 과오로 인한 위자료'를 별개로 보고 있다는 설명으로 박영규, 「의사의 설명의무 위반에 따른 손해배상」, 108쪽 참조.

위반 내지 승낙 취득 과정에서의 잘못과 사이에 상당인과관계가 존재하여야 하며, 그때의 의사의 설명의무 위반은 환자의 자기결정권 내지 치료행위에 대한 선택의 기회를 보호하기 위한 점에 비추어 환자의 생명, 신체에 대한 구체적 치료 과정에서 요구되는 의사의 주의의무 위반과 동일시할 정도의 것이어야 한다(대판 2011다29666).

예외적으로는 환자가 의사의 설명의무 위반을 기초로 — 위자료 청구를 넘어서서 — 환자에게 발생한 나쁜 결과에 대한 모든 손해를 청구할 수 있는 경우도 있다. 이를 위해서는 설명의무를 위반하는 것 자체가 마치 치료를 잘못한 것과 같은 경우에 해당해야 한다. 달리 말하면, ① 설명의무 위반이 치료에서 요구되는 의사의 주의의무를 위반한 것과 동일시할 정도의 것이어야 한다(진료상 과실에의 상응성). 더 나아가서 ② 문제 되는 설명의무를 위반한 것이 — 마치 진료상의 과실이 있었던 것처럼 — '경험칙상 나쁜 결과를 야기'시킨다는 점이 인정되어야 한다. 즉, 설명의무 위반과 나쁜 결과 사이에 법적인 '인과관계'가 있어야 하는데, 이러한 인과관계는 일반적인 생활경험에 비추어 결과에 대한 상당한 조건이 되는 경우라는 의미에서 법적으로 '상당인과관계' 라 칭한다(상당인과관계). 법원도 이러한 두 가지 요건을 설명의무 위반으로 인한 전(全) 손해의 배상 요건으로 명시한다.[90]

2) 사례 분석 1 (기초 판례: 대판 2014다22871)

1. 사실관계

안과의사 A는 환자 X에게 눈미백수술을 시행하였다. 이후 X는 충혈, 각막을 제외한 안구의 대부분을 싸고 있는 흰색 막이 석회화되는 공막 석회화 증상 그리고 공막 얇아짐 증상을 겪게 되었다. X는 대학병원에서 이 증상을 제거하기 위한 수술을 받았지만 증상은 완전히 사라지지 않았고 공막이 더 얇아질 위험을 안게 되었다. 이 수술은 사실상 수술을 시행할 당시에는 아직 임상시험 단계에 있었고, 이 수술로 인한 위험이나 불이익을 초과하는 효과가 있는지가 임상자료를 통해 확인되지 않은 상황이었다. 즉, 이 수술의 안전성과 유효성에 관해 임상경험에 기초한 의학계의 합의가 없는 상태였다. 어쨌든 이러한 상황에서 A는 이 수술에 대해 자신이 세계 최초이고 이 수술을 통해 보다 깨끗하고 자신감 있는 생활을 할 수 있다는 내용 등의 광고를 했는데, 이 광고에도 진료방법과 관련한 심각한 부작용이 발생할 수 있다는 정보는 누락되어 있었다. 아울러 A는 X에게 눈미백수술을 하기 전에 설명을 하고 동의를 받기는 했지만, 그 설명의 범위는 통상적인 부작용과 합병증에 한정되어 있었으며, X에게 눈미백수술이 사실상 임상시험 단계에 있다는 사실, 임상의학에서 이 사건 수술이 평가받고 있는 정확한

90 대법원 2013.4.26. 선고 2011다29666 판결.

실태 등을 이야기하지 않았다.

2. 쟁점[91]

안과의사 A는 이 사안의 눈미백수술을 하면서 설명의무를 위반하였는가. 만일 위반했다면 환자 X는 A에게 어떠한 민사법적 책임을 물을 수 있는가.

3. 문제 해결

① **설명의무의 위반** 이 사안에서 문제 되는 눈미백수술은 임상시험 단계에 있으므로 A는 X에게 – 일반적인 설명의무의 범위를 넘어서서 – 눈미백수술의 "안전성 및 유효성(치료 효과)에 관해 그 시행 당시 임상에서 실천되는 일반적·표준적 의료행위와 비교하여 설명할 의무"가 있다. 하지만 A는 X에게 눈미백수술이 임상시험 단계에 있다는 점조차 이야기하지 않았으므로 설명의무를 위반하였다고 볼 수 있다. ② **진료상 과실에의 상응성 및 상당인과관계** 설명의무 위반이 i) 진료상 과실에 상응하고 ii) 설명의무 위반과 환자에게 발생한 좋지 않은 결과와의 사이에 상당인과관계가 인정된다면, 환자는 위자료를 포함한 모든 손해의 배상을 청구할 수 있다. 이 사안의 눈미백수술은 – 임상시험단계에 있으며 임상자료도 축적되어 있지 않은 위험성이 높은 행위라는 점에서 – 환자의 선택권이 분명하게 보장되어야 하는 의료행위이다. 이러한 경우 설명의무 위반은 종종 진료상의 과실에 상응하는 의미를 가질 수 있고 나쁜 결과와의 인과관계도 인정된다. 이 사안에서 법원은 A가 안전성과 유효성이 분명하게 입증되지 않은 임상시험단계의 눈미백수술을 했다는 것 자체가 과실이라고 보기는 어렵고[92] 눈미백수술을 함에 있어서의 과실 여부도 분명하지는 않지만, 만일 A가 X로부터 이 사안의 눈미백수술이 임상시험단계에 있다는 점과 임상의학에서의 이 수술에 대한 평가 실태 등을 알았다면 당해 수술에 대해 동의하지 않았을 것이라고 추정할 수 있다는 점에서, "A의 설명의무 위반에 따른 이 사건 시술의 시행과 이 사건 시술 후 X가 겪게 된 증상 사이에 상당인과관계가 있다고 인정"하였다.[93] ③ **모든 손해의 배상** A의 설명의무 위반과 X에게 발생한 좋지 않은 결과 사이에 상당인과관계가 인정되므로 A는 X에게 설명의무 위반으로 인한 위자료를 포함한 모든 손해를 배상할 책임이 있다. ④ **판례 소개** "원심은 (…) 원고(환자)가 피고(의사)로부터 안과의 임상의학에서 이 사건 시술이 평가받고 있는 정확한 실태 등에 관한 설명을 들었더라면 특별한 사정이 없는 한 이 사건 시술을 받지 않았을 것이라고 추정할 수 있는 사정과 아울러 원심의 경희대학교 의과대학 부속병원장에 대한 신체감정촉탁결과 등을 종합하면, 피고의 설명의무 위반에 따른 이 사건 시술의 시행과 이 사건 시술 후 원고가 겪게 된 증상 사이에 상당인과관계가 있다고 인정하여, 피고는 설명의무 위반으로 인한 위자료를 포함한 원고의 모든 손해를 배상할 책임이 있다고 판단하였다. (…) 위와 같은 원심의 판단은 (…) 위법이 있다고 할 수 없다."

---

91 이 사안에서는 여러 쟁점들이 문제 되지만, 여기서는 이 단락에서 다루는 설명의무와 관련한 쟁점만을 다룰 것이다.

92 이와 같은 제2심법원의 판단에 대해서는 유현정·이동필·이정선·정혜승·박태신, 「2015 주요 의료판결분석」, 『의료법학』, 제17권 제1호, 2015, 308-309쪽 참조.

93 달리 말하면, X의 입장에서는 '내가 설명을 들었더라면 그 수술을 하지 않았을 텐데 설명을 안 해 주어서 수술을 받았고 이로 인해 안 좋은 결과가 발생했다'고 볼 수 있으므로 설명의무 위반과 당해 수술로 인한

3) 사례 분석 2 (기초 판례: 서울고법 2010나82334 판결(확정))

1. 사실관계

의사 A는 환자 X에게 미용 목적으로 종아리근육퇴축술이라는 수술을 시행하였고, X는 이 수술을 받고 난 후 왼쪽 다리 바깥쪽의 족저신경이 손상되는 장애를 입게 되었다. 종아리근육퇴축술은 무엇보다 감각신경이 손상될 위험이 있기 때문에 성형외과 의사들 중 상당수가 꺼리는 수술이며 정형외과학회 측에서는 공식적으로 반대하기도 하는 수술이었다. X는 수술을 받기 전 A로부터 '감각신경이 손상될 위험이 있다는 얘기는 전혀 들은 바가 없'으며, 'A가 종아리퇴축술 전문가이고 수백 건의 수술경험이 있어 굉장히 안전한 수술이며, 심한 운동을 하면 근육이 다시 발달할 가능성은 있으나 추가 조치가 가능해 문제 되지 않는다'는 설명만 들었다고 진술했다. 진료기록부에는 '종아리 상담 재발 및 합병증에 대해 설명'이라고 기재가 되어 있었다.

2. 쟁점[94]

의사 A는 환자 X에게 종아리퇴축술을 시행하면서 설명의무를 위반하였는가. 만일 위반했다면 A는 X에게 어떠한 민사법적 책임을 부담하는가.

3. 문제 해결

① **설명의무의 위반** 이 사안에서 문제 되는 종아리근육퇴축술은 미용 목적의 성형수술일 뿐만 아니라, 그 안전성에 대해 의견이 분분한 수술이고 수술을 해도 되는지에 대한 의견도 의료계에서 다양한 수술이다. 그렇다면 A는 X에게 당해 시술의 위험성과 효과 등에 대해 '상세하고 구체적으로' 설명함으로써 X의 선택권을 충분히 보장해야 한다. 법원은 설명의무의 이행과 관련한 X의 진술 및 진료기록부의 내용 등을 고려할 때 A가 X에게 시술의 부작용 등에 대해 충분히 설명했다고 인정할 만한 증거가 없다고 보았다. 즉, A는 종아리퇴축술을 시행함에 있어 요청되는 설명의무를 위반했다. ② **진료상 과실에의 상응성 및 상당인과관계** 이 사안의 종아리근육퇴축술이 미용 목적으로 행해진다는 점과 높은 위험성을 안고 있음을 고려할 때, 당해 수술 전의 설명의무 위반은 진료상의 과실에 상응하는 것이라 볼 수 있고 동 위반과 환자에게 발생한 나쁜 결과와의 상당인과관계도 인정될 수 있다. ③ **모든 손해의 배상** 이 사안에서 법원은 'X에게 발생한 나쁜 결과와 A의 설명의무 위반 간의 상당인과관계'가 인정되므로, A는 X의 자기결정권 침해에 대한 위자료뿐만 아니라 재산상 손해에 대한 배상책임도 부담한다고 보았다. ④ **판례 소개** "이 사건 시술은 치료 목적이 아닌 미용 목적의 시술임에도 불구하고, 위험 부담(미용의 측면에서 개선의 효과가 없거나 상태가 악화될 가능성을 배제할 수 없을 뿐만 아니라, 종아리에 병적 상태를 초래할 위험이 있다)이 큰 시술이다." "환자가 시술 전에 종아리 근육 퇴축술의 방법, 필요성, 부작용 등에 관하여 충분히 설명을 들었다면 시술을 받지 않았을 것으로 보여 의사의 설명의무 위반과 환자의 현 장애 사이에 상당인과관계가 인정되므로, 시술 의사는 환자의 자기결정권 침해에 대한 위자료 뿐만 아니라 재산상 손해에 대하여도 배상할 책임이 있다."

좋지 않은 결과 사이의 '상당인과관계'가 인정되는 것이다.

94 이 사안에서는 여러 쟁점들이 문제 되지만, 여기서는 이 단락에서 다루는 설명의무와 관련한 쟁점만을 다룰 것이다.

(3) 입증책임

의사의 설명의무 위반이 문제 되는 민사소송에서 의사가 설명의무를 이행하지 않았다는 점은 누가 입증해야 하는가.

1) 설명 내용의 문서화

> 설명의무는 (...) 그 의무의 중대성에 비추어 의사로서는 적어도 환자에게 설명한 내용을 문서화하여 이를 보존할 직무 수행상의 필요가 있다(...)(대판 2005다5867).

설명의무의 중대성에 비추어볼 때 법원은 의사는 환자에게 설명한 내용을 문서화하여 이를 보존할 필요가 있다고 본다. 「응급의료에 관한 법률」 제9조 및 동법 시행규칙 제3조에서는 통상적 의료행위보다도 더 긴급을 요하는 응급의료의 경우에도 의료종사자에게 설명 및 설명 내용을 문서화 한 서면에 동의를 받도록 하고 있다.

2) 의사의 입증책임

> 의사가 그러한 문서에 의해 설명의무의 이행을 입증하기는 매우 용이한 반면 환자 측에서 설명의무가 이행되지 않았음을 입증하기는 성질상 극히 어려운 점 등에 비추어, 특별한 사정이 없는 한 의사 측에 설명의무를 이행한 데 대한 증명책임이 있다(...)(대판 2005다5867).

의사가 설명내용을 문서화하여 보존해야 한다면, 의사가 이러한 문서에 기초해 설명의무를 이행했음을 입증하기는 매우 쉽지만 환자가 설명의무가 이행되지 않았음을 입증하기는 매우 어렵다. 따라서 설명의무의 이행이 문제 되는 경우, 특별한 사정이 없는 한 의사 측에 설명의무를 이행한 데 대한 입증책임이 있다.

[가정적 승낙] 의사가 설명의무를 이행하지 않은 경우, 의사 측에서는 설명을 했더라도 환자는 어차피 문제 되는 의료행위에 대해 동의했을 것이라고 주장할 수 있다. 이와 같이 추정되는 환자의 동의를 이른바 '가정적 승낙'이라고 한다. 우리 법원은 가정적 승낙의 문제에 대해 "환자가 의사로부터 올바른 설명을 들었더라도 투약에 동의하였을 것이라는 이른바 가정적 승낙에 의한 면책은 피고(의사)의 항변 사항으로서 환자의 승낙이 명백히 예상되는 경우에만 허용된다"고 판시한 바 있다(대판 2001다27449).[95] 여기서 가정적 승낙에 의한 면책이 '의사 측의 항변사항'이라는 것은, 가정적 승낙에 대한 입증책임이 의사에게 있음을 의미한다.

---

95 같은 취지의 판결로 대법원 1994.4.15. 선고 92다25885 판결 참조.

다만, 앞서 언급한 '요양방법지도'와 같은 이른바 '지도설명의무'의 입증책임에
대해서는 — 하급심 법원 외에 — 대법원이 명시적으로 입장을 밝힌 예는 없는 것으로
보인다. 다만, 대법원은 의사에게는 "안내서에 기재된 일정한 상황이 발생한 경우
그 위험성 및 심각성을 정확하게 인식하고 즉시 병원에 오는 조치를 취할 수 있도록
구체적인 정보의 제공과 함께 이를 지도·설명할 의무가 있고, 이러한 지도설명의무는
단순히 안내서의 교부만으로 대체할 수는 없다"고 판시한 바 있다.[96]

2. 형사책임

(1) 요건

> 의사가 설명의무를 위반한 채 의료행위를 하였다가 환자에게 상해 또는 사망의 결과가 발생한 경우
> 의사에게 업무상 과실로 인한 형사책임을 지우기 위해서는 의사의 설명의무 위반과 환자의 상해
> 또는 사망 사이에 상당인과관계가 존재하여야 한다(대판 2014도11315).

의사에게 의료행위로 인해 발생한 나쁜 결과에 대해 설명의무 위반을 근거로
형사책임을 묻기 위해서는 ① 설명의무의 위반이 형법상 과실에 해당하고(설명의무
위반의 형법상 과실에의 상응성) ② 이러한 과실과 나쁜 결과(즉, 환자의 상해 또는 사망)
사이에 형법상의 상당인과관계가 인정되어야 한다(상당인과관계).

(2) 죄형법정주의의 제한

> 의사의 설명의무 위반을 이유로 한 형사상 책임을 묻기 위해서는 의사가 시술의 위험성에 관하여
> 설명을 하였더라면 환자가 시술을 거부하였을 것이라는 점이 합리적 의심의 여지가 없이 증명되어야
> 한다(대판 2016도13089).

형사책임 판단에는 민사책임에 비해 죄형법정주의에 입각한 훨씬 더 엄격한 과책원
칙이 적용된다. 그렇기 때문에 형사소송에서 피고인 의사에게 설명의무 위반이라는
형법상 과실이 "합리적인 의심이 없는 정도"[97]로 인정되지 않는다면, 형사책임이
인정될 수 없다. 이를 '의심스러울 때는 피고인의 이익으로(in dubio pro reo)' 원칙이라
부르기도 한다.

---

96 대법원 2010.7.22. 선고 2007다70445 판결
97 형사소송법 제307조(증거재판주의) ② 범죄사실의 인정은 합리적인 의심이 없는 정도의 증명에 이르러야 한다.

[4] 의료의 시행: 사고의 발생

법조문과 사례로 이해하는 **의료분쟁**

I. 의료의 위험성

1. '개입'과 '침습'

의료행위는 환자의 신체(또는 정신)에 일정한 영향을 주고 변화를 이끌어 내는 것을 지향한다. 이런 맥락에서 의료행위는 앞서 언급했던 바와 같이 종종 — 자신의 영역이 아닌 곳으로 끼어 들어간다는 의미를 담아 — 의료적 '개입(介入)' 또는 — 침범해서 들어간다는 의미를 담아 — '침습(侵襲)'이라고 불린다.[98]

2. 의료행위의 위험성

'의료행위'란 (...) 의료인이 행하지 아니하면 보건위생상 위해가 생길 우려가 있는 행위를 의미한다(대판 2019두50014).

의료행위의 본질이 개입과 침습이라는 점은 다른 한편 의료행위가 그 자체로 위험을 안고 있음을 의미한다.[99] 의료행위가 무엇인지를 정의하는 현행법 규정은 따로 없다. 다만, 의료행위의 속성에 대해서는, 의료행위와 의료행위가 아닌 행위[이른바 비(非)의료행위]의 구별이 문제 되는 무면허 의료행위의 문제에서 많이 논의된다. 무면허 의료행위에 관한 판례에서 법원은 의료행위와 비(非)의료행위를 특히 행위의 '위험성'을 기준으로 구별한다.[100] 의료행위의 위험성으로 인해, 의료행위는 그 위험을 관리할 수 있는 전문적인 지식과 경험을 갖춘 의료인만이 할 수 있다. 하지만 의료인이더라도 모든 위험을 완벽하게 관리할 수는 없고 경우에 따라 주의를 충분히 기울이지 못하는 경우가 발생할 수 있다. 또는 의료인이 충분한 주의를 기울이더라도 환자의 체질이나 환경 등에 따라 위험은 생각지 못한 방식으로 현실화될 수 있다.

[의료행위의 위험성과 주체] 예를 들어 견과류를 많이 섭취해야 건강해진다고 생각해서 몸이

---

98 김나경, 『의료사고와 의료분쟁』, 20쪽 참조.

99 김나경, 『의료사고와 의료분쟁』, 20쪽.

100 무면허 의료행위의 문제에서 '위험성' 표지에 대한 법원의 유권적 해석을 소개하는 김나경, 「의료개념의 다층적 이해와 법」, 79쪽; 그 밖의 무면허 의료행위에서의 '위험성' 표지 또는 보호법익을 설명하는 박지용, 「치과의사의 면허 범위 해석에 관한 비판적 고찰」, 『법학연구』, 연세대학교 법학연구원, 제27권 제1호, 2017, 217쪽 이하; 도규엽, 「무면허 의료행위의 사회상규 위배 여부 판단요소」, 『비교형사법연구』, 제19권 제2호, 2017, 80쪽 이하 참조.

좋지 않은 친구에게 견과류를 음료와 함께 갈아서 쉐이크를 만들어 주었다고 생각해 보자. 어쨌든 이러한 행위도 몸의 건강을 위해서 한 행위이지만 우리는 이를 – 법적으로 – 의료행위라고 부르지 않는다. 따라서 의료인이 아니더라도 이러한 행위는 누구나 할 수 있다. 하지만 의료인이 아니라면 친구가 피곤하다고 해서 영양수액이 들어 있는 링거액을 주사해 줄 수는 없다. 왜냐하면 이는 '위험성'을 안고 있는 의료행위이기 때문이다. 링거액의 주사는 면허가 있는 의료인만이 할 수 있다.

II. 사고와 분쟁

1. 의료사고

> **의료분쟁조정법** 제2조(정의) 이 법에서 사용하는 용어의 뜻은 다음과 같다.
> 1. "의료사고"란 보건의료인이 환자에 대하여 실시하는 진단·검사·치료·의약품의 처방 및 조제 등의 행위로 인하여 사람의 생명·신체 및 재산에 대하여 피해가 발생한 경우를 말한다.

「의료사고 피해구제 및 의료분쟁조정등에 관한 법률」(이하 의료분쟁조정법)의 정의에 따르면, 의료사고란 의료인의 의료행위로 인해 사람에게 "피해가 발생"하는 것이다. 의료행위가 치료라는 선한 목적으로 시작되더라도, 의료행위가 안고 있는 위험이 실현됨으로써 환자가 원치 않은 나쁜 결과가 발생하는 것이다.

[넓은 의미의 의료사고] 의료행위로 인해 환자에게 피해가 발생한 경우 외에도, 의료기관의 시설관리나 환자관리와 관련해서도 환자에게 피해가 발생할 수 있다. 예를 들어, 병실 바닥이 미끄러워서 환자가 넘어져 상해를 입은 경우라던가 정신질환을 앓고 있던 사람이 갑자기 위험한 물건으로 다른 환자에게 상해를 입힌 경우를 생각해 볼 수 있을 것이다. 이러한 경우는 「의료분쟁조정법」에서 정의하는 의료사고에 항상 해당하는 것은 아니지만, 넓은 의미에서는 의료사고라고 볼 수 있을 것이다.

2. 의료분쟁

> **의료분쟁조정법** 제2조(정의) 이 법에서 사용하는 용어의 뜻은 다음과 같다. (...)
> 2. "의료분쟁"이란 의료사고로 인한 다툼을 말한다.

의료사고로 인해 환자와 의사가 서로 다투는 것을 '의료분쟁'이라 한다.[101] 이를 문제 삼으면서 적극적으로 해결을 시도하는 건수는 지속적으로 증가하고 있다. 이때 분쟁의 당사자 사이에 사적으로 합의가 성립할 수도 있지만, 그렇지 않으면 법원에서 소송을 통해 또는 조정·중재 등 비(非)사법적 분쟁해결제도(또는 대체적 분쟁해결제도)를 이용하여 문제를 해결하게 된다.

[**의료사고와 분쟁의 추이**] ① **의료소송** 대법원이 매년 법원에 접수된 사건들의 동향을 정리하고 분석하는 『사법연감』을 보면, 의료사고로 인해 법원에 접수된 민사 1심 본안(本案) 사건[102]의 수는 1989년에는 69건, 5년 후인 1994년에는 208건, 그로부터 10년 후인 2004년에는 802건이 되었다. 이후 2015년 946건, 2017년 970건, 2019년 959건 등 지속적인 증가세를 보이다가 2022년 854건, 2023년, 768건, 2024년 768건으로 최근 몇 년간 다소 감소하였다.[103] ② **ADR[104] 활용(Ⅰ): 의료분쟁의 상담** 그 밖에 1999년부터 의료사고에 대한 상담과 피해구제 및 조정 업무를 담당해 온 한국소비자원에 접수된 의료사고 관련 상담 건수는 2008년에는 약 14,716건, 2009년 17,632건, 2010년에는 27,344건, 2011년에는 35,206건을 기록했다.[105] 2012년부터 의료분쟁의 조정과 중재를 담당하는 기구인 한국의료분쟁조정중재원의 상담 건수는, 2012년 26,831건에서 시작해 2014년 45,096건, 2016년 46,735건 그리고 2018년 65,176건으로 지속적으로 상승하였다.[106] 이후 2019년 63,938건, 2020년 56,574건, 2021년 46,921건, 2022년 52,435건 그리고 2023년에는 54,222건으로 기록된다.[107] 물론 한국소비자원과 한국의료분쟁조정중재원에서의 상담 건수는 말 그대로 방문이나 전화 또는 우편 등을 통해 '상담'을 한 것으로, 상담 이후 항상 피해구제절차 또는 조정이나 중재절차가 진행되는 것은 아니다. ③ **ADR 활용(Ⅱ): 의료분쟁의 조정·중재** 환자가 ADR 기관에서 상담 후 피해구제나 조정, 중재로 나아가는 건수도 지속적으로 증가해 왔다. 한국소비자원에 의료 관련 피해구제를 접수한 사건의 수는 2011년에는 833건이었고, 2012년과 2014년에는 1,000건을 넘었으며, 2017년과 2018년에도 각각 741건과 812건, 그리고 2021년에는 707건, 2022년 757건 그리고 2023년에는

---

101 「의료분쟁조정법」은 '의료분쟁'을 "의료사고로 인한 다툼"이라고 정의한다(동법 제2조 제2호).

102 본안 사건이란, 원고가 하는 권리주장이 이유가 있는가를 판단하는 종국판결을 의미한다.

103 대법원, 『사법연감』, 1989-2024(2009년까지의 수치는 김나경, 『의료사고와 의료분쟁』, 21쪽에서도 소개한 바 있다).

104 ADR(Alternative Dispute Resolution)이란 '소송대체분쟁해결'로 소송 이외의 방식으로 분쟁을 해결하는 제도를 의미한다.

105 김경례, 『소송외적 의료분쟁해결』, 고려대 박사학위논문, 2012(이 수치는 김나경, 『의료사고와 의료분쟁』, 21쪽에서도 소개한 바 있다).

106 한국의료분쟁조정중재원, 『의료분쟁조정·중재 통계연보』, 2012-2018(2015년까지의 통계수치는 김나경, 『의료사고와 의료분쟁』, 21쪽에서도 소개한 바 있다).

107 한국의료분쟁조정중재원, 『의료분쟁조정·중재 통계연보』, 2023, 34쪽.

998건이 접수되었다.[108] 한국의료분쟁조정중재원에 분쟁조정이 접수된 사건의 수는, 2012년에는 503건, 2013년에는 1,398건이었고, 2014년 1,895건, 2015년 1,691건, 2016년 1,907건, 2017년 2,420건, 2018년 2,926건으로[109] 2017년부터는 2,000건이 넘는 사건이 접수되고 있다. 이후 2020년의 접수 건수는 2,216건이며, 2021년 2,169건, 2022년 2,051건, 2023년 2,147건이 기록되고 있다.[110] 2012년의 경우에는 4월부터 조정중재원이 활동했다는 점에서, 2012년의 기록을 제외하고 생각해 볼 때 2013년에는 1,400여 건이었던 접수 사건이 2017년 이후 2,000건 이상으로 증가한 것은 매우 큰 폭의 증가율을 보여 주는 것이라 할 수 있다.

3. 발생 유형

의료사고와 분쟁은 주로 어떠한 진료과목이나 행위 유형에서 발생하는가.

(1) 진료과목별 유형

한국소비자원에 2023년 접수된 의료사고 피해구제 접수 건수 현황을 보면, 피부과 분야의 접수 건수가 전체 접수 건 중 20.2%로 가장 많은 비중을 차지하며, 성형외과가 19.9%로 이와 비슷하고, 치과가 16.8%로 뒤를 이었다.[111] 다음으로는 전체 접수 건 중 정형외과가 10.6% 그리고 내과가 6.0%의 비중을 차지하였다.[112] 한국의료분쟁조정중재원의 통계는 한국소비자원의 경우와 진료과목의 분류 기준이 다소 다르긴 하지만, 어쨌든 2023년 한국의료분쟁조정중재원에 접수된 의료분쟁 조정신청 사건의 진료과목별 추이를 보면, 정형외과가 19.7%, 내과가 14.3%, 치과가 11.1%의 순으로 높은 비중을 차지하며, 뒤이어 신경외과가 8.7%, 성형외과가 6.7%의 비중을 차지한다.[113] 이러한 분쟁해결을 위해 접수된 건 중 상대적으로 높은 비중을 차지하는

---

108 한국소비자원, 『소비자피해구제 연보 및 사례집』, 2011-2023 참조(2015년까지의 통계수치는 김나경, 『의료사고와 의료분쟁』, 21쪽에서도 소개한 바 있다); 덧붙여, 한국의료분쟁조정중재원이 2012년에 설립된 것을 감안할 때 피해구제 접수 사건의 수가 크게 줄어들지 않은 현상을 보이고 있다는 점은 흥미롭다.

109 한국의료분쟁조정중재원, 『의료분쟁조정ㆍ중재 통계연보』, 2012-2018(2015년까지의 통계수치는 김나경, 『의료사고와 의료분쟁』, 21쪽에서도 소개한 바 있다).

110 한국의료분쟁조정중재원, 『의료분쟁조정ㆍ중재 통계연보』, 2023, 37쪽.

111 한국소비자원, 『소비자피해구제 연보 및 사례집』, 2023, 67-68쪽; 한국소비자원의 2022년 의료사고 피해구제 접수 건수 현황에서도 이와 유사하게 전체 접수 건수 중 치과가 19.0%, 성형외과가 16.6%, 피부과가 15.2%로 상대적으로 높은 비중을 차지한다(한국소비자원, 『소비자피해구제 연보 및 사례집』, 2022, 80-81쪽).

112 한국소비자원, 『소비자피해구제 연보 및 사례집』, 2023, 67-68쪽.

113 한국의료분쟁조정중재원, 『의료분쟁조정ㆍ중재 통계연보』, 2023, 125쪽.

진료 과목들의 목록은, 한국소비자원의 경우와 상당 부분 유사하다고 볼 수 있다.

(2) 의료행위와 사고 내용별 유형

한국의료분쟁조정중재원의 2023년 조정접수 건수를 의료행위의 유형별로 나누어 볼 때, 압도적으로 접수 건수가 많은 행위 유형은 전체 접수 건수 중 45.0%를 차지한 '수술'이며, 이어서 처치가 12.3%, 진단이 9.8%, 주사가 5.3%를 차지한다.[114] 치과 의료행위에 속하는 임플란트는 전체 의료행위의 접수 건수 중 4.1%에 달하며, 지난 5년간 조금씩 비중이 증가하는 것으로 보인다.[115] 아울러 동원의 2023년 '사고 내용'별 조정접수 건수를 보면, 증상 악화가 53.0%로 가장 큰 비중을 차지하며, 오진이 6.1%, 장기손상이 5.8%, 신경손상이 5.7%를 차지한다.[116] 이러한 추이는 의료행위가 신체에 개입하는 정도가 크고 직접적인 경우 — 의료행위에 내재된 위험성 이 더 클 수밖에 없다는 점에서 — 사고와 분쟁이 상대적으로 더 많이 발생함을 보여 준다.

4. 사고의 예방

의료사고가 의료행위에 내재된 위험이 실현되는 것이라면, 의료사고 예방을 위해 서는 무엇보다 위험관리가 중요하다. 위험을 관리하기 위해서는 한편으로는 의료인이 의료를 시행하면서 충분한 주의를 기울이고 의료의 수준을 일정 정도로 유지해야 하며, 다른 한편 의료기관도 위험방지를 위한 시설과 지침을 마련해야 한다.

(1) 「환자안전법」상의 의무

의료사고 예방의 가장 중요한 목적은 '환자의 안전'이다. 환자안전사고와 관련하여 발생 실태를 정확히 파악하고 이를 바탕으로 환자안전사고의 예방과 재발방지 대책을 수립하고 실행하기 위해 2015년 「환자안전법」이 제정되었다. 이 법은 한편으로는 "환자안전 및 의료의 질 향상"을 위한 시책을 마련할 국가와 지방자치단체의 의무를[117]

---

114 한국의료분쟁조정중재원, 『의료분쟁조정·중재 통계연보』, 2023, 114-115쪽.
115 한국의료분쟁조정중재원, 『의료분쟁조정·중재 통계연보』, 2023, 115쪽.
116 한국의료분쟁조정중재원, 『의료분쟁조정·중재 통계연보』, 2023, 116-117쪽.

그리고 다른 한편으로는 이 시책을 따라야 할 보건의료기관과 보건의료인의 의무를[118] 규정한다.

1) 국가의 의무

「환자안전법」은 환자안전과 의료의 질 향상을 위한 시책을 마련하여 추진할 국가와 지방자치단체의 책무를 규정한다. ① **실태조사** 보건복지부장관은 환자안전과 의료의 질 향상을 위한 정책을 수행하기 위해, 5년마다 환자안전사고의 실태조사를 실시하고 그 결과를 공표할 수 있다(환자안전법 제7조의2). ② **환자안전기준 및 평가지표 수립** 보건복지부장관은 보건의료기관이 환자안전을 위해 준수해야 하는 사항 등에 관한 기준 및 환자안전 및 의료 질 향상과 관련된 수행 정도를 측정하는 평가 기준을 마련할 의무가 있다.

2) 의료기관의 의무

환자안전법 제11조(환자안전위원회) ① 보건복지부령으로 정하는 일정 규모 이상의 병원급 의료기관은 환자안전 및 의료 질 향상을 위하여 환자안전위원회를 설치·운영하여야 한다.

환자안전법 제12조(전담인력) ① 보건복지부령으로 정하는 일정 규모 이상의 병원급 의료기관은 다음 각 호의 어느 하나에 해당하는 사람으로서 환자안전 및 의료 질 향상에 관한 업무를 전담하여 수행하는 환자안전 전담인력을 두어야 한다.

환자안전법 제14조(환자안전사고의 보고 등) ① 환자안전사고를 발생시켰거나 발생한 사실을 알게 된 또는 발생할 것이 예상된다고 판단한 보건의료인이나 환자 등 보건복지부령으로 정하는 사람은 보건복지부장관에게 그 사실을 보고할 수 있다.
② 보건복지부령으로 정하는 일정 규모 이상의 병원급 의료기관에서 다음 각 호의 어느 하나에 해당하는 환자안전사고가 발생한 경우 그 의료기관의 장은 보건복지부장관에게 그 사실을 지체 없이 보고하여야 한다.

① **환자안전위원회 및 전담인력** 일정 규모의[119] '병원급 의료기관'은 환자안전과

---

117 환자안전법 제3조(국가와 지방자치단체의 책무) ① 국가와 지방자치단체는 환자안전 및 의료 질 향상을 위한 시책을 마련하여 추진하여야 한다.
118 환자안전법 제4조(보건의료기관의 장과 보건의료인의 책무) ① 보건의료기관의 장과 보건의료인은 환자안전 및 의료 질 향상을 위하여 국가와 지방자치단체의 시책을 따라야 한다.
119 병상 수가 200병상 이상인 병원급 의료기관, 그리고 그중 종합병원의 경우에는 100병상 이상인 경우가 이에 해당한다(환자안전법 시행규칙 제5조 및 제9조 제3항 참조).

의료 질 향상을 위해 환자안전위원회를 설치·운영하며 환자안전 전담인력을 배치할 의무가 있다. 환자안전위원회의 설치 여부와 구성·운영 현황 그리고 전담인력의 배치현황은 보건복지부장관에게 매년 보고해야 하며(동법 제11조 제2항 및 제12조 제2항), 보고를 하지 않거나 거짓으로 보고하면 동법 제19조 제1항에 의거하여 100만 원 이하의 과태료가 부과된다. ② **환자안전사고의 보고** 환자안전법은 환자안전사고[120]와 관련한 '자율보고' 및 '의무보고'에 관해 규정한다. ②-1 **자율보고** 자율보고란 환자안전사고의 발생 또는 발생의 예방과 관련하여 보건의료인이나 환자 등이 — 보고의무를 전제하지 않고 — 자율적으로 보건복지부장관에게 보고하는 것이다(동법 제14조 제1항). ②-2 **의무보고** 더 나아가 환자안전법은 병원급 의료기관에 대해서는 동법이 열거하는 환자안전사고가 발생한 경우[121] 이를 보건복지부장관에게 '지체 없이 보고할 의무'를 부과한다(동법 제14조 제2항). 병원급 의료기관의 장이 이와 같은 보고의무를 이행하지 않거나 거짓으로 보고했다면 300만 원 이하의 과태료가 부과된다(동법 제19조 제1항 제1호). 더 나아가 병원급 의료기관의 장이 의무보고를 하는 것을 방해한 자에게도 300만 원 이하의 과태료가 부과된다(동조 제1항 제2호).

[환자안전: 환자의 권리와 의무] 의료는 환자와 의사 간의 상호작용이다. 그렇다면 환자 역시 의료의 모든 과정에서 안전을 위해 이루어지는 다양한 활동에 협력해야 한다. 이러한 맥락에서 「환자안전법」 제5조는 환자가 안전한 보건의료를 받을 권리를 지님과 동시에 '환자안전활동에 참여할 의무'가 있다고 규정한다.

---

120 「환자안전법」상의 환자안전사고란 "「보건의료기본법」 제3조 제3호의 보건의료인이 환자에게 보건의료서비스를 제공하는 과정에서 환자안전에 보건복지부령으로 정하는 위해(危害)가 발생하였거나 발생할 우려가 있는 사고"를 의미한다(동법 제2조 제1호).

121 「환자안전법」 제14조 제2항이 의무보고의 대상으로 열거하는 사고는 다음과 같다: 1. 「의료법」 제24조의2 제1항에 따라 설명하고 동의를 받은 내용과 다른 내용의 수술, 수혈, 전신마취로 환자가 사망하거나 심각한 신체적·정신적 손상을 입은 환자안전사고가 발생한 경우; 2. 진료기록과 다른 의약품이 투여되거나 용량 또는 경로가 진료기록과 다르게 투여되어 환자가 사망하거나 심각한 신체적·정신적 손상을 입은 환자안전사고가 발생한 경우; 3. 다른 환자나 부위의 수술로 환자안전사고가 발생한 경우; 4. 의료기관 내에서 신체적 폭력으로 인해 환자가 사망하거나 심각한 신체적·정신적 손상을 입은 경우.

(2) 의료기관의 안전관리

1) 안전관리시설

> **의료법** 제36조(준수사항) (...) 의료기관을 개설하는 자는 보건복지부령으로 정하는 바에 따라 다음 각 호의 사항을 지켜야 한다.
> 2. 의료기관의 안전관리시설 기준에 관한 사항

의료기관을 개설할 때는 보건복지부가 정한 안전관리시설 기준을 반드시 준수해야 한다. 「의료법 시행규칙」 제35조는 의료기관이 갖추어야 하는 시설을 다음과 같이 구체적으로 열거한다: 1. 화재나 그 밖의 긴급한 상황에 대처하기 위하여 필요한 시설, 2. 방충, 쥐막기, 세균오염 방지에 관한 시설, 3. 채광·환기에 관한 시설, 4. 전기·가스 등의 위해 방지에 관한 시설, 5. 방사선 위해 방지에 관한 시설, 6. 그 밖에 진료과목별로 안전관리를 위하여 필수적으로 갖추어야 할 시설.

2) 감염관리

> **의료법** 제47조(병원감염 예방) ① 보건복지부령으로 정하는 일정 규모 이상의 병원급 의료기관의 장은 병원감염 예방을 위하여 감염관리위원회와 감염관리실을 설치·운영하고 보건복지부령으로 정하는 바에 따라 감염관리 업무를 수행하는 전담인력을 두는 등 필요한 조치를 하여야 한다.

'감염'은 의료기관에서 발생할 수 있는 — 의료행위와 관련된 — 큰 위험 중 하나이다. 병원감염에 대한 인식이 성장하면서, 의료법은 2002년부터 '병원감염의 예방'과 관련한 규정을 두고 있다. 동법은 '병원감염 예방'을 — '의료의 질 향상' 및 '의료기술 발전' 의무와 나란히 열거하면서 — 의료인과 의료기관의 장의 의무로 규정한다. 일정 규모의[122] 병원급 의료기관은 특히 다음과 같은 감염관리 시스템을 구축해야 한다: ① **감염관리위원회와 감염관리실** 해당 의료기관은 감염관리위원회와 감염관리실을 설치, 운영해야 한다. 감염관리위원회는 감염 관련 대책 수립과 시행 등을 심의한다(의료법 시행규칙 제43조 제2항). 감염관리실은 병원감염의 발생 감시, 병원감염 관리실적의 분석 및 평가, 직원의 감염관리 교육 및 감염과 관련된 직원 건강관리

---

122 의료법 시행규칙 제43조 (감염관리위원회 및 감염관리실의 설치 등) ① 법 제47조 제1항에서 "보건복지부령으로 정하는 일정 규모 이상의 병원급 의료기관"이란 다음 각 호의 구분에 따른 의료기관을 말한다. (...) 3. 2018년 10월 1일부터의 기간: 종합병원 및 150개 이상의 병상을 갖춘 병원.

등의 업무를 수행한다(동조 제3항). ② **전담인력** 해당 의료기관은 감염관리실에 두는 인력 중 1명 이상은 감염관리실에서 감염관리 업무를 전담하는 전담인력으로 두어야 한다(동 규칙 제46조 제2항).

(3) 의료기관 인증제

1) 의의

> **의료법** 제58조(의료기관 인증) ① 보건복지부장관은 의료의 질과 환자 안전의 수준을 높이기 위하여 병원급 의료기관 및 대통령령으로 정하는 의료기관에 대한 인증을 할 수 있다.

'의료기관 인증제'란 의료의 질과 환자 안전의 수준을 높이기 위해 병원급 의료기관 및 대통령령으로 정하는 의료기관에 대해 실시하는 「의료법」상의 인증제도이다.[123] 동법 시행령 제28조는 「의료 해외진출 및 외국인환자 유치 지원에 관한 법률」 제6조 제1항에 따라 등록한 의료기관 그리고 「호스피스·완화의료 및 임종과정에 있는 환자의 연명의료결정에 관한 법률」 제25조 제1항에 따른 호스피스전문기관'을 동법상의 의료기관 인증을 받을 수 있는 기관으로 규정하고 있다. 의료기관의 인증 업무는 현재 「의료법」과 관계 법령에 기초해서 '의료기관평가인증원'(의료법 제58조 제2항)이 담당하고 있다. 인증 기준은 "환자의 권리와 안전", "의료기관의 의료서비스 질 향상 활동", "의료서비스의 제공과정 및 성과" 등을 포함하고 있다(동법 제58조의3 제1항).

2) 신청

> **의료법** 제58조의4(의료기관인증의 신청) ① 의료기관 인증을 받고자 하는 의료기관의 장은 보건복지부령으로 정하는 바에 따라 보건복지부장관에게 신청할 수 있다.
> ② 제1항에도 불구하고 (…) 요양병원의 장은 (…) 보건복지부령으로 정하는 바에 따라 보건복지

---

123 의료기관인증제가 의료기관의 조직 및 운영 등에 대해 미치는 영향을 분석한 연구로 김재열, 「의료기관인증제도 운영, 조직신뢰, 구성원 인게이지먼트 그리고 병원 조직유효성 간의 관계」, 『경영교육연구』, 제36권 제1호, 2021, 215쪽 이하; 이혜승·박현린, 「의료기관 인증 후 환자의 질 향상과 병원운영효과 인식도 조사연구 -요양병원과 양방병원 대상-」, 『한국엔터테인먼트산업학회 논문지』, 제14권 제7호, 2020, 559쪽 이하; 이영환·임정도, 「의료기관 인증 후 환자안전 및 질 관리 변화와 경영활동 변화 간의 관계: 정신병원과 요양병원 대상」, 『한국콘텐츠학회 논문지』, 제15권 제1호, 2015, 286쪽 이하 참조.

부장관에게 인증을 신청하여야 한다.

인증 대상이 될 수 있는 의료기관이 인증을 받기 위해서는 인증 신청을 해야 하며, 신청 여부는 해당 의료기관이 결정하는 것이 원칙이다. 다만, 「의료법」에서 규정하는 요양병원은 반드시 인증을 받아야 한다. 그리고 「정신건강증진 및 정신질환자 복지서비스 지원에 관한 법률」(이하 '정신건강복지법')에 따른 정신의료기관은 반드시 동법에 근거하여 시설에 대한 평가를 받아야 하는데, 「의료법」상의 의료기관 인증으로 이 평가를 갈음할 수 있다.[124]

3) 인증

의료법 제58조의6(의료서와 인증마크) ① 보건복지부장관은 인증을 받은 의료기관에 인증서를 교부하고 인증을 나타내는 표시(이하 "인증마크")를 제작하여 인증을 받은 의료기관이 사용하도록 할 수 있다.

보건복지부장관은 인증을 받은 의료기관에 인증서를 교부하며, 인증받은 의료기관은 인증마크를 사용할 수 있다. 인증등급은 인증, 조건부인증 및 불인증으로 구분된다. 인증의 유효기간은 4년이나, 조건부인증의 경우 유효기간은 1년이고[125] 유효기간 내에 재인증을 받아야 한다.[126] 다만, 정신의료기관의 경우에는 정신건강복지법에 따른 평가 주기가 3년이어서 인증 주기가 달라진다. 인증 결과는 의료기관평가인증원의 홈페이지에 공표된다. 의료기관이 인증을 받지 않았는데도 이를 사칭하면 형사처벌의 대상이 된다.[127]

[그 밖의 국가적 안전관리체계] 보건의료영역에서는 언급한 법정책 이외에도, 안전 관리를 위한 국가 차원에서의 다양한 노력이 이루어지고 있다. 여러 시스템 중 한국혈액감시체계와 의약품 이상 사례 보고시스템을 소개한다. ① **한국혈액안전감시체계** 한국혈액안전감시체계란 질병관리

---

124 정신건강복지법 제31조(정신건강증진시설의 평가) ① 보건복지부장관은 정기적으로 정신건강증진시설에 대한 평가를 하여야 한다. 다만, 「의료법」 제58조에 따른 의료기관 인증 (...)(으)로 정신건강증진시설평가를 갈음할 수 있다.

125 의료법 제58조의3 제2항 및 제3항.

126 의료법 제58조의3 제4항.

127 의료기관 인증을 사칭하면 1년 이하의 징역이나 1천만원 이하의 벌금에 처해진다(의료법 제58조의6 제2항 및 제89조 제1호).

청에서 의료기관의 혈액재고, 혈액 사용과 수혈 관련 오류 및 증상 등의 현황을 종합적으로 모니터링하기 위해 구축한 체계로, 동 체계하에서는 수혈안전감시와 혈액수급감시의 세부감시가 진행된다. 수혈은 무엇보다도 안전이 확보되어야 하는 의료행위이므로, 한국혈액안전감시체계 하에서는 헌혈자나 환자에게 발생할 수 있는 의도되지 않은 사건이나 반응인 '수혈 관련 오류'와 '수혈 관련 증상'을 포괄한 '수혈 특이사항'이 감시된다.[128] ② **의약품 이상 사례 보고시스템** 의약품 이상 사례 보고시스템이란 한국의약품안전관리원에서 마련한 시스템으로, 의약품을 투여했을 때 – 바람직하지 않고 의도되지 않은 증상이나 징후 또는 질병 등 – 이상 사례가 발생하면 이에 대한 정보를 보고하고 관리할 수 있도록 하는 보고시스템이다. 의약품은 물론 시판 전에 임상시험을 거치긴 하지만, 임상시험으로 모든 약물 이상 반응을 파악하는 것은 불가능하다. 그렇기 때문에 각종 이상 사례들을 수집하고 평가해서 안전대책을 수립하는 것이 이 제도의 목적이다. 이상 사례의 보고는 의약전문가나 제조업체뿐만 아니라 일반인 소비자도 할 수 있다. 이상 사례를 보고하면 한국의약품안전관리원에서는 이러한 정보를 수집해서 약물 이상 사례의 실마리정보를 분석하게 되는데, 특정한 이상 사례에 대해서는 보다 심층적인 약물역학연구를 수행한다.

---

128 한국혈액안전감시체계 운영규정 제5조 참조.

[5] 의료분쟁(Ⅰ): 민사소송과 민사책임

법조문과 사례로 이해하는 **의료분쟁**

1. 의료민사소송의 의의

의료사고가 발생한 경우 환자가 법원에게 의사의 민사책임을 묻는 절차를 (의료)민사소송이라 한다. 즉, 의료사고로 인해 환자에게 발생한 손해를 의사가 배상해야 하는지의 여부 그리고 배상해야 하는 경우 배상의 내용과 범위를 판단하는 절차가 의료민사소송이다.

[민사소송 vs. 형사소송] ① **소송당사자(또는 소송관계인)의 차이** (의료)민사소송은 '환자가 의사를 상대로' 소송을 제기하면서 손해배상을 구하는 절차이다. 즉, 민사소송은 당사자들 간의 관계를 규율하는 데에 초점이 맞추어져 있다. 하지만 형사소송은 형법상 범죄에 해당하는 행위에 대해 '국가가 행위자에게' 형사책임을 묻는 소송이다. 형사소송의 결과 형사책임이 인정되면 국가는 행위자인 의사에게 형벌을 부과하게 된다. 즉, 형사소송에서는 – 민사소송에서와는 달리 – 국가와 행위자 또는 사회와 행위자와의 관계에 초점이 맞추어져 있다. ② **이념의 차이** 그렇기 때문에 민사소송에서는 과책원칙뿐만 아니라 당사자 간에 손해를 공평하게 부담하는 공평 또는 형평의 원칙도 중요한 역할을 한다. 하지만 형사소송에서는 죄형법정주의에 입각하여 엄격한 책임원칙에 따른 판단을 하는 것이 중요하며, 공평 또는 형평의 원칙이 책임 여부의 판단에 영향을 미치도록 해서는 안 된다. ③ **입증의 차이** 민사소송의 경우 입증 부담을 원칙적으로 환자가 부담하지만, 입증이 어려운 환자의 열악한 지위를 고려해서 입증부담을 완화하는 정책적 고려가 판결에 반영되고 있다. 예를 들어 – 아래에서 자세히 다루겠지만 – 직접 사실이 아닌 간접사실만으로 의사의 과실이나 인과관계를 추정하는 등의 법리가 판례를 통해 발전하였다. 이는 앞에서 말한 형평의 이념을 실현하는 것이다. 형사소송의 경우 법관은 범죄사실을 증명할 수 있는 충분한 증거에 기초해서만 유죄 판결을 내릴 수 있다. 만일 증거조사 과정에서 조사한 증거들만으로는 범죄를 인정하기가 여전히 의심스럽다면, 결코 범죄를 추정해서는 안 되고 피고인의 이익으로 무죄 판결을 내려야 한다.

[의료민사소송의 특징] 의료사고가 발생했을 때 제기되는 민사소송은 다음과 같은 특징을 지닌다. ① **주장의 극단적 대립** 의료사고의 경우 문제 된 의료행위에 대해 환자와 의사의 의견이 극단적으로 대립하는 경우가 많다.[129] ② **높은 소송물가액** 환자의 신체에 대한 좋지 않은 결과에 대해

---

129 이와 관련하여 "의료분쟁은 의료행위의 특수성에 대한 당사자 간의 견해 차이에서 유발되는 경우가 많"다고 설명하는 한국의료분쟁조정중재원, 『의료분쟁 매뉴얼』, 2019, 7쪽; 사법연수원, 『특수불법행위법연구』, 사법연수원 출판부, 2010, 205쪽 참조; 이러한 당사자의 극단적 의견 대립은 의료분쟁에서 "당사자 간 감정의 골이 매우 깊"게 되는 이유가 되기도 한다(황정민·김경례·이경권·류영주·임강섭, 『판례와 사례로 본 안과의료분쟁』, 37쪽).

배상을 구하는 경우가 많으므로 소송을 통해 다투는 손해배상의 액수, 즉 소송물가액이 큰 경우가 많다.[130] ③ **전문성** 환자의 진단명조차 매우 낯설은 경우가 많은 등 문제 되는 내용이 매우 전문적이다. ④ **입증의 어려움** 환자는 의사에게 어떠한 과실이 있었는지를 구체적으로 알기가 어렵다. 예를 들어, 마취 상태에서 수술을 받은 환자가 수술이 어떻게 이루어졌는지, 수술의 과정에서 의사에게 어떤 잘못이 있었는지를 스스로 아는 것은 불가능하다. 이러한 점에서 특히 환자 입장에서는 의사의 과실에 대한 입증이 어렵다. ⑤ **사실관계 확정의 어려움(비공개성**[131]) 의료행위의 수행은 대부분 공개되지 않은 환경에서 이루어진다. 그렇기 때문에 법원의 입장에서는 실제로 어떤 일이 벌어졌는지, 즉 사실관계를 확정하는 것이 매우 어렵다. 이로 인해 사실조회 · 신체감정 · 진료기록감정 등 증거조사에 많은 시간이 소요된다.[132]

II. 의료민사소송의 절차

의료민사소송은 환자가 소송을 제기하겠다는 의사를 법원에 표시하고 법원이 의사나 의료기관에게 소송이 제기되었다는 사실을 알려주면서 시작된다(소의 제기). 소가 진행되면 환자와 의사는 각자 자신의 주장을 펼쳐 보이면서(변론) 그 주장이 옳음을 증명하기 위해 증거를 제출할 것이다. 법원은 당사자의 증거신청에 기초해서 또는 직권으로 증거를 조사하며(증거조사), 양 당사자의 주장을 다시 들어 보는 절차를 거쳐(변론), 판결을 내리게 된다(판결 선고).

1. 소(訴)의 제기

(1) 소장(訴狀) 제출

> **민사소송법** 제248조(소제기의 방식) ① 소를 제기하려는 자는 법원에 소장을 제출하여야 한다.

---

130 사법연수원, 『특수불법행위법연구』, 205쪽.

131 '비공개성'을 의료행위의 특수성으로 언급하는 한국의료분쟁조정중재원, 『의료분쟁 매뉴얼』, 7쪽 참조; 이를 의료행위의 "밀실성"으로 설명하는 사법연수원, 『특수불법행위법연구』, 204쪽 참조.

132 다른 한편, 진료기록 감정의 경우 실제로는 감정의 주체가 의료인 또는 의료인단체이기 때문에, 의료인 측에 편향된 회신이 온다는 지적도 있다(이러한 점은 2019년 K-MOOC 〈의료사고, 법으로 이해하기〉 제6강의 '전문가와의 만남'에서 이정선 변호사님(법률사무소 건우)이 말씀하신 바 있다).

환자가 법원에 소송을 제기한다는 의사를 표시하기 위해서는 '소장'을 제출해야 한다(민사소송법 제248조 제1항). '소장'에는 '필요적 기재사항'을 반드시 적어야 한다. '당사자'(원고와 피고), '법정대리인', 그리고 '청구의 취지'와 '청구의 원인'이 이에 해당한다.[133] 이때 '청구의 취지'란, 소를 제기하는 사람인 원고가 — 예를 들어 '피고는 원고에게 500만 원을 지급하라'는 것처럼 — 어떠한 대상에 대해 어떠한 내용과 종류의 판결을 구하는가를 밝히는 것이다.[134] '청구의 원인'은 말 그대로 원고가 피고에게 소를 제기하게 된 이유, 달리 말하면 원고가 피고에게 배상을 구하는 기초가 된 사실을 의미한다. 소장이 접수되면 법원은 접수된 소장이 필요적 기재사항을 잘 갖추었는지 등을 심사한다(동법 제254조 제1항). 이때 기재의 흠결이 있다면 재판장은 기간을 정해 소장을 보정하라는 명령을 해야 한다. 소장 심사가 끝나면 법원은 소장의 부본, 그러니까 원본 소장과 동일한 내용의 서류를 피고에게 송달한다(동법 제255조 제1항).

[민사소송의 사건별 부호] 소장을 접수하면 접수된 소장에는 사건별로 부호가 표시된다. 사건별 부호는 법원 심급에 따라 그리고 합의부 사건인지 아니면 단독 판사 사건인지에 따라 다르게 부여되는데, 1심 사건은 '가', 2심 사건은 '나', 3심 사건은 '다'라는 기호가 붙게 되며, 단독판사 사건은 '단', 합의부 사건은 '합'이라는 기호가 각각 '가', '나', '다' 뒤에 붙게 된다. 현재 민사소송의 경우 소송목적의 값이 2억 원을 초과하면 단독판사가 아니라 합의부에서 심판을 하게 된다. 예를 들어 손해배상 액수가 2억 원을 초과하는 제1심 합의부 사건이면 '가합'으로 접수된 소장에 사건별 부호가 표시되며, 그 외 제1심 단독 사건이면 '가단'으로 사건별 부호가 표시된다. 특히 의료상 과실로 인한 손해배상청구소송에는 '손해배상(의)'라는 사건명이 붙는다.

[의료민사소송의 준비] 의료사고를 경험한 환자가 민사소송을 제기하기 위해서는 어떠한 준비를 해야 할까.[135] ① 진료기록 확보 및 면담 의료사고가 발생했을 때 환자 측에서는 무엇보다 모든 진료기록부 등 진료기록을 신속히 확보하고, 의사나 간호사 및 병원 직원 등과의 면담을 통해 사고의 발생 경위 등에 대한 이야기를 들으면서 진료 경과를 파악해야 한다. 진료기록부의 경우 – 최근 전자문서화되어 그 우려가 줄어들긴 했지만 – 종종 위·변조에 관해 논란이 되므로,

---

133 민사소송법 제249조(소장의 기재사항) ① 소장에는 당사자와 법정대리인, 청구의 취지와 원인을 적어야 한다.
134 이시윤, 『신민사소송법』, 박영사, 2016, 268쪽; 김홍규·강태원, 『민사소송법』, 삼영사, 2017, 120쪽 참조.
135 이 단락의 내용은 2019년 K-MOOC 〈의료사고, 법으로 이해하기〉 제6강의 '전문가와의 만남'에서 이정선 변호사님(법률사무소 건우)께서 말씀해 주신 내용을 정리한 것이다. 지면을 빌어 소중한 인터뷰의 기회에 진심으로 감사드린다.

이러한 논란을 예방하기 위해서도 신속히 확보하는 것이 중요하다.[136] ② **경과 정리** 아울러 환자 측에서는 자신이 알고 있는 경과를 최대한 자세히 정리해 둘 필요가 있다. 환자 측 기록인 사실확인서 등은 소장 작성에 큰 도움이 될 뿐만 아니라, 시간이 흐름에 따라 사건에 대한 기억이 사라지는 것을 방지하는 역할을 하여 이후 소송 진행에도 큰 도움이 된다. ③ **전문가 상담** 의료분쟁에 대비한 준비를 시작하면서부터 또는 이상의 기본적인 준비를 마친 후 환자는 전문가와 상담하여 이후의 대응책을 논의해야 한다. ④ **부검** 환자가 사망한 사건의 경우 부검을 통한 원인 규명을 고려할 수 있다. 부검을 원하는 유가족이 병원의 소재지를 관할하는 경찰서에 신고하면, 국립과학수사연구원에서 부검을 실시하게 되며, 부검 후 약 2달 정도 후에 경찰서로 결과가 통보된다.[137]

[의료인이 알아두어야 할 점] 의료사고의 예방이나 의료분쟁의 합리적 해결을 위해 의료인은 무엇보다 다음의 점을 염두에 둘 필요가 있다.[138] ① **원칙에 의한 진료** 의료현장에서 행해지는 편법적 관행에 기초한 진료(예를 들어, 주사약을 나누어 사용하지 말라는 지침을 위반하고 경제적 이해관계에 따라 나누어 사용하는 행위)는 예기치 못한 사고를 불러일으킬 수 있는 원인이 된다. 원칙에 따른 진료가 행해지면 좋지 않은 결과가 발생하더라도 책임을 면할 수 있다. ② **진료기록의 성실하고 정직한 작성** 원칙에 따라 진료를 하더라도 그 내용이 기록으로 남지 않으면 이를 확인할 수 없다. 따라서 진료기록을 성실하고 정직하게 작성하는 것이 중요하다.[139] 의료민사소송에서는 예를 들어 환자의 상태가 나빠지는 동안 의료기관에서 이루어진 처치가 무엇인지에 관한 기록이 남아있지 않다는 점에 기초해 의사의 과실이 추정될 수 있다.

(2) 답변서 제출

> **민사소송법** 제256조(답변서의 제출의무) ① 피고가 원고의 청구를 다투는 경우에는 소장의 부본을 송달받은 날부터 30일 이내에 답변서를 제출하여야 한다.

피고인 의사나 의료기관은 소장 부본을 송달받으면, 송달받은 날부터 30일 이내에 답변서를 제출해야 한다. 답변서에는 소장에 기재된 사실을 인정하는지, 어떤 구체적

---

136 진료기록부 등의 사본 발급은 정당한 이유 없이 거부될 수 없으므로(의료법 제17조 제3항), 만일 사본 교부가 거부된다면 환자 측에서는 의료기관을 관할하는 보건소에 신고하여 도움을 받을 수 있다(한국의료분쟁조정중재원, 『의료분쟁 매뉴얼』, 40쪽).

137 한국의료분쟁조정중재원, 『의료분쟁 매뉴얼』, 19쪽.

138 이 단락의 내용은 2019년 K-MOOC 〈의료사고, 법으로 이해하기〉 제6강의 '전문가와의 만남'에서의 이정선 변호사님(법률사무소 건우)과의 인터뷰 내용을 정리한 것이다.

139 같은 맥락에서 "정확하고 세심한 진료기록 작성"을 의료분쟁의 예방과 대처 방법으로 제시하는 김선욱, 『의료과오소송법』, 박영사, 2005, 22쪽 참조.

사실에 기초해서 어떠한 항변을 하는지 등에 대해 기재한다. 피고가 답변서를 제출하면, 법원은 답변서의 부본을 환자에게 송달하여야 한다(민사소송법 제256조 제2항). 답변서가 30일 이내에 제출되지 않으면, 원칙적으로 법원은 피고가 자백한 것으로 보아 변론의 절차를 거치지 않고 판결할 수 있다(동법 제257조 제1항). 그러나 의료사고의 경우 증거조사와 쟁점 정리에 많은 시간이 필요할 수 있어 소송 초기에는 형식적인 주장과 답변만이 가능한 경우가 많다.[140] 그렇기 때문에 실무에서는 의료분쟁의 경우 답변서를 30일 내에 제출하지 않으면 변론 없이 판결한다는 원칙을 엄격히 적용하기보다는, 법이 규정하는 예외[141]의 경우에 해당한다고 보면서 "기일을 탄력적으로 운용할 필요"[142]가 있다고 본다.

2. 변론

변론이란 소송 당사자인 환자와 의사 쌍방이 구술에 의해서 판결의 기초가 될 소송자료를 제출하고 법원이 이에 대해 심리하는 것을 말한다.

(1) 변론준비절차

1) 의의

> **민사소송법** 제279조(변론준비절차의 실시) ① 변론준비절차에서는 변론이 효율적이고 집중적으로 실시될 수 있도록 당사자의 주장과 증거를 정리하여야 한다.

변론 없이 판결하는 경우 외에는, 재판장은 변론을 할 날짜인 변론기일을 바로 정하게 된다(민사소송법 제258조 제1항). 그런데 변론을 하기 전에는 변론준비절차, 즉 변론이 효율적이고 집중적으로 이루어질 수 있도록 당사자의 주장과 증거를 정리하는 절차[143]가 필요할 수 있다. 이때는 변론준비절차가 끝난 후 변론기일을 정한다. 변론준비절차는 당사자가 준비서면이나 그 밖의 서류를 제출하거나 서로

---

140 사법연수원, 『특수불법행위법연구』, 231-232쪽.
141 민사소송법 제257조 제1항 단서는 "직권으로 조사할 사항이 있거나 판결이 선고되기까지 피고가 원고의 청구를 다투는 취지의 답변서를 제출한 경우"에는 변론 없이 판결하지 않는다고 규정한다.
142 사법연수원, 『특수불법행위법연구』, 213쪽.
143 민사소송법 제279조 제1항 참조.

간에 교환하고, 증거 신청 등을 하게 하는 방법으로 진행된다(민사소송법 제280조 제1항). 사실관계를 파악하기가 쉽지 않고 많은 시간이 소요되는 의료분쟁의 경우, 변론준비가 충실히 이루어진다면 소송의 원활한 진행에 많은 도움이 될 수 있다.

2) 준비서면

> **민사소송법** 제273조(준비서면의 제출 등) 준비서면은 그것에 적힌 사항에 대하여 상대방이 준비하는 데 필요한 기간을 두고 제출하여야 하며, 법원은 상대방에게 그 부본을 송달하여야 한다.

'준비서면'이란 당사자가 변론을 서면으로 준비한 것을 말한다. 준비서면은 "상대방이 서면에 적힌 사항을 준비하는 데 필요한 기간을 두고" 제출해야 한다(민사소송법 제273조). 준비서면을 제출하게 하는 취지는 무엇보다 상대방 당사자가 복잡한 사안에 대해 미리 이해하고 준비해서 변론에 임하게 하려는 것이기 때문이다. 앞서 말한, 피고가 소장 부본을 전달받고 제출하는 답변서도 준비서면의 일종이다. 그렇기 때문에 답변서에 어떠한 사항을 적어야 하는지에 대해서는 준비서면에 관한 규정을 준용한다(동법 제256조 제4항).

[진료경위서] 의료사고에 기초한 민사소송의 경우 무엇보다 원고인 환자 측에서는 의료행위가 어떻게 이루어졌는지 잘 알지 못하는 경우가 대부분이므로, 법원은 - 입증의 편의를 도모하고 재판의 지연을 방지하기 위해 - 변론기일 전에 미리 피고인 의사나 의료기관에게 문제 된 의료행위의 과정과 경과를 시간적인 순서에 따라 상세하게 기재한 서면, 그러니까 실무상 '진료경위서'라고 부르는 서면을 답변서나 준비서면의 형태로 제출하도록 권유할 수 있다.[144]

(2) 변론

당사자는 변론기일에 서로 공격과 방어를 하는 변론을 한다. 변론준비절차를 거친 경우에는 변론기일에 변론준비기일의 결과를 진술한다(민사소송법 제287조 제2항).

---

144 사법연수원, 『특수불법행위법연구』, 사법연수원, 211-212쪽.

3. 증거조사

(1) 증거신청

> **민사소송법** 제289조(증거의 신청과 조사) ①증거를 신청할 때에는 증명할 사실을 표시하여야 한다.

　민사소송에서는 원고와 피고가 변론에서 재판장을 설득시키는 것이 중요하다. 이를 위해 각 당사자는 민사소송이 진행되는 동안 자신의 주장에 대한 증거를 제시하는 '입증' 활동을 한다. 당사자가 이러한 증거를 제시하면서 법원에 조사를 청구하는 것을 민사소송법에서는 '증거신청'이라고 부른다.[145] 증거신청을 할 때는, 신청하는 증거에 기초해서 무엇을 증명하기를 원하는지를, 즉 '증명할 사실'을 표시해야 한다. 민사소송에서 당사자가 증거신청을 하지 않으면 쟁점에 대해 증거가 없는 것이 된다.

(2) 증거조사

1) 의의

> **민사소송법** 제290조(증거신청의 채택여부) 법원은 당사자가 신청한 증거를 필요하지 아니하다고 인정한 때에는 조사하지 아니할 수 있다. 다만, 그것이 당사자가 주장하는 사실에 대한 유일한 증거인 때에는 그러하지 아니하다.

　① **당사자 신청에 의한 증거조사** 당사자가 증거신청을 하면, 법원은 당사자가 신청한 증거방법을 채택할 것인지의 여부를 결정한다(증거결정). 법원은 당사자가 신청한 증거가 필요하지 않다고 인정한 경우에는 그 증거를 조사하지 않을 수 있고, 신청한 증거방법을 채택하는 경우에 증거조사를 하게 된다. 다만, 그 증거가 당사자가 주장하는 사실에 대한 유일한 증거인 때에는 증거조사를 해야 한다. 증거조사는 변론준비절차에서나(동법 제281조 제3항) 변론기일 전에도 할 수 있다(동법 제289조 제2항). 그래야 소송이 효율적으로 잘 이루어질 수 있다. ② **직권에 의한 증거조사**

145　민사소송법에서의 '증거신청'에 대해서는 이시윤, 『신민사소송법』, 387쪽; 김홍규·강태원, 『민사소송법』, 378쪽; 김홍엽, 『민사소송법』, 박영사, 2016, 619쪽 참조.

더 나아가 당사자가 증거신청을 하지 않았더라도, 법원은 필요한 경우 직권으로 증거조사를 할 수 있다(동법 제292조). ③ **증거보전** 의료분쟁에서는 증거가 의사 측에 편중되어 있고 의료기관이 관리하는 진료기록부가 위·변조되거나 훼손될 우려가 있다. 이러한 경우에는 소송절차에서 증거조사를 하는 기일까지 기다리지 않고 당사자의 신청이나 법원의 직권으로 미리 증거조사를 할 수도 있다(동법 제375조). 이를 '증거보전'이라 한다.

2) 감정

의료민사소송에서 증거절차의 핵심은 특히 신체 감정과 진료기록 감정이라고 할 수 있다. 의료의 전문성으로 인해 의료소송에서 감정은 법원의 심증 형성에 많은 영향을 줄 수 있다.[146] 감정인을 지정하는 방식으로 감정을 하게 되면 감정인에게 감정의무 등으로(민사소송법 제334조 및 제338조) 부담을 줄 수 있어, 감정은 많은 경우 감정을 기관에 위촉하는 감정촉탁(민사소송법 제341조)에 의해 진행된다.[147] 신체 감정은 특히 과실 여부에 대한 판단의 기초가 되고 진료기록 감정의 정확성을 확보하는 전제가 될 수 있으므로, 재판의 초기에 실시하는 것이 좋다.[148]

> [의료감정과 법원의 판단] 의료민사소송에서 신체감정과 진료기록부 감정은, 의료전문가가 아닌 법관의 판단에 중요한 자료가 되는 핵심적인 증거절차이다. 진료기록부에 진료의 과정이 상세하게 기재가 되어 있다고 하더라도, 그러한 진료가 통상의 의학적 기준에 부합하는 것인지 또 어떤 과실이 있었는지는 전문가의 도움 없이는, 즉 의료감정 없이는 알기 어렵다. 그렇기 때문에 의료사고를 기초로 한 사안에서의 법원의 판결문을 보면, "진료기록감정촉탁 결과 등에 비추어볼 때 (…)한 사정이 있었다고 볼 수 있다"라는 표현과 내용이 종종 등장한다. 하지만 그렇다고 해서 법원의 판단이 감정의 결과에 기속되는 것은 아니다. 사안에 대한 법관의 판단은, 종국적으로는 어디까지나 – 법관이 당사자의 주장이 진실인지의 여부에 대해 자신의

---

146 신현호·백경희, 『의료분쟁 조정·소송 각론』, 육법사, 2012, 398쪽; 의료소송에서의 감정의 역할에 대해서는 이영환, 「의료재판에 있어서 감정제도의 역할과 그 모순점 및 개선방안에 관한 연구」, 『법학연구』, 부산대학교 법학연구소, 제37권 제1호, 1996, 19쪽 이하 참조.

147 예를 들어 대한의사협회에 의료감정을 의뢰할 수 있는데, 대한의사협회에서의 의료감정에 관해서는 김한나·김계현·이정찬·최재욱, 『의료감정의 현황과 제도 개선방향』, 대한의사협회 의료정책연구소 연구보고서, 2014, 20쪽 이하 참조.

148 사법연수원, 『특수불법행위법연구』, 31쪽 참조; 이러한 맥락에서 의료기관이 의사의 과실이 있다고 판단될 때에야 신체감정을 받아들이는 것은 주객이 전도된 판단일 수 있다고 지적하는 신현호·백경희, 『의료분쟁 조정·소송 각론』, 414쪽 참조.

양심에 기초해 자유롭게 판단한다는 – 자유심증주의에 기초하여 독립적으로 내려지는 '규범적' 인 것이다. 즉, 법관은 '어떤 증거가 실제로 지금 무언가를 증명할 수 있는 것인가'에 대해 여러 가지 근거들에 기초해 독립적으로 판단한다. 그렇기 때문에 사건을 담당하는 법원이 감정 촉탁이나 사실조회 의뢰 후 '감정을 촉탁받은 의료기관으로부터 받은 답변'이나 '사실조회를 의뢰받은 기관으로부터 받은 답변'이 있는 경우, 당해 법원은 – 답변에 설령 의사에게 의료과실이 있는지의 여부에 관한 내용이 들어 있다고 할지라도 – 이 답변 내용을 판단에 참조하겠지만 결코 그 답변 내용에 구속되어 판단을 내릴 필요가 없다: "제1심법원의 감정촉탁에 대한 가톨릭대학교 의과대학 성모병원장의 회보 결과 및 원심의 사실조회에 대한 대한의사협회장의 회보 결과는, 사실인정에 관하여 특별한 지식과 경험을 요하는 경우에 법관이 그 특별한 지식, 경험을 이용하는 데 불과한 것이며, 의료과오가 있었는지 여부는 궁극적으로는 그 당시 제반 사정을 참작하여 경험칙에 비추어 규범적으로 판단할 수밖에 없으므로, 위 각 회보 결과에 의료과오의 유무에 관한 견해가 포함되어 있다고 하더라도 법원이 위 피고에게 과실이 있는지 여부를 판단함에 있어서 그 견해에 기속되지 아니한다"(대판 98다12270).[149]

4. 판결 선고

민사소송법 제205조(판결의 효력발생) 판결은 선고로 효력이 생긴다.

앞에서 설명한 모든 과정을 거치고 당사자의 주장과 입증이 끝나면 변론은 종결되며[150] 법원은 판결을 선고하게 된다. 판결의 선고는 변론이 종결된 날부터 2주 이내에 해야 하며, 특별한 사정이 있더라도 4주를 넘겨서는 안 된다(민사소송법 제207조 제1항). 선고는 공개된 법정에서 재판장이 판결원본에 의해 판결주문을 읽는 방식으로 이루어진다. 필요한 때는 판결이유를 간략히 설명할 수도 있다. 당사자가 출석하지 않았더라도 판결을 선고할 수 있고(동법 제207조 제2항), 선고 후 판결서를 법원사무관에게 교부하면 법원사무관이 2주 이내에 당사자에게 송달하게 된다(동법 제209조 및 제210조 제1항).

---

149 이 판결 및 "감정결과의 비구속성"에 대해 소개하는 이상돈·김나경, 『의료법강의』, 151-152쪽 참조.
150 다만, 법원은 변론이 종결된 이후에도 필요하다고 판단하면 종결된 변론을 다시 열도록 할 수 있다(민사소송법 제142조).

III. 의료소송과 진료기록부

의료인이 기록하는 진료기록부는 사실관계를 확정하기 어려운 의료민사소송에서 매우 중요한 의미를 지닌다. 우선 진료기록부의 내용은 앞서 언급한 진료경위서의 중요한 부분을 차지한다. 그리고 증거조사에 해당하는 진료기록 감정은 의료행위가 일반적인 의료의 원칙에서 벗어난 것인지를 판단하는 중요한 자료가 된다. 그렇기 때문에 진료기록부는 의사의 입장에서는 의료행위상의 과실이 없음을 항변하는 중요한 자료가 되고, 환자의 입장에서는 의료행위에 과실이 없는지를 살펴보는 결정적인 기준이 된다. 이러한 점에서 의료민사소송을 이해하기 위해서는 진료기록부의 기록과 관리 그리고 환자의 기록 열람에 대한 권리에 대해 알아 둘 필요가 있다.

1. 진료기록부의 작성

(1) 기재사항

> **의료법** 제22조(진료기록부 등) ① 의료인은 각각 진료기록부, 조산기록부, 간호기록부, 그 밖의 진료에 관한 기록을 갖추어 두고 환자의 주된 증상, 진단 및 치료 내용 등 보건복지부령으로 정하는 의료행위에 관한 사항과 의견을 상세히 기록하고 서명하여야 한다.

의료인은 환자의 "주된 증상, 진단 및 치료 내용 등"에 관해 "상세히 기록"할 의무를 부담한다(의료법 제22조 제1항). 「의료법 시행규칙」 제14조는 진료기록부, 조산기록부, 간호기록부에 기록해야 할 내용에 대해 보다 자세히 규정한다. 그중 진료기록부에 기재할 내용은 다음과 같다: ① 진료를 받은 사람의 주소·성명·연락처·주민등록번호 등 인적사항, ② 주된 증상, ③ 진단 결과 또는 진단명, ④ 진료 경과, ⑤ 치료 내용(주사·투약·처치 등), ⑥ 진료 일시(동조 제1항 제1호). 「의료법」 제90조는, 「의료법」 제22조 제1항을 위반하여 진료에 관한 상세한 기록을 작성하지 않으면 500만 원 이하의 벌금에 처한다고 규정한다.

(2) '상세한' 기재 의무

의사에게 진료기록부를 작성하도록 한 취지는, 진료를 담당하는 의사로 하여금 환자의 상태와 치료의 경과에 관한 정보를 빠뜨리지 않고 정확하게 기록하여 이를 이후 계속되는 환자치료에 이용하도록 함과 아울러 다른 의료 관련 종사자들에게도 정보를 제공하여 환자로 하여금 적정한 의료를 제공받을 수 있도록 하고, 의료행위가 종료된 후에는 그 의료행위의 적정성을 판단하는 자료로 사용할 수 있도록 하려는 데 있다(대판 2015도12325).

의사는 스스로 효과적이라고 판단하는 방법으로 진료기록부를 작성할 수 있는 재량이 있지만, (...) 의료행위의 적정성 여부를 판단하기에 충분할 정도로 상세하게 기재하여야 한다(대판 2015도12325).

법원은 '환자의 상태와 치료 경과에 관해 정확히 기록함으로써 ① 환자의 치료가 잘 이루어지고' '② 의료행위 종료 후 의료행위의 적정성을 판단한 수 있도록' 의사에게 진료기록부의 작성 의무를 부여한다고 판시한다. 특히 두 번째 목적은 의료소송에서 사실관계를 보다 분명하게 확정하거나 의사의 책임을 명확히 판단하기 위한 것으로도 이해할 수 있다. 「의료법」은 진료기록부는 "상세히" 기록해야 한다고 명시하는데, 진료기록의 '상세함'은 바로 이와 같은 진료기록부의 작성 목적을 달성하기에 충분할 정도여야 한다. 법원은 진료기록부가 특히 "의료행위의 적정성 여부를 판단하기에 충분할 정도"로 상세히 기재되어야 한다고 판시한다.

(3) 부실기재

1) 부실기재의 책임

의사 측이 진료기록을 성실히 작성하지 않음으로 인하여 진료 경과가 불분명하게 된 데 따른 불이익을 환자 측에게 부담시키고 그와 같은 상황을 초래한 의사 측이 유리한 취급을 받아서는 안 된다(...)(서울고법 2010나17040).

의료민사소송에서 법원이 문제 된 의료행위의 진행 과정을 파악하는 가장 중요한 증거가 되는 것은 무엇보다 진료기록이다. 앞서 설명한 것처럼, 의료인은 진료기록부를 상세히 작성할 의무를 부담한다. 더 나아가 법원은 의료민사소송에서 진료기록을 상세히 기록하지 않음으로써 진료 경과가 불분명한 데 따른 불이익을 환자에게 부담시켜서는 안 된다고 분명히 판시한다.[151]

2) 사례 분석 (기초 판례: 서울고법 2010나17040(확정))

1. 사실관계

산모 X는 임신 중에 교통사고를 당하여 분만을 위해 H 병원에 2007. 12. 7. 16:30경 입원하게 되었고, H 병원의 의료진은 X가 임신한 태아의 심박동수가 많이 떨어져서 이를 관찰하기 위해 진찰하였다. 이후 X에게는 옥시토신이 투여되었고 X는 12. 8. 질식분만의 방식으로 분만하였으나, 태어난 아이는 출생 후 3일만에 사망하였다. 의료진들은 X가 입원한 당일 20:45경 내진을 하고 다음 날 09:00에 다시 내진을 하기까지 주치의가 잠시 출근해서 진찰을 했다고 주장하지만, 진료기록에는 간호사가 내진을 시행했다는 점만이 기재되어 있을 뿐 이러한 점이 기재되어 있지 않았다. 다른 한편 산모에게 질식분만을 위해 옥시토신을 투여하면서 태아심박동의 변화를 관찰하였는데, 진료기록상에는 분만1기에 20분이나 1시간 간격으로 그리고 분만2기에는 20분 내지 30분 간격으로 관찰했다고만 기재되어 있었다. 일반적인 임상 의료에서는 산모에게 옥시토신을 투여하면 그 후 태아심박동의 변화는 보다 면밀하게 관찰을 하는데, 보통 분만1기에는 15분 간격으로 그리고 분만2기에는 5분 간격으로 관찰한다.

2. 쟁점[152]

이 사안에서 진료기록부만 두고 볼 때 태아심박동 변화에 대한 관찰이 임상 의료에서 통상적으로 이루어지는 정도로 세심하게 이루어지지는 않았는데, 이 사안의 의료진이 H 병원이 종합병원이 아닌 개인병원이라는 점을 들면서, 진료기록부에 모든 과정을 다 기록하지 않는 것은 개인병원의 관행으로 실제로는 태아심박동 수에 대한 보다 세심한 관찰을 했다고 항변할 수 있는가.

3. 문제 해결

① **진료기록부 부실기재** 의료인은 진료기록부 등에 의료행위에 관한 사항과 의견을 상세히 기록해야 한다(의료법 제22조). 진료기록부를 부실하게 기재하는 것이 일정 규모 이하 병원의 관행이더라도 "이러한 부실기재 행태는 잘못된 것임이 분명하므로" 이로 인한 불이익은 의사가 감수해야 한다. ② **사안에의 적용** 만일 이 사안에서 의료진이 태아심박동수의 관찰을 소홀히 하지 않았음을 항변하더라도, 중요사항이나 특이사항이 있을 때만 진료 결과를 기재하고 진료 결과가 정상인 경우에는 기재를 소홀히 하는 것이 개인병원의 관행이라는 점을 들어 의사 측이 유리한 취급을 받을 수는 없다. 그러므로 태아에 대해 일반적인 임상의료에서 요청하는 정도의 세심한 관찰이 이루어졌다는 점을 의료진이 진료기록부 외에 다른 방법을 통해 충분히 입증하지 않는 한, 부실기재를 가지고 "바로 의료과실을 추정할 수는 없다고 하더라도" "진료 경과가 불분명한 데에 따른 불이익을 환자 측에게 부담시켜서는 안 된다." 이 사안에서 법원은 진료기록상에 나타난 것처럼 통상적으로 관찰해야 하는 주기보다 더 긴 간격으로 관찰한 것 외에 "태아심박동수의 양상을 확인할 수 있는 진료기록은 남아 있지 않다"고 명시하였다. 법원은 이러한 점만으로 직접 의료상 과실을 추정하지는 않았지만 의료진이 분만 중 태아심박동

---

151 이와 관련하여 진료기록의 부실기재가 있는 경우 의료행위의 적절성에 대한 입증책임을 의사가 부담하는 독일의 예를 소개하는 손홍수, 「진료기록 개작, 부실기재 등과 의료과오소송 - 진료기록 개작 등에 대한 독립한 손해배상책임 인정에 관한 논의를 포함하여 - 」, 『사법논집』 제53집, 법원도서관, 2011, 97쪽 이하 참조.

수 등 태아에 대한 감시나 관찰을 세심하지 않은 상태에서 만연히 옥시토신을 투여하고 적절한 조치 없이 무리하게 질식분만을 시행한 것이 태아가 출생 후 사망하게 된 원인이 되었다고 보았다. ③ **판례 소개** "우리나라의 개인병원들이 진료기록부를 작성하면서 중요사항이나 특이사항이 있을 때만 그 진료 결과를 기재하고 진료 결과가 정상인 경우에는 기재를 소홀히 하는 것이 관행처럼 되어 있다고 하더라도 이러한 부실기재 행태는 잘못된 것임이 분명하므로, 이를 가지고 바로 의료과실을 추정할 수는 없다고 하더라도, 「의료법」 제21조에 의하여 환자 등의 진료기록에 대한 열람권 등이 인정되기까지 한 이상, 의사 측이 진료기록을 성실히 작성하지 않음으로 인하여 진료 경과가 불분명하게 된 데 따른 불이익을 환자 측에게 부담시키고 그와 같은 상황을 초래한 의사 측이 유리한 취급을 받아서는 안 된다."

2. 진료기록부의 보존

> **의료법** 제22조(진료기록부 등) ② 의료인이나 의료기관 개설자는 진료기록부등(...)을 보건복지부령으로 정하는 바에 따라 보존하여야 한다.

의료인이 진료기록부를 작성하면 의료인이나 의료기관 개설자는 이후 이를 반드시 일정 기간 동안[153] 보존해야 한다. 보존해야 하는 진료기록부에는 전자의무기록도 당연히 포함되며, 추가기재되거나 수정된 경우에는 추가기재·수정된 진료기록부 뿐만 아니라 추가기재·수정 전의 원본도 모두 보존해야 한다. 진료기록부에 대한 증거조사를 하는 경우에는, 이미 작성된 진료기록부의 내용이 어떻게 변경되었는지를 확인하는 것이 중요할 수 있다. 보존의무를 위반하면 500만 원 이하의 벌금에 처해진다(의료법 제90조).

---

152 이 사안에서는 여러 쟁점들이 문제 되지만, 여기서는 이 단락에서 다루는 진료기록부의 부실기재와 관련한 쟁점만을 다룰 것이다.

153 의료법 시행규칙 제15조(진료기록부 등의 보존) ① 의료인이나 의료기관 개설자는 법 제22조제2항에 따른 진료기록부등을 다음 각 호에 정하는 기간 동안 보존하여야 한다. 다만, 계속적인 진료를 위하여 필요한 경우에는 1회에 한정하여 다음 각 호에 정하는 기간의 범위에서 그 기간을 연장하여 보존할 수 있다: 1. 환자 명부: 5년, 2. 진료기록부: 10년, 3. 처방전 : 2년, 4. 수술기록 : 10년, 5. 검사내용 및 검사소견기록 : 5년, 6. 방사선 사진(영상물을 포함한다) 및 그 소견서 : 5년, 7. 간호기록부 : 5년, 8. 조산기록부: 5년, 9. 진단서 등의 부본(진단서·사망진단서 및 시체검안서 등을 따로 구분하여 보존할 것): 3년.

3. 전자의무기록

(1) 작성

> **의료법** 제23조(전자의무기록) ① 의료인이나 의료기관 개설자는 (...) 진료기록부등을 「전자서명법」에 따른 전자서명이 기재된 전자문서(이하 "전자의무기록")로 작성·보관할 수 있다.

진료기록부를 비롯한 진료에 관한 기록은 전자서명법에 따른 전자문서의 형태로도 작성할 수 있다. 최근에는 전자의무기록 형태의 진료기록이 보다 일상화·보편화되었다. 전자의무기록의 방식으로 진료기록을 작성하고 보관하기 위해서는, 이를 안전하게 관리하고 보존하는 데에 필요한 시설과 장비를 갖추어야 한다(의료법 제23조 제2항 및 동법 시행규칙 제16조 제1항).[154]

(2) 접속기록 보관

> **의료법** 제23조(전자의무기록) ④ 의료인이나 의료기관 개설자는 전자의무기록에 추가기재·수정을 한 경우 보건복지부령으로 정하는 바에 따라 접속기록을 별도로 보관하여야 한다.

진료기록부를 전자의무기록의 형태로 작성하는 경우에는, '접속기록'을 별도로 보관해야 한다. 「의료법 시행규칙」은 특히 전자의무기록의 관리·보존을 위한 시설과 장비로 "전자의무기록의 이력관리"를 위해 필요한 장비를 명시한다(동 규칙 제16조 제1항 제2호). 그리고 전자의무기록에 추가기재나 수정을 한 경우에는 이 장비에 접속기록을 별도로 보관하여야 한다(동조 제2항). 이러한 시설과 장비를 갖추지 않은

---

[154] 의료법 시행규칙 제16조(전자의무기록의 관리·보존에 필요한 시설과 장비 등) ① 의료인이나 의료기관의 개설자는 법 제23조 제2항에 따라 전자의무기록을 안전하게 관리·보존하기 위하여 다음 각 호의 시설과 장비를 갖추어야 한다. 1. 전자의무기록의 생성·저장과 전자서명을 검증할 수 있는 장비, 2. 전자서명이 있은 후 전자의무기록의 변경 여부 확인 등 전자의무기록의 이력관리를 위하여 필요한 장비, 3. 전자의무기록의 백업저장장비, 4. 네트워크 보안에 관한 시설과 장비(제1호부터 제3호까지에 따른 장비가 유무선 인터넷과 연결된 경우에 한정한다), 5. 법 제23조의2 제1항에 따른 전자의무기록시스템(이하 "전자의무기록시스템") 보안에 관한 시설과 장비, 6. 전자의무기록 보존장소에 대한 다음 각 목의 어느 하나에 해당하는 물리적 접근 방지 시설과 장비 (가. 출입통제구역 등 통제 시설, 나. 잠금장치), 7. 의료기관(법 제49조에 따라 부대사업을 하는 장소를 포함한다) 외의 장소에 제1호에 따른 전자의무기록의 저장장비 또는 제3호에 따른 백업저장장비를 설치하는 경우에는 다음 각 목의 시설과 장비 (가. 전자의무기록 시스템의 동작 여부와 상태를 실시간으로 점검할 수 있는 시설과 장비, 나. 전자의무기록 시스템에 장애가 발생한 경우 제1호 및 제2호에 따른 장비를 대체할 수 있는 예비 장비, 다. 폐쇄회로 텔레비전 등의 감시 장비, 라. 재해예방시설).

경우에는 보건복지부장관이나 시장, 군수, 구청장이 의료기관에게 시정명령을 내릴 수 있다(의료법 제63조). 그리고 접속기록을 보관할 의무를 위반하면 500만 원 이하의 벌금에 처해진다(의료법 제90조).

4. 허위 작성 금지

> **의료법** 제22조(진료기록부 등) ③ 의료인은 진료기록부등을 거짓으로 작성하거나 고의로 사실과 다르게 추가기재·수정하여서는 아니 된다.

진료기록부가 환자의 치료와 의료의 적정성 판단을 위해 중요한 의미를 갖는 만큼, 의료인은 이를 거짓으로 작성하거나 고의로 사실과 다르게 추가기재하거나 수정해서는 안 된다.[155] 이를 위반한 의료인은 3년 이하의 징역이나 3천만 원 이하의 벌금에 처해지며(의료법 제88조), 의료인의 면허자격이 1년의 범위 내에서 정지될 수 있다(동법 제66조 제1항).

5. 환자의 기록열람권

> **의료법** 제21조(기록 열람 등) ① 환자는 의료인, 의료기관의 장 및 의료기관 종사자에게 본인에 관한 기록의 전부 또는 일부에 대하여 열람 또는 그 사본의 발급 등 내용의 확인을 요청할 수 있다. 이 경우 의료인, 의료기관의 장 및 의료기관 종사자는 정당한 사유가 없으면 이를 거부하여서는 아니 된다.

의료분쟁이 발생하는 경우 환자의 입장에서는 진료기록을 확보하는 것이 중요하다. 진료기록은 무엇보다 환자 자신에 관한 정보이다. 의료법은 환자가 자신에 관한 진료기록을 열람하고 사본 발급을 요청할 수 있도록 하는 근거 규정을 두고 있다.[156]

---

155 진료기록의 허위기재를 포함한 진료기록 '개작(改作)'에 관한 연구로는 손흥수, 「진료기록 개작, 부실기재 등과 의료과오소송 – 진료기록 개작 등에 대한 독립한 손해배상책임 인정에 관한 논의를 포함하여 –」, 1쪽 이하; 권양섭, 「전자의무기록 변개(變改)에 대한 형사책임과 대응방안」, 『원광법학』, 제31권 제1호, 2015, 179쪽 이하 참조.

156 이와 관련하여 보건복지부는 진료기록의 열람 및 사본 발급의 업무와 관련하여 「진료기록 열람 및 사본발급 업무 지침」을 마련하여 의료기관이 업무 수행에 참고하도록 하고 있다. 동 지침은 보건복지부, 『2022년 의료기관 개설 및 의료법인 설립 운영편람』 중 'Ⅲ. 진료기록 열람 및 사본발급 업무 지침'(동 편람 2013-248쪽)에서 확인할 수 있다.

환자가 이와 같이 진료기록부의 내용 확인을 요청하는 경우 의료인이나 의료기관은 정당한 사유가 없는 한 이를 거부할 수 없다. 만일 기록 열람을 거부하는 경우 500만 원 이하의 벌금에 처해지며(의료법 제90조), 보건복지부장관이나 시장·군수·구청장이 시정명령을 내릴 수 있다(동법 제63조).

IV. 입증부담

1. 입증의 의의와 대상

의료민사소송에서 의료인의 민사책임 인정 여부를 판단하기 위해서는 여러 증거들을 통해 민사책임의 기초가 될 사실들이 증명되어야 한다. 이러한 증명활동을 '입증'이라 한다. 의료민사소송에서 환자는 의사에게 채무를 이행하지 않았다는 점을 들어 채무불이행책임을 묻거나 아니면 불법행위를 했다는 점을 들어 불법행위책임을 물을 수 있다. 이때 두 책임의 성립 요건은 — 아래의 V 단락에서 상세히 설명하겠지만 — '① 의료사고로 인한 나쁜 결과의 발생, ② 나쁜 결과에 대한 의료인의 과실, ③ 과실과 나쁜 결과 사이의 인과관계'로 유사하다. 이러한 요건들이 입증되어야 의사에게 의료사고에 대한 민사책임이 인정될 수 있다. 사고의 발생은 통상 나쁜 결과를 통해 인지하게 된다는 점에서, 나쁜 결과가 존재한다는 점(요건①)에 대한 입증은 크게 어렵지 않을 것이다. 하지만 의사의 과실(요건②) 그리고 과실과 악결과 사이의 인과관계(요건③)에 대한 입증은 아래에서 설명하는 바와 같이 쉽지 않다.

2. 입증부담의 주체

> 의사가 환자에게 부담하는 진료채무는 질병의 치유와 같은 결과를 반드시 달성해야 할 결과채무가 아니라 환자의 치유를 위하여 (…) 필요하고 적절한 진료조치를 다해야 할 (…) 수단채무라고 보아야 하므로, 진료의 결과를 가지고 바로 진료채무 불이행 사실을 추정할 수는 없다(대판 2014다9939).

민사소송에서 입증부담이란 입증을 하지 못해서 주장이 받아들여지지 않을 위험을 안게 되는 것이다. 민사소송의 일반적인 원리에 따를 때 의료사고에서 입증의 부담을 짊어지는 건 통상 환자이다. 민사소송에서 채무불이행책임을 묻는 경우, 원고인

채권자는 피고인 채무자가 계약 내용을 이행하지 않았음을 입증해야 하고 피고인 채무자는 자신에게 과실이 없음을 입증해야 한다. 그런데 의료사고의 경우 환자가 채무불이행을 주장하면, 의사는 의료행위를 하지 않은 것이 아니므로 의료행위라는 채무를 이행했음이 분명하다고 항변할 것이다. 특히 우리 법원은 의료계약에서 의사의 채무는 치료라는 결과를 반드시 달성해야 하는 채무가 아니라 적절한 진료를 할 채무이므로, 나쁜 결과가 있었다는 점만으로 채무를 불이행했다고 추정할 수 없다고 본다(대판 2014다9939). 결국 의사의 의료행위가 있었다면 환자가 의료행위의 '불완전함'157을 주장하고 입증해야 한다. 다른 한편 불법행위책임의 경우에는 원고가 피고의 과실에 따른 위법행위가 존재하고 이로 인해 손해가 발생했음을 입증해야 함이 원칙이다. 즉, 환자가 과실과 인과관계를 모두 입증해야 한다. 결국, 의료사고의 경우, 의사에게 채무불이행책임을 묻건 아니면 불법행위책임을 묻건 간에, 실질적인 입증부담의 주체는 환자이다.158

[의료계약의 성격과 입증부담] 의료행위의 목표는 '환자의 건강을 완전하게 회복시키는 것'이라기보다 '최선의 치료'이다.159 즉, 의료계약에서 의사가 부담하는 채무는 결과채무가 아니라 '수단채무'이다. 그렇기 때문에 의료행위의 결과가 안 좋더라도 그것만을 들어 의사에게 채무불이행이 있다고 볼 수 없다. 환자가 의사에게 채무불이행책임을 물으면 의사는 '나는 불이행하지 않았다', '나는 의료행위를 분명히 했다'고 할 것이며, 결국 환자는 '하기는 했는데 완전하지 않았다', 즉 '불완전하다'는 점을 주장하고 이를 입증해야 한다.

---

157 여기서 채무의 불완전성이란 결국 의사의 과실의 존재 그리고 과실로 인해 좋지 않은 결과가 발생했다는 인과관계의 존재를 의미한다. 즉, 의료사고에서 환자가 채무불이행책임을 묻는 경우 과실과 인과관계에 대한 입증부담은 환자가 안게 된다.

158 이상돈·김나경, 『의료법강의』, 148쪽; 이와 관련하여 의료사고로 인한 소송의 경우 청구원인을 불법행위로 하건 채무불이행으로 하건 "의사 측에 대부분이 존재하는 증거의 편재현상" 및 "이로 인한 환자 측의 높은 패소가능성"이 존재한다는 사법연수원, 『특수불법행위법연구』, 286쪽 참조.

159 이러한 점에서 의료계약은 일의 완성이 목적인 도급계약보다는 타인이 부탁한 사무처리를 하는 위임계약에 가깝다고 설명하는 김나경, 『의료사고와 의료분쟁』, 5쪽; 이상돈·김나경, 『의료법강의』, 148쪽 참조; 같은 맥락에서 의료계약의 성격을 '준위임계약'으로 설명하는 김형배·김규완·김명숙, 『민법학강의』, 신조사, 2015, 1492쪽 참조; 그밖에 우리 법원은 하급심 판결에서 "피고는 진료계약에 따라 그 진료를 위임받았으면 선량한 관리자의 주의의무를 다하여 진료를 하여야 한다"(서울민사지방법원 1992.3.13. 선고 90가합45545 판결)고 하여 의료계약의 성격을 위임계약으로 파악한 바 있다(송영민, 「의료계약」, 『의생명과학과 법』, 원광대학교 법학연구소, 제28권, 2022, 63쪽).

3. 입증부담의 완화

(1) 입증의 어려움

> 의료행위는 고도의 전문적 지식을 필요로 하는 분야로서 전문가가 아닌 일반인으로서는 의사의 의료행위 과정에 주의의무 위반이 있는지 여부나 그 주의의무 위반과 손해 발생 사이에 인과관계가 있는지 여부를 밝혀내기가 매우 어려운 특수성이 있다(대판 2021다213316).

> 의료행위가 고도의 전문적 지식을 필요로 하는 분야이고 그 의료의 과정은 대개의 경우 환자 본인이 그 일부를 알 수 있는 외에 의사만이 알 수 있을 뿐이며 치료의 결과를 달성하기 위한 의료 기법은 의사의 재량에 달려 있기 때문에, 손해발생의 직접적인 원인이 의료상의 과실로 말미암은 것인지 여부는 전문가인 의사가 아닌 보통인으로서는 도저히 밝혀낼 수 없는 특수성이 있어서, 환자 측이 의사의 의료행위상의 주의의무 위반과 손해발생과 사이의 인과관계를 의학적으로 완벽하게 입증한다는 것은 극히 어려운 일이(...)다(대판 2004다52576).

의료민사소송에서 입증부담은 실질적으로 환자가 안게 되지만 환자가 의료민사책임의 성립 요건들을 입증하기는 매우 어렵다. 의료행위의 특성상 환자가 의료의 과정에서 어떤 일이 있었는지를 아는 것이 가능하지 않은 경우가 많기 때문이다.[160] 즉, 의료민사소송의 입증에서 환자와 의사는 실질적으로 불평등한 관계에 놓여 있다.

(2) 입증부담의 완화

민사법의 영역에서는 양 당사자 간에 입증의 부담이 불공평하게 분배되어 있다고 보이는 경우, 입증을 하기 어려운 당사자의 입증부담을 완화시켜 주는 법리를 발전시키기 시작했다.[161] 한 당사자의 입증부담이 완화된다는 건 거꾸로 다른 당사자의 입증부담이 강화된다는 것이므로, 입증부담을 완화하는 법리를 '입증책임을 사실상

---

[160] 의료사고에 기초한 소송에서 "환자 측은 어떤 진료행위가 있었는지조차도 알지 못하는 경우가 대부분"이며, 원활한 심리를 방해하는 가장 큰 요인은 "정보의 편재현상"이라고 지적하는 사법연수원, 『특수불법행위법연구』, 211쪽 및 206쪽 참조.

[161] 입증책임의 전환 법리는 특히 대량 생산을 통해 자동차와 같은 제조물을 생산해 내는 생산자와 이를 구매해서 사용하는 소비자와의 관계를 다루는 제조물책임의 영역에서 발전했다; 의료소송에서 우리 법원의 입증부담 완화에 대한 소개로 김민규, 「우리나라 의료과실과 인과관계의 증명책임에 관한 판례 법리의 검토」, 『법학논총』, 조선대학교 법학연구소, 제21권 제3호, 2014, 129쪽 이하; 석희태, 「의료과실 판단기준에 관한 학설·판례의 동향」, 『의료법학』, 창간호, 2000, 330쪽 이하 참조.

전환'하는 법리라고도 말한다. 의료사고와 관련해서도 우리 법원은 입증을 하기 어려운 약자라고 할 수 있는 환자를 위해 입증부담의 완화 법리를 발전시켜 왔다.

1) 과실과 인과관계의 입증부담 완화

> 의료행위상 주의의무 위반으로 인한 손해배상청구 사건에서 피해자 측이 일련의 의료행위 과정에서 저질러진 일반인의 상식에 바탕을 둔 의료상 과실 있는 행위를 증명하고 그 결과 사이에 일련의 의료행위 외에 다른 원인이 개재될 수 없다는 점을 증명한 경우에는 의료상 과실과 결과 사이의 인과관계를 추정하여 손해배상책임을 지울 수 있도록 증명책임을 완화하는 것이 대법원의 확립된 판례이다(대판 2019다270866).

의사의 과실 및 과실과 나쁜 결과 사이의 인과관계에 대한 입증은, 원칙적으로는 의사가 의료행위의 과정에서 구체적으로 무엇을 잘못했는지 그리고 그러한 잘못과 나쁜 결과 사이에 어떠한 인과관계가 존재하는지에 대한 의학적인 설명을 통해 이루어져야 한다. 하지만 우리 법원은 환자의 입증부담을 다음과 같이 완화한다: ① **과실의 입증** 의료인의 과실에 대한 환자 측의 증명은 어디까지나 "일반인의 상식에 바탕을 두"는 것으로 충분하다(대판 2019다270866).[162] ② **인과관계의 입증** 환자는 의료인의 행위(과실)와 나쁜 결과 사이에 — 구체적으로 어떠한 연관관계가 '있는지'를 증명할 필요는 없고 — 어떤 '다른 원인이 없다'는 점만 증명하면 된다.[163] 이러한 점만 증명되면 의료상 과실과 결과 사이의 인과관계가 추정된다.

2) 구체화: 간접사실의 입증

① 간접사실에 의한 추정

> 의료행위는 (...) 주의의무 위반이 있는지나 (...) 인과관계가 있는지를 밝혀내기가 극히 어려운 특수성이 있다. 따라서 문제 된 증상 발생에 관하여 의료 과실 이외의 다른 원인이 있다고 보기 어려운 간접사실들을

---

162 이를 의료민사책임에서 의료과실의 개념이 "상식적 의료과실" 개념으로 변용된다고 소개하는 이상돈·김나경, 『의료법강의』, 136쪽 참조; 같은 취지의 대법원 판례(대법원 1995.2.10. 선고 93다52402 판결)의 의미를 둘러싼 논의에 대해서는 안법영, 「의료사고의 불법행위책임」, 『법학논집』, 고려대학교 법학연구소, 제33집, 1997, 271쪽 이하; 한태일, 「의료소송상 환자보호를 위한 방안의 검토 – 입증부담의 경감방안 및 적극적 위자료 인정의 필요성을 중심으로 – 」, 『법학논집』, 제21권 제4호, 2017, 71쪽 이하 참조; 그밖에 '일반인의 상식'이라는 기준에 대한 비판에 대한 소개로 민국현·김동환, 「의료계약 법제화의 필요성에 관한 연구」, 『비교법연구』, 제24권 제1호, 2024, 89쪽 참조.

163 '구체적인 어떠한 원인의 존재'를 증명하는 것과 '결과를 발생시킬 만한 어떤 다른 원인들이 없다'는 것을 증명하는 것은 완전히 다른 것이다.

> 증명함으로써 그와 같은 증상이 의료 과실에 기한 것이라고 추정하는 것도 가능하다(대판 2016다 24491).

환자가 의사의 의료상 과실을 입증하기 어렵고 결과에 대한 직접적 원인도 입증하기 어려울 때, 법원은 보다 구체적으로는 환자가 결과의 직접적인 원인 그 자체를 증명하는 것이 아니라 다른 원인이 있다고 보기 어렵다는 점을 뒷받침하는 여러 '간접사실'들을 입증하면 의사의 의료상 과실 및 인과관계를 추정한다.[164] 이렇게 추정이 되면 이제는 의료행위를 한 의사 측에서 환자에게 발생한 악결과가 의료상의 과실이 아닌 전혀 다른 원인으로 인한 것임을 입증해야 추정이 깨어진다(대판 93다 52402).

② 추정의 한계: 개연성

> 환자에게 발생한 손해에 관하여 의료상의 과실 이외의 다른 원인이 있다고 보기 어려운 간접사실들을 증명함으로써 그와 같은 손해가 의료상의 과실에 기한 것이라고 추정하는 것도 가능하지만, 그 경우에도 의사의 과실로 인한 결과발생을 추정할 수 있을 정도의 개연성이 담보되지 않는 사정들을 가지고 막연하게 중한 결과에서 의사의 과실과 인과관계를 추정함으로써 결과적으로 의사에게 무과실의 증명책임을 지우는 것까지 허용되는 것은 아니다(대판 2021다213316).

간접사실은 과실과 인과관계를 '직접' 증명하는 사실이 아니다. 그렇기 때문에 일정한 기준에 의해 간접사실에 의한 과실과 인과관계의 추정 범위를 제한하지 않는다면, 마치 의사에게 무과실의 입증책임을 지우는 것과 같은 결과가 될 수 있다. 환자의 입증 부담을 완화하는 것은 환자가 어떠한 입증도 하지 않아도 된다는 것이 아니라, 환자에게 직접 입증할 수 없는 사실에 대한 입증부담은 면해 주더라도 이러한 사실을 뒷받침할 수 있는 간접사실들에 대해서는 충분히 입증할 것을 요구하는 것이다. 법원은 간접사실에 기초하여 과실이나 인과관계를 추정하기 위해서는 환자가 제시한 간접 사실들이 의사의 과실과 결과 발생 간의 인과관계를 추정할 수 있을 정도의 개연성을 담보해야 한다고 본다.

---

164 이와 같이 간접사실에 기초해 주요사실을 추정하는 것을 민사소송법에서는 "일응의 추정" 또는 "표현증명"이라고도 한다(이시윤, 『신민사소송법』, 551쪽).

4. 사례 분석 (기초 판례: 대판 2009다54638)

1. 사실 관계

환자 X는 3살 때 선천성 척추측만증이 발견되어 진료를 받아오다가 2004. 11. 8. H 병원에 입원하여 척추측만증 교정 수술을 받게 되었다. 입원 당시 척추측만각은 66도였고 근력과 감각은 정상으로, 시행하는 수술은 당장의 신경학적 증상을 치료하기 위한 것이 아니라 척추측만 곡의 변형이 계속될 경우 향후 발생할 수 있는 신경학적 손상을 예방하기 위한 것이었다. 2004. 11. 12. 1차 수술이 이루어졌는데, 1차 수술 직후 X의 양쪽 하지 근력과 감각이 완전히 상실되는 증상이 나타났다. 이에 H 병원 의료진은 이 증상의 원인을 찾기 위해 2004. 11. 13. 2차 수술을 실시했으나 1차 수술 부위에서 혈종(핏덩어리)이나 척수의 압박손상은 관찰되지 않았고 수술 후에도 하지 근력과 감각은 정상으로 돌아오지 않았다. 그러자 의료진은 재차 수술 부위를 확인하기 위해 2004. 11. 15. 3차 수술을 실시했으나 수술 부위에 척수나 신경을 압박할 만한 혈종이나 출혈을 발견하지 못했다. 그 후 X의 양쪽 하지 근력과 감각이 일부 회복되었으나, 이 사안에 대한 제2심 변론이 종결될 때에는 X에게는 영구적으로 양쪽 하지 부전마비(전부 또는 일부 마비) 및 대소변 장애가 남아 있었다. 그리고 X는 보행이 불가능하며 침상 이동 능력도 저하된 상태여서, 여명기간 동안 휠체어에 의지하여 생활해야 하고 1일 12시간의 개호가 필요한 상태였다.

2. 쟁점[165]

이 사안의 환자 X가 H 병원에게 자신에게 발생한 악결과에 대한 민사책임을 묻기 위해서는 의료진의 과실 및 인과관계를 입증해야 한다. 다만, X가 의료진의 과실과 인과관계를 입증하기 위한 '직접적인' 근거를 제시하지 않더라도 이를 뒷받침할 수 있는 '간접사실'에 기초해 의료진의 민사책임이 추정될 수도 있다. 이 사안을 다룬 판결(대판 2009다54638)에서 대법원은 – 원심(제2심) 판결과 달리[166] – 간접사실에 기초해 의료진의 과실 및 인과관계가 추정될 수 있다고 보았다. 대법원은 의료진의 과실과 인과관계를 추정하는 논증을 어떻게 전개하였는가.

3. 문제 해결

① **간접사실에 의한 추정** 의료민사소송에서는 의사의 과실이 입증되어야 책임이 인정될 수 있다. 다만, 환자가 의사의 과실과 인과관계를 직접 입증하는 것은 극히 어려우므로, 과실과 인과관계를 간접적으로 뒷받침할 수 있는 구체적 사실들인 '간접사실'을 입증하면 과실과 인과관계가 추정될 수 있다.[167] ② **사안에의 적용** 이 사안에서 간접사실에 기초해 과실 및 인과관계를 추정하기 위해서는, 우선 척추측만증 교정술 후에 나타날 수 있는 하반신 마비의 원인에는 어떠한 것이 있는지를 탐색하고, 다음으로는 그러한 원인이 있었을 가능성을 뒷받침하는 간접사실이 있는지 검토해 보아야 한다. ②-1 **나쁜 결과의 원인 탐색** 척추측만증 교정술 후에 나타날 수 있는 하반신 마비의 원인으로 생각할 수 있는 점들은 다음과 같다. ⓐ 수술기구가 직접적으로 신경손상을 일으켰거나, ⓑ 과도한 교정(예를 들면 휜 것을 강한 힘을 주어 바로 세우려다가 너무 과하게 힘을 준 경우)으로 신경손상이 일어났을 수 있다. 또 ⓒ 이식골편(뼈조각)이 신경을

압박하거나 ⓓ 부정확한 위치에 고정기기가 삽입되어 신경을 압박할 수 있고, ⓔ 혈종이나 부종에 의해 신경압박이 일어나거나, ⓕ 대량 출혈로 인해 척수가 손상을 받게 될 수 있다. 이 사안의 경우에는 1차 수술 직후 시행된 검사에서 ⓒ 이식골편이 있거나 ⓓ 고정기기가 부정확한 위치로 삽입되었거나 ⓕ 과도한 출혈이 있었다고 보이지 않았다. 2차, 3차 수술에서도 ⓔ 신경압박을 일으킬 만한 혈종이나 부종이 발견되지 않았다. **②-2 간접사실의 확인** 그렇다면 일반적으로 척추측만증 교정술 후에 나타날 수 있는 하반신 마비의 여러 원인들 중, ⓐ와 ⓑ의 두 가지 가능성만이 남는다. 그런데 의사의 수술 과정에서의 과실에 해당한다고 할 수 있는 ⓐ와 ⓑ를 직접 입증하는 것은 어렵다. 다만 이 사안에서 대법원은 ⓐ와 ⓑ를 뒷받침하는 다음과 같은 간접사실들이 존재한다는 점을 이야기했다. 우선 (a) 환자의 양하지 마비장애는 1차 수술 직후에 나타난 것으로서 1차 수술 외에는 다른 원인이 개재하였을 가능성이 없고(수술과 악결과 발생의 "시간적 근접성"168), (b) 발생 부위가 1차 수술 부위와 일치하였다(수술 부위와 악결과 발생 부위의 '위치적 근접성'). 뿐만 아니라 (c) 환자는 1차 수술 전에 양하지의 근력과 감각이 정상이었고 이 수술은 당장의 신경학적 증상을 치료하기 위한 수술이 아니고 향후 발생할 신경학적 손상을 예방하기 위한 것이어서, 1차 수술을 전후하여 양하지 마비장애를 초래하기 쉬운 내적 요인을 가진 상태에 있었다고 보기 어려웠다(환자의 내적 요인 부재). 그 밖에도 법원은 다음과 같은 사실도 덧붙여 언급하였다. (d) 이 사안에서 병원은 1차 수술 과정에서 SSEP 검사(체성유발전위검사: 전기적 신호를 몸의 한쪽 끝에서 보내어 그 신호가 반대쪽에 제대로 전달되는지를 확인하는 검사)를 시행하였다. H 병원은 이 검사에서 특별한 이상 소견이 없었다고 하면서도 데이터가 손상되어 결과를 제출할 수 없다고 주장했다. 대법원은 H 병원이 SSEP 검사 결과를 제출하지 못하는 사유에 대한 설명을 쉽게 납득할 수 없다고 했다. **③ 과실과 인과관계의 추정** 법원은 앞에서 언급한 (a), (b), (c), (d)의 사정(즉, 간접사실들)을 종합하면, 1차 수술 직후에 환자에게 발생한 양하지 마비장애는, ⓐ 수술 중 수술기구에 의한 직접적인 신경손상이나 ⓑ 과도한 견인에 의한 신경손상으로 초래된 것으로 추정된다고 보았다. 뿐만 아니라 (d)에서 언급된 SSEP 검사는 불완전한 검사이기 때문에 설령 H 병원의 주장처럼 검사에서 특별한 이상 소견이 없더라도 과실 추정을 막을 수는 없다고 보았다. **④ 판례 소개** "비록 척추측만증 교정술 과정에서 원인을 정확하게 알 수 없는 합병증으로 양하지 마비장애가 발생할 수 있는 가능성이 없는 것은 아니지만", 제반 사정을 "종합하여 보면, 1차 수술 직후에 환자에게 발생한 양하지 마비장애는 결국 척추측만증 교정술 후에 나타날 수 있는 하반신 마비의 원인 중에서 수술 중 고정기기나 수술기구에 의한 직접적인 신경손상이나 과도한 교정(신경견인)에 의한 신경손상에 의하여 초래된 것으로 추정할 수 있는 개연성이 충분하다."

---

165 이 사안에서는 여러 쟁점들이 문제 되지만, 여기서는 이 단락에서 다루는 '입증부담의 완화'와 관련한 쟁점만을 다룰 것이다.

166 이 사안의 제1심과 제2심에서는 모두 환자 측이 패소하였으나 대법원은 이와는 달리 의사 측의 과실과 인과관계가 추정된다고 보아 원심 판결을 파기하였다.

167 아래의 Ⅴ.민사책임 단락에서도 설명하는 것처럼, 과실과 인과관계의 판단은 명확히 구별되기 어려운 경우가 종종 있다. 이 사안에 대한 대법원 판결에서도 과실과 인과관계에 대한 추정은 그렇기 때문에 명확히 구별되어 이루어지지는 않은 것으로 보인다.

V. 민사책임

1. 의의

의료사고가 발생한 경우 환자가 묻는 민사책임에는 채무불이행책임과 불법행위책임이 있다.

(1) 채무불이행책임

> **민법** 제390조(채무불이행과 손해배상) 채무자가 채무의 내용에 좇은 이행을 하지 아니한 때에는 채권자는 손해배상을 청구할 수 있다. 그러나 채무자의 고의나 과실 없이 이행할 수 없게 된 때에는 그러하지 아니하다.

채무불이행책임이란 계약을 전제로 하는 책임으로, 계약의 상대방이 다른 상대방에게 이행하기로 약속한 채무를 고의나 과실로 이행하지 않은 것에 대해 묻는 책임이다. ① **채무의 불이행** 「민법」 제390조 제1문은 채무불이행책임의 요건으로 우선 채무자가 "채무의 내용에 좇은 이행을 하지 아니"했을 것을 요청한다. 의료사고는 의사가 환자에게 치료를 하기로 약속했는데 치료가 기대했던 대로 이루어지지 못하였고 오히려 좋지 않은 결과(이른바 악결과)가 발생한 경우이다. 즉, 의료사고에서는 채무가 '불완전하게' 이행되었다고 할 수 있는데, 이는 채무불이행의 여러 유형 중 '불완전이행'에 해당한다. ② **고의나 과실** 「민법」 제390조 제2문은 채무를 "채무자의 고의나 과실 없이 이행할 수 없게 된 때"에는 채무자에게 손해배상을 청구할 수 없다고 규정한다. 즉, 채무자의 '고의나 과실'은 채무불이행의 또 다른 요건이다. 다만, 의료사고의 경우 의사가 의도적으로 환자에게 악결과를 발생시키는 경우는 거의 없으므로, 의료사고에서는 일반적으로 '의사의 과실'이 채무불이행책임의 성립 요건이 된다. ③ **'과실 – 결과' 사이의 인과관계** 「민법」 제390조 제2문은 '채무를 이행할 수 없게 된 것이 채무자의 과실로 인한 것이어야 한다'는 의미도 담고 있다. 이러한 '과실과 채무불이행과의 관련성'은 법적 '인과관계'를 의미한다. 이러한 ①, ②, ③의 요건들이 모두 충족되면 환자는 의사에게 의료사고에 기초해 손해배상을 청구할 수 있다.

---

168 유현정·서영현·이정선·이동필, 「2011년 주요 의료 판결 분석」, 『의료법학』, 제13권 제1호, 2012, 213쪽.

(2) 불법행위책임

1) 요건

> **민법** 제750조(불법행위의 내용) 고의 또는 과실로 인한 위법행위로 타인에게 손해를 가한 자는 그 손해를 배상할 책임이 있다.

의료사고가 발생한 경우 환자가 의사에 대해 물을 수 있는 또 다른 종류의 민사책임은 불법행위책임이다. 불법행위란 '고의나 과실로 위법한 행위를 해서 타인에게 손해를 가하는 행위'이다. ① **손해의 발생** 「민법」 제750조에서는 불법행위책임을 묻기 위해서는 '타인에게 손해가 발생'해야 한다고 규정한다. 의료사고에서는 환자에게 좋지 않은 결과라는 손해가 발생하였다. ② **고의 · 과실로 인한 위법행위** 다음으로 행위자의 고의나 과실로 인한 위법행위가 있어야 한다. 의료사고의 경우 앞서 언급한 것처럼 의사에게 고의가 있었던 경우는 거의 생각하기 어려우므로 의사의 과실이 인정되어야 한다. 과실로 인한 위법행위란 의사의 부주의로 인해 법질서가 허용하지 않는 타인의 재산적 · 비재산적 이익을 침해하는 행위이다. ③ **'과실 − 손해' 사이의 인과관계** 손해는 과실로 인한 위법행위로 발생한 것이어야 한다. 즉, 의사의 과실로 인한 위법행위와 환자에게 발생한 좋지 않은 결과인 손해 사이에 '인과관계'가 있어야 한다.

2) 채무불이행책임과의 비교

> **민법** 제751조(재산 이외의 손해의 배상) ① 타인의 신체, 자유 또는 명예를 해하거나 기타 정신상 고통을 가한 자는 재산 이외의 손해에 대하여도 배상할 책임이 있다.

> **민법** 제752조(생명침해로 인한 위자료) 타인의 생명을 해한 자는 피해자의 직계존속, 직계비속 및 배우자에 대하여는 재산상의 손해 없는 경우에도 손해배상의 책임이 있다.

의료사고에 기초해 의사에게 묻게 되는 채무불이행책임이나 불법행위책임의 요건은 — 앞에서 검토한 것처럼 — 악결과, 의사의 과실, 악결과와 과실 사이의 인과관계로 거의 동일하다. 환자는 의사에게 채무불이행책임과 불법행위책임 중 무엇이라도 선택적으로 물을 수 있다.[169] 하지만 소송실무에서는 의사에게 주로 불법행위책임을

---

169 "채무불이행으로 인한 손해배상청구권과 아울러 (...) 불법행위로 인한 손해배상청구권" 중 "어느 쪽의 손

묻는 경우가 많다. 그 이유는 불법행위의 경우 민법에서 정신적 손해배상(위자료)에 대한 명시적 근거 규정을 두고 있기 때문이라고 볼 수 있다. 불법행위책임의 일반적 요건을 규정하는 「민법」 제750조의 뒤를 나란히 잇고 있는 「민법」 제751조 제1항은 타인의 신체를 해하거나 기타 '정신상 고통'을 가한 자는 재산 이외의 손해도 배상할 책임이 있다고 규정한다. 「민법」 제752조는 특히 타인의 '생명'을 침해한 경우에는 그 타인의 가족이 입게 된 정신적 고통에 대해서는 재산상 손해가 없더라도 배상해야 한다고 규정한다.

2. 의료상 과실

의료사고가 발생한 경우 의사에게 채무불이행책임이나 불법행위책임을 묻기 위해 요청되는 의사의 의료상 과실은 무엇이며 그 인정 여부는 어떻게 판단하는가.[170]

(1) 의의

1) 최선의 진료의무

> 의사가 진찰·치료 등의 의료행위를 할 때 사람의 생명·신체·건강을 관리하는 업무의 성질에 비추어 환자의 구체적인 증상이나 상황에 따라 위험을 방지하기 위하여 요구되는 최선의 조치를 취하여야 할 주의의무가 있(...)다(대판 2021다213316).

> 의료진은 (...) 최선의 조치를 취하여야 할 주의의무를 부담한다. 의료진이 환자의 기대에 반하여 환자의 치료에 전력을 다하지 않은 경우에는 업무상 주의의무를 위반한 것이라고 보아야 한다(대판 2018다10562).

민법에서는 과실을 '(거래상 요구되는) 주의의무 위반'이라고 표현한다.[171] 그렇다면

해배상청구권이라도 선택적으로 행사할 수 있다"고 보면서 채무불이행과 불법행위로 인한 손해배상청구권의 경합을 긍정하는 대법원 1983.3.22. 선고 92다카1533 판결 참조; 양 책임의 경합에 대한 설명으로 김준호, 「채권법」, 법문사, 2019, 784쪽 참조.

170 앞에서 검토한, 의료사고에 기초한 민사책임의 세 가지 요건인 ① 좋지 않은 결과 또는 손해, ② 과실, ③ 인과관계 중 ①의 요건은 의료사고가 발생했다고 말할 때 이미 어느 정도 분명히 드러나 있다고 할 수 있으므로(즉, 의료사고의 발생은 통상 나쁜 결과를 통해 인지하므로), 이 요건의 구체적인 의미에 대해서는 따로 다루지 않고 ②와 ③의 요건을 차례로 다룰 것이다.

171 '과실'이란 좀 더 구체적으로는 "부주의로 말미암아 타인에게 위법한 침해가 발생한다는 것을 알지 못하고서 어떤 행위를 하는 심리상태"이다(김준호, 「채권법」, 787쪽).

의료상 과실은 '의사가 의료행위를 행함에 있어서 기울여야 하는 주의를 충분히 기울이지 않은 것'이다. 법원은 사람의 생명·신체·건강 관리라는 의료업무의 속성상 의사는 "환자의 구체적인 증상이나 상황에 따라 위험을 방지하기 위해 필요한 최선의 조치"를 취해야 한다고 판시한다(대판 2021다213316). 즉, 필요한 '최선의 조치'를 하는 것이 의사가 기울여야 할 주의의 내용이다.[172] 법원은 덧붙여 '일반적으로 환자가 의사에 대해 갖게 되는 합리적인 기대'에 반하는 것을 주의의무 위반의 내용으로 설명하기도 한다.

2) 예견가능성 및 회피가능성

> 진단상의 과실 유무를 판단할 때에는 해당 의사가 (...) 위험한 결과 발생을 예견하고 이를 회피하는 데에 필요한 최선의 주의의무를 다하였는지 여부를 따져 보아야 한다(대판 2020다217533).

의사의 주의의무는 보다 구체적으로는 ① 결과 발생을 예견하고 ② 그 결과 발생을 피하기 위해 필요한 조치를 할 의무를 말한다. 즉, 위험에 대한 '예견가능성'과 '회피가능성'이 있었는데도 이를 예견하지 못하고 회피하지 못했으면 주의의무를 위반한 것이다.

(2) 판단 기준 1: 보편적 임상의료

1) 의의

> 의사의 이와 같은 주의의무는 의료행위를 할 당시 의료기관 등 임상의학 분야에서 실천되고 있는 의료행위의 수준을 기준으로 판단하여야 (...) 한다(대판 2022다264434).

> 의료사고에 있어서 의료인의 과실은 그와 같은 업무와 직무에 종사하는 사람이라면 보통 누구나 할 수 있는 주의의 정도를 표준으로 하여 과실 유무를 논하여야 한다(대판 98다21403).

의사의 주의의무가 보다 구체적으로 어떤 내용을 갖는지는 개별적인 의료 상황에 따라 모두 다를 것이다. 다만, 법원은 의사가 기울여야 하는 주의의 정도가 어느

---

172 이러한 점에서 법원은 "의사가 행한 의료행위가 그 당시의 의료 수준에 비추어 최선을 다한 것으로 인정되는 경우에는 주의의무를 위반한 과실이 있다고 볼 수 없다"고 판시한 바 있다(대법원 1994.4.26. 선고 93다59304 판결).

정도여야 하는지에 대한 대략적인 기준은 제시한다. ① **임상의료의 수준** 의사의 주의의무 위반 여부는 현재 "임상의학 분야에서 실천되고 있는 수준"에 상응하는 정도의 주의를 기울였는가를 기준으로 판단해야 한다(대판 2022다264434).[173] ② **통상의 다른 의사** 달리 표현하면, 의사는 "같은 업무와 직무에 종사하는" 통상의 다른 의사라면 기울일 수 있는 정도의 주의를 기울여야 한다(대판 98다21403).

2) 사례 분석 (기초 판례: 대판 2005다11688)

1. 사실관계

환자 X는 산부인과에서 출산을 하였는데, 출산 직후 태반(태아와 모체 사이의 물질교환이 이루어지도록 한 기관)이 자연적으로 배출되지 않자 이를 인공적으로 제거하는 태반용수제거술을 받았다. 수술 이후 X에 대해 두 차례에 걸쳐 초음파 검사가 이루어졌는데 검사 결과 자궁에서 8.6cm 정도의 종괴음영(덩어리 모양의 음영)이 발견되었다. 또한 수술 이후 X는 계속해서 질 출혈과 복통을 호소했다. 이러한 상황에서 의사 A는 더 이상 정밀한 확인검사를 거치지 않고 X에게서 발견된 종괴를 자궁근종으로 진단했다. 하지만 초음파에서 보여진 이 종괴는 사실은 태반용수제거술의 후유증인 잔류태반이었으며, 이로 인해 X는 자궁내막염을 앓게 되었다.

2. 쟁점[174]

이 사안에서 의사 A가 X의 잔류태반을 자궁근종으로 잘못 진단한 것이 의료상 과실에 해당하는가.

3. 문제 해결

① **과실 판단의 기준: 보편적 임상의료** 의사의 의료상 과실이란 좋지 않은 결과에 대한 예견가능성과 회피가능성을 그 내용으로 한다. 그리고 이에 대한 판단은, 의사의 의료행위가 임상의학 분야에서 실천되고 있는 수준으로 이루어졌는지 또는 의사가 같은 업무에 종사하는 다른 의료인이 통상 기울이는 정도의 주의를 기울였는지를 기준으로 판단한다. ② **사안에의 적용** 태반용수제거술을 하는 경우에는 산욕기(분만 후 회복기)에 발열, 질 출혈, 복통 등의 증상이 나타날수 있다. 이 증상은 잔류태반의 주요한 증상이라는 것이 산부인과 전문의 사이의 일반적인 의학지식이다. 또한 태반용수제거술을 하는 경우 태반 조각이 자궁 내에 잔류하는 것은 드문일이 아니다. 이 사안에서 산모는 태반용수제거술 이후 계속해서 질 출혈과 복통 증상을 호소했으며 더 나아가 초음파 검사 결과 종괴음영이 나타났다. 그렇다면 일반적인 의학지식에 비추어볼 때 통상의 의사라면 산모에게 잔류태반이 있을 것이라는 점을 충분히 예견할 수 있었고(예견가능성), 이에 기초하여 적절한 조치를 취했다면 X는 자궁내막염을 앓지 않았을 것이다(회피가능성). 따라서 이 사안에서 의사가 잔류태반을 자궁근종으로 잘못 진단한 것은 의료상 과실에 해당한다. ③ **판례 소개** "산욕기에 나타나는 발열, 질 출혈, 복통 등은 잔류태반의 주요한

---

173 이러한 의료과실의 판단 기준에 대해서는 사법연수원, 『특수불법행위법연구』, 244쪽 이하; 이상돈 · 김나경, 『의료법강의』, 131쪽 이하 참조.

증상이라는 산부인과 전문의 사이의 일반적인 의학지식과 위에서 본 바와 같이 태반용수제거술을 시행할 경우 태반 조각이 자궁 내에 잔류하는 것이 드문 일이 아니라는 점에 비추어 볼 때, 태반용수제거술을 받은 산모가 산욕기에 위와 같은 증상을 호소한다면 의사로서는 마땅히 잔류태반의 가능성을 의심하고 그에 따른 적절한 조치를 취하여야 할 의무가 있다 할 것이다.(...) 피고로서는 위 종괴가 잔류태반임을 충분히 예견할 수 있는 상황이었음에도 불구하고 자궁근종이 라고 잘못 진단하는 바람에 잔류태반일 경우에 대비한 아무런 조치도 취하지 아니하(...)고, 그로 인하여 자궁내막염이라는 예기치 못한 결과를 당하는 고통을 입게 하였(...)다."

(3) 판단 기준 2: 진료환경 등 규범적 고려요소

1) 의의

의사의 이와 같은 주의의무는 의료행위를 할 당시에 의료기관 등 임상의학 분야에서 실천되고 있는 의료행위의 수준을 기준으로 삼되, 그 의료 수준은 통상의 의사에게 의료행위 당시 일반적으로 알려져 있고 또 시인되고 있는 이른바 의학상식을 뜻하므로, 진료환경 및 조건, 의료행위의 특수성 등을 고려하여 규범적인 수준으로 파악해야 한다(대판 2021다213316).

의료기관의 진료환경이나 조건에 따라 의사나 의료기관이 실제 행할 수 있는 의료행위에는 차이가 있을 수 있다. 또한 의료행위가 이루어지는 상황이나 당해 의료행위의 특수성에 따라서도 의사나 의료기관이 행할 수 있는 조치의 범위에는 차이가 있을 수 있다. 그렇기 때문에 법원은 의사의 주의의무 위반 여부를 판단할 때, 의료사고 당시의 "진료 환경 및 조건, 의료행위의 특수성" 등을 고려한다(대판 2002도45185).

[과실 판단에서의 규범적 고려사항] ① 의료기관의 규모 예를 들어 의료기관이 의원급에 해당하는 1차 의료기관인지, 아니면 병원급이나 종합병원급 의료기관인지에 따라, 의사가 할 수 있는 조치에는 차이가 있을 수 있다.[175] ② 의료행위의 특성 및 행위 주체의 전문성 의료행위의 속성과 의료행위가 이루어지는 상황을 고려할 때, 전문의가 아닌 일반의에 대해 전문의와 항상 동일한 주의의무를 부과할 수는 없는 경우도 있다. 대법원은 교통사고 응급환자가 긴장성 기흉이라는 호흡곤란의 한 증상으로 사망한 사안에서, 의사가 야간응급실에서 간호사 두 명과

---

174 이 사안에서는 - 태반용수제거술의 후유증에 대해 환자에게 설명하지 않은 설명의무의 위반 등 - 여러 쟁점 들이 문제 되지만, 여기서는 이 단락에서 다루는 의료상 과실과 관련한 쟁점만을 다룰 것이다.

175 이상돈 · 김나경, 『의료법강의』, 132쪽.

방사선사 한 명밖에 없는 상태에서 '혼자' 당직 근무를 하고 있었고 또 전공의가 아닌 일반의였는데 이러한 점을 고려하지 않고 과실을 인정한 원심판결을 파기한 바 있다[176]: "전문의가 아닌 일반의이고, 혼자 야간응급실의 당직근무를 하고 있었으므로 그의 과실 유무를 판단함에 있어서는 전문의가 아닌 일반의를 표준으로 하고, 당시의 진료 환경 및 조건, 야간응급의료의 특수성을 고려하여야 할 것이다".[177]

2) 전원의무

의료상 과실 판단에 의료기관의 진료 환경이 고려되기는 하지만, 그렇다고 해서 의사나 의료기관이 늘 진료환경이나 조건의 미비에 기초해 면책될 수 있는 것은 아니다. 의료기관의 물적 상황, 즉 설비나 그 밖의 여러 가지 사정으로 인해 의사가 필요한 조치를 할 수 없는 경우, 법원은 당해 의사가 환자를 그러한 조치를 할 수 있는 다른 의료기관으로 신속히 "전원시켜야 할 의무"[178]가 있다고 본다. 특히 정확히 진단해서 조기에 발견하는 것이 중요한 질환의 경우 그 질환이 의심된다면 의사에게는 스스로 이러한 처치를 하지 못할 때 처치가 가능한 의료기관으로 환자를 '신속히 전원시킬 의무'가 있다.

3) 사례 분석 (기초 판례: 대판 98다12270)

1. 사실관계

환자 X는 골절로 인해 병원에 입원하여 담당의사 A로부터 정형외과 수술을 받았다. 수술 후 계속 입원 중이던 X에게 입원한 지 약 1달이 조금 안 되는 기간이 경과한 1995. 4. 24. 2차 감염을 일으킬 수 있는 항문 주위의 염증이 발생했다. 그리고 다음 날인 25일 X는 38도 이상의 발열 증세를 보였고, 설사와 구토 증세도 나타났다. 그 다음 날인 26일 아침 8시엔 항문 주위에서 세포가 죽어가는 괴사증상이 나타났고, 이날 오후 X는 뒤늦게 다른 병원으로 옮겨졌지만 – 이미 장기에 패혈증이 퍼져 있었고 – 패혈증으로 인한 쇼크사로 사망하였다. 이에 X의 가족은 A를 상대로 민사소송을 제기하였다.

2. 쟁점[179]

의사 A는 환자 X의 패혈증을 치료하면서 요구되는 주의의무를 다하였는가. 특히 의사 A가 환자 X를 항문 주위 염증, 발열 등 증상이 나타난지 며칠 뒤에야 다른 병원으로 옮긴 것이 의료상 과실에 해당하는가.

---

176 이 사안은 김나경, 『의료사고와 의료분쟁』, 41쪽에서 간략히 소개한 바 있다.
177 대법원 1999.11.23. 선고 98다21403 판결.
178 대법원 1998.7.24. 선고 98다12270 판결.

3. 문제 해결

① **과실판단의 기준: 보편적 임상의료** 패혈증은 정확히 진단하고 조기에 발견하여 치료하는 것이 중요한 질환으로, 일단 패혈증이라는 의심이 들면 의사는 우선 환자에게 광범위 항생제를 투여한 후 혈액배양검사를 실시하여 원인균을 밝혀내야 하며 그 원인균에 대한 적절한 항생제를 처방하여 투여하는 것이, 치료 당시 표준적인 교과서 기타의 의학문헌을 통해 '임상의학분야에서 통상의 의사에게 일반적으로 알려진 의학기술'이다. 이 사안에서 입원 중인 X에게 38도 이상의 발열 등 패혈증의 증후가 보였다면, 의사에게는 '곧바로' 패혈증을 의심하고 그에 대한 처치(혈액검사, 항생제 교체 내지 투여량 증가 등의 조치)를 시작할 의무가 있다. ② **전원의무** 더 나아가 A는 만일 이러한 처치를 자신의 병원에서 할 수 없다면 X를 그러한 처치가 가능한 종합병원으로 '신속하게' 전원시켜 패혈증 쇼크로 인한 사망결과를 피하기 위해 최선을 다할 주의의무가 있다. ③ **사안에의 적용** 이 사안에서 A는 X에게 패혈증 증후가 보였음에도 이에 대해 필요한 조치를 취하지 않았으며, 만일 그러한 조치가 소속 병원에서 가능하지 않았다면 X를 신속히 다른 병원으로 옮겨야 했는데(전원의무) 증후 발생을 확인 후 신속히 전원시키지 않았다. 그러므로 A에게는 패혈증 치료에 대한 주의의무 위반이 인정된다. ④ **판례 소개** "의사(…)로서는 망인에게 38℃ 이상의 발열이 있는 등 패혈증의 증후가 보일 때 곧바로 패혈증을 의심하고 그에 대한 처치를 시작하거나 그러한 처치가 가능한 종합병원으로 신속히 전원시킴으로써 패혈증 쇼크로 인한 사망이라는 결과를 회피하기 위하여 최선을 다할 주의의무가 있음에도 이를 위반한 잘못이 있다."

(4) 판단 기준 3: 의사의 재량

1) 의의

의사는 진료를 하면서 환자의 상황, 당시의 의료 수준과 자신의 지식·경험에 따라 적절하다고 판단되는 진료방법을 선택할 수 있다. 그것이 합리적 재량의 범위를 벗어난 것이 아닌 한 진료 결과를 놓고 그중 어느 하나만이 정당하고 이와 다른 조치를 취한 것은 과실이 있다고 할 수는 없다(대판 2017다203763).

의사가 환자를 치료하는 방식에는 여러 가지가 있을 수 있다. 치료를 위해 어떠한 의료기법을 선택할 것인지는 "의사의 재량에 달려 있다".[180] 만일 의사가 여러 가능한 치료방식 중 한 가지의 치료방식을 선택했고, 이러한 선택이 의사의 합리적 재량

---

179 이 사안에서는 여러 쟁점들이 문제 되지만, 여기서는 이 단락에서 다루는 의료상 과실과 관련한 쟁점만을 다룰 것이다.

180 대법원 2003.1.24. 선고 2002다3822 판결.

범위 내에 있다면, 의사는 자신의 주의의무를 다한 것이라고 할 수 있다. 즉, 의사가 여러 선택 가능성 중 자신이 선택한 방법 외에 다른 방법을 택하지 않았다고 해서 주의의무를 위반하는 것은 아니다. 이때 선택에서의 '합리적 재량'의 범위는 환자의 상황, 당시의 의료 수준, 의사의 지식경험 등을 기초로 정해진다.[181]

2) 사례 분석 (기초 판례: 대판 2007다75396)

1. 사실관계

환자 X는 패혈증의 원인균인 엔테로박테리아에 감염되어 의사 A에게서 치료를 받았다. 의사 A는 환자 X의 상처부위 감염에 대한 항생제 감수성 검사(어떤 항생제가 실제 세균의 성장을 억제할 수 있는가에 대한 검사)를 시행했는데, 검사 결과 엔테로박테리아에 대해 이미페넴이라는 항생제가 감수성이 있다고 나타났다. 하지만 의사 A는 환자 X에게, 항생제 감수성 검사를 마친 이미페넴이라는 항생제를 투여하지 않고 동일한 특성을 가지는 동일 계열의 항생제인 메로페넴을 투여했다. 환자 X는 항생제 투약 등의 치료를 받는 과정에서 사망하였다.

2. 쟁점[182]

의사 A가 환자 X에게 감수성 검사를 마친 항생제인 이미페넴을 투여하지 않고 동일 계열의 항생제인 메로페넴을 투여한 것에 기초해 A에게 의료상 과실을 인정할 수 있는가.

3. 문제 해결

① **과실 판단의 기준: 의사의 재량** 의료 경험칙상 동일 계열 항생제는 동일한 특성을 가지고 있어 동일 계열 항생제를 사용하면 동일한 약리작용을 얻을 수 있다고 봄이 일반적이다. 즉, 의사가 항생제 감수성 검사 결과 감수성이 있다고 보인 항생제와 동일 계열에 해당하는 다른 항생제를 사용하는 것은 - 별도의 항생제 감수성 검사를 시행해야 할 특별한 사정이 없는 한 - 의사의 합리적 재량의 범위 내에 있는 행위이다. ② **사안에의 적용** 이미페넴과 메로페넴은 모두 카바페넴이라는 동일 계열의 항생제이다. 따라서 항생제 감수성 검사 결과 이미페넴에 감수성이 있다고 나타났더라도 - 메로페넴 항생제에 대해 별도로 항생제 감수성 검사를 시행하여야 한다고 볼 만한 사정이 없는 한 - 이미페넴 대신 메로페넴을 계속 투약한 것만을 두고 의사에게 치료에 관한 주의의무를 위반할 정도의 과실이 있었다고 볼 수 없다. 이 사안의 제2심 법원은, 이미페넴을 투여하지 않고 별도의 항생제 감수성 검사가 이루어지지 않은 메로페넴을 투여한 것을 의사의 의료상 과실이라고 판단하였다. 하지만 대법원은 이러한 원심의 판단을 위법하다고 보며, 의사 A에게 의료상 과실이 있다고 단정할 수 없다고 보았다. ③ **판례 소개** "이미페넴과 메로페넴이 동일 계열의 항생제임에도 별도로 항생제 감수성 검사를

---

181 예를 들어, 교과서에 기재된 내용에 따른 의료행위를 했다면 다른 교과서에서의 기재와 다르더라도 특별한 사정이 없는 한 재량의 범위 내의 행위로 인정될 수 있을 것이라고 설명하는 사법연수원, 『특수불법행위법연구』, 247쪽 참조.

시행하여야 한다고 볼 만한 사정이 없는 한 항생제 감수성 검사 결과 엔테로박테리아에 이미페넴에 감수성이 있다고 나타났다고 하더라도 이미페넴 대신 메로페넴을 계속 투약한 것만을 가지고 의사에게 요구되는 치료에 관한 주의의무를 위반할 정도의 과실이 있다고 단정할 수 없다."

3. 인과관계

의사에게 의료사고에 대한 채무불이행책임이나 불법행위책임을 묻기 위해서는, 의사의 의료상 과실과 환자에게 발생한 좋지 않은 결과 사이에 '인과관계'가 인정되어야 한다.

(1) 의의

① **반복가능성** 민사책임의 기초가 되는 인과관계란 '객관적으로 보았을 때 앞의 사실이 있다면 뒤의 결과가 초래'되는 것을 말한다.[183] 달리 말하면 인과관계의 판단 기준은 문제 되는 사안과 동일한 사정하에서라면 같은 결과가 발생할 것이라는 "반복가능성"이다.[184] ② **상당인과관계** 특히 법원은 인과관계의 판단 기준이 되는 반복가능성의 '정도'와 관련하여, 문제 되는 행위가 경험칙상 결과의 발생에 대한 '상당한 조건'이 되는 경우에 법적 인과관계가 인정된다고 본다. 이를 법에서는 행위와 결과 사이의 "상당인과관계"[185]라고 말한다.[186] 물론 상당성의 의미 역시 여전히 분명치 않으며 개별 사안에서 구체화될 뿐이다.

[논리적 인과관계와 법적 인과관계] 인과관계란 말 그대로 원인과 결과 사이의 관련성이다. 논리적으로 또는 자연과학적으로 생각해 보면, 어떤 행위가 없었다면 결과가 발생하지 않았을 경우에

---

182 이 사안에서는 여러 쟁점들이 문제 되지만, 여기서는 이 단락에서 다루는 의료상 과실과 관련한 쟁점만을 다룰 것이다. 아울러 소개하는 사안에서 환자의 가족은 담당의사가 아닌 담당의사가 소속된 의료기관의 개설자를 상대로 손해배상을 청구하였으나, 이해의 편의를 위해 여기서는 피고인을 담당의사로 바꾸면서 사례를 다소 변형하여 기술하였음을 밝혀둔다.

183 그렇다면 의료사고의 경우에는 사안에서 문제 된 의료과실이 일반적으로 환자의 상해나 사망이라는 결과를 초래한다고 볼 수 있을 때 인과관계가 인정된다.

184 석희태, 「의료과오에서의 인과관계에 관한 연구」, 「연세법학연구」, 제2권 제1호, 1992, 296쪽.

185 대법원 2012.1.27. 선고 2009다82275 판결.

186 이를 '법적' 인과관계로서의 "구체적" 인과관계라고 설명하는 석희태, 「의료과오에서의 인과관계에 관한 연구」, 296쪽 참조.

인과관계를 인정할 수 있다. 그러나 그렇게 생각하면 결과에 대한 모든 원인의 가치를 동등하게 평가하게 되어 인과관계의 범위가 지나치게 확대된다. 즉, 아무리 작은 원인이라도 또는 연관관계가 희박한 원인이더라도 그 원인이 없으면 결과가 없게 되는 경우 인과관계가 인정될 수 있다. 예를 들어, 환자가 친구와 놀다가 친구가 환자를 밀어서 환자가 다리를 다치게 된 상황을 생각해보자. 환자가 치료를 위해 병원을 방문했는데 여기서 진료를 받다가 의료사고가 발생한 경우, 환자의 친구가 환자를 밀지 않았더라면 환자는 병원에 가지 않았을 것이고, 그러면 의료사고가 발생하지 않았을 것이다. 단순히 논리적으로만 따져보면 환자의 친구도 환자의 의료사고에 대해 원인을 제공하였다. 즉, 환자의 친구가 환자를 민 행위와 의료사고로 인한 환자의 손해 사이에 인과관계가 존재한다고 볼 수 있다. 그렇기 때문에 '법적' 인과관계를 확정할 때는 인과관계를 인정하는 범위를 합리적 기준에 따라 제한해야 한다.

(2) 예견가능성과 회피가능성

1) 의의

'예견가능성'과 '회피가능성'은 인과관계의 인정 여부를 판단하는 중요한 기준이 된다.[187] 즉, 의사가 어떤 위험을 예견하지 못하고 또 그래서 위험을 피하지 못하게 됨으로써 좋지 않은 결과가 발생하는 경우 인과관계가 인정된다. 이러한 '예견가능성'과 '회피가능성'은 — '의료상 과실'에 관한 앞의 설명에서 보았듯 — 의사에게 주의의무 위반이 인정되는지, 즉 과실이 있었는지를 판단하는 기준으로도 활용된다. 특히 아래의 사례 분석에서 소개하는 사안에서처럼 환자의 특이체질이 문제 되는 경우에는 예견가능성과 회피가능성이 인과관계의 판단 기준이 되는 경우가 많다.

[과실과 인과관계 판단의 관련성] 환자가 의사에게 의료사고에 대한 법적 책임을 물을 때 환자는 '당신이 위험을 충분히 예견하고 그럼으로써 그 위험을 피할 수 있었는데 그러지 못했다. 그게 바로 당신의 과실이다'라고 주장할 것이다. 그런데 이러한 과실의 내용은 인과관계의 문제와 완전히 분리되어 있는 것이 아니다. 왜냐하면, 환자가 의사의 과실 인정 근거인 주의의무의 내용에 대해 이야기할 때 환자는 자신에게 발생한 좋지 않은 결과와 '관련되어 있는' 주의의무를 이야기할 텐데, 이 관련성이 바로 '인과관계'를 의미하기 때문이다. 그렇기 때문에 과실과 인과관계의 판단 기준은 경우에 따라서는 동일하거나 또는 양자가 명확히 분리되지 않을 때가 많다.

---

187 예견가능성과 회피가능성을 한편으로는 주의의무 위반의 내용으로 그리고 다른 한편 인과관계의 요소로 설명하는 이상돈 · 김나경, 『의료법강의』, 145쪽 참조.

2) 사례 분석 (기초 판례: 대판 2005다64774)

1. 사실관계

리팜핀은 백혈구감소와 같은 혈액학적 이상을 초래할 수 있는 약제이다. 환자 X는 리팜핀을 복용하다가 부작용으로 복용을 중단했었는데, X에 대한 혈액검사 결과 백혈구 중의 과립구가 갑자기 감소하거나 사라지는 무과립구증이 나타났고 무과립구증이 사라진 후에도 X의 백혈구 수치는 많이 감소되어 있었다. 그럼에도 불구하고 의사 A는 X에게 리팜핀을 다시 투약하였다. 이후 X는 사망하였다.

2. 쟁점[188]

의사 A가 이전에 투약했던 리팜핀으로 인해 환자 X의 백혈구가 감소했을 수 있다는 점을 생각하지 않고 성급하게 리팜핀을 재투약하기 시작한 것이 의료상 과실이라고 볼 수 있다면, 이러한 A의 과실과 X의 사망 사이에 인과관계가 인정되어 X의 사망에 대한 A의 민사책임이 인정될 수 있는가.

3. 문제 해결

① **예견가능성과 회피가능성** 의사 A의 과실과 환자 X의 사망 사이에 상당인과관계를 인정하기 위해서는 A가 X에게 발생한 위험을 예견할 수 있었고(예견가능성) 이에 기초하여 좋지 않은 결과를 회피할 수 있었어야 한다(회피가능성). ② **사안에의 적용** 이 사안에서 X에게 발생했던 무과립구증 등의 증상은 리팜핀에 대한 과민반응으로 인한 부작용으로 보이며, 그렇다면 A는 X가 리팜핀이라는 약제에 과민반응하는 특이체질이 있다는 점을 '예견할 수 있었'을 것이다. 즉, 이 사안에서는 X에게 발생할 수 있는 위험에 대한 A의 '예견가능성'이 인정된다. 더 나아가 A는 이러한 위험을 예견했었다면 리팜핀의 재투약을 피함으로써 X의 사망이라는 좋지 않은 결과를 '회피할 수 있었'을 것이다. 즉, 위험에 대한 A의 '회피가능성'이 인정된다. ③ **판례 소개** "환자에게 발생한 무과립구증, 약제열 등의 부작용도 리팜핀에 대한 과민반응으로 인하여 발생한 것으로 보이는 점, 성급하게 재투약을 결정한 과실이 없었더라면 리팜핀의 재투약을 피할 수 있었을 것으로 보인다는 점 등의 사정을 알 수 있는바, 위와 같은 사정에 비추어 보면 피고로서는 환자가 리팜핀에 과민반응하는 특이체질이 있다는 점을 예견할 수 있었고, 피고의 과실과 환자의 사망 사이에 상당인과관계가 있다고 인정할 수 있다."

[과실과 인과관계 판단의 중첩] 위에서 소개한 사례에 대한 법원의 판결문을 보면,[189] 앞에서 설명했던, 과실과 인과관계에 대한 판단이 서로 '명확히 구분되지 않는다'는 점을 다시 확인해 볼 수 있다. 법원은 "성급하게 재투약을 결정"한 것을 의사의 "과실"이라고 보고 그러한 과실의 내용을 "리팜핀에 과민반응하는 특이체질이 있다는 점을 예견할 수 있었"다는 것으로 구체화한

---

188 이 사안에서는 여러 쟁점들이 문제 되지만, 여기서는 이 단락에서 다루는 인과관계와 관련한 쟁점만을 다룰 것이다.

189 대법원 2007.7.26. 선고 2005다64774 판결.

다. 즉, 한편으로는 '예견가능성'을 과실 인정의 기초로 본다. 그리고 다른 한편 이러한 과실이 없었다면 "리팜핀의 재투약을 피할 수 있었을 것"이라는 '회피가능성'을 인정하는데, 이러한 회피가능성은 예견가능성의 존재로 인해 인정된 과실과 환자의 사망 사이의 상당인과관계를 인정하는 기초가 된 것으로 보인다.

4. 손해배상

의료사고에 대한 의사의 민사책임이 인정되면, 의사는 의료사고에서 발생한 나쁜 결과인 손해에 대해 배상할 의무를 부담한다.

(1) 손해의 내용

의료사고로 인해 환자에게 발생한 손해는 크게 재산적 손해와 정신적 손해로 나눌 수 있다.

1) 재산적 손해

재산적 손해에는 적극적 손해와 소극적 손해가 있다. ① **적극적 손해** 적극적 손해는 사고 발생으로 인해 직접적으로 야기된 문제들로 인한 손해를 말한다. 의료사고의 경우, 의료사고로 인해 소요된 치료비, 입원비, 약제비, 개호비,[190] 사망한 환자의 장례비, 변호사선임비용 등이 이에 해당한다. ② **소극적 손해** 소극적 손해는 사고로 인해 상실하게 된 장래의 이익을 말한다.[191] 의료사고의 경우 대표적인 소극적 손해로는 사고가 발생하지 않았다면 환자가 얻을 수 있었을 수익인 일실(逸失) 수입이 있다. 일실 수입은 사고 당시의 환자의 소득액에 사고로 인한 노동능력의 상실 비율인 노동능력상실률을 곱하여 산정한다. 그리고 사고가 없었더라면 노동에 의해 수입이 있었을 기간이 어느 정도인지를 함께 고려한다.

2) 정신적 손해

정신적 손해란 의료사고로 인한 환자의 직계존비속 및 배우자의 정신적 고통을

---

190 개호비란 "치료기간 동안 (…) 간호사 외에 제3자의 간호 내지 조력이 필요하거나 또는 (…) 자기의 힘만으로는 배변·배뇨·식사·기립·거동 및 보행 등 기본적인 일상생활을 영위할 수 없어 생명의 유지·보전을 위하여 타인의 간호 또는 조력이 필요할 경우 이에 소요되는 비용"을 말한다(김재윤, 『의료분쟁과 법』, 율곡출판사, 2015, 119쪽).

191 김재윤, 『의료분쟁과 법』, 120쪽.

말한다. 이에 대해서는 '위자료'[192]로 배상하게 된다.

(2) 과실상계

1) 의의

> **민법** 제396조(과실상계) 채무불이행에 관하여 채권자에게 과실이 있는 때에는 법원은 손해배상의 책임 및 그 금액을 정함에 이를 참작하여야 한다.

> **민법** 제763조(준용규정) (…) 제396조 (…) 의 규정은 불법행위로 인한 손해배상에 준용한다.

민사소송에서 손해배상의 액수를 산정할 때는 당사자들 간에 손해를 공평하게 부담하기 위해 당사자들의 과실을 서로 참작하는 '과실상계'를 하게 된다. 과실상계에서의 과실이란, 채무불이행책임이나 불법행위책임의 성립 요건과 같은 엄격한 의미의 과실이 아니라, 손해가 발생하는 데 도움을 준 여러 사정들을 의미한다. 민법은 채무불이행책임을 묻는 경우 과실상계를 해야 한다는 규정을 두고 있으며(민법 제396조), 불법행위책임의 경우 채무불이행책임에서의 과실상계 규정이 준용된다(민법 제763조).

2) 적용

> 가해행위와 피해자 측의 요인이 경합하여 손해가 발생하거나 확대된 경우에는 피해자 측 요인이 체질적인 소인 또는 질병의 위험도와 같이 피해자 측 귀책사유와 무관한 것이라고 할지라도, 질환의 모습이나 정도 등에 비추어 가해자에게 손해의 전부를 배상하게 하는 것이 공평의 이념에 반하는 경우에는, 법원은 손해배상액을 정하면서 과실상계의 법리를 유추적용하여 손해의 발생 또는 확대에 기여한 피해자 측 요인을 고려할 수 있다(대판 2016다266606, 266613).

의료사고의 경우에도 손해배상액의 산정시 과실상계의 법리가 적용된다. 의료사고에서 손해의 발생이나 확대에 대해 환자 측의 과실 또는 환자에게서 비롯된 어떤 다른 원인이 있는 경우에는 이를 고려하여 의사가 부담해야 하는 손해배상액을 경감하게 된다.

---

192 민법상 불법행위에 기초한 위자료의 의미와 본질 및 기능에 대해서는 신동현, 『민법상 손해의 개념 - 불법행위를 중심으로 -』, 경인문화사, 2014, 112쪽 이하 참조.

[의료사고에서 과실상계의 예] ① **협력의무의 불이행** 환자에게 의사의 지시를 따르며 의료행위에 협력할 의무가 인정되는 경우, 환자가 이 의무를 이행하지 않는 것은 과실상계의 사유가 된다.[193] ①-1 **수술 용인 의무의 불이행** 의료사고로 어떤 손해가 발생했을 때 환자는 손해가 확대되는 것을 방지하거나 감경하기 위해 노력할 의무가 있다. 법원은 만일 그 손해경감조치가 수술이라면, 이러한 수술이 "관례적인 것이며 그 수술을 하는 경우 상당한 결과의 호전을 기대할 수 있다면 환자는 그 수술을 용인할 의무"가 있다고 보면서, 만일 환자가 이러한 수술을 거부하여 손해가 확대된 경우 확대된 손해 부분에 대해서는 의사의 손해배상액에서 경감하는 것이 타당하다고 판시한 바 있다(대판 2010다51406; 대판 2006다20580). ①-2 **전원 권고의 불이행** 의사가 환자나 그 가족에게 환자의 "상처 부위의 조직괴사에 대응하기 위해 필요한 검사나 치료를 할 수 있는 병원으로는 종합병원밖에 없다고 설명하면서 종합병원으로 전원할 것을 권유"했는데, 환자가 이러한 권유에 따르지 않고 "개인병원으로 전원해서 상태가 악화"된 경우, 법원은 의사는 환자가 의사의 권유에 따르지 않아 증세가 악화된 것에 대한 책임은 부담하지 않는다고 보았다(대판 94다13046).[194] ② **환자의 체질과 질병의 위험도** 환자의 체질적 소인이나 질병의 위험도 역시 과실상계의 사유가 된다. 법원은 혈관조영술로 인해 환자에게 호흡곤란이 발생한 경우, 의사가 응급조치를 적시에 하지 못한 과실이 인정되더라도 의사가 배상해야 하는 책임 범위를 당해 시술 이전 환자가 받은 수술로 인한 환자의 신체 상태와 환자의 기왕증 등을 고려하여 제한한 바 있다(대판 2010다20563).

VI. 심화 사례 (기초 판례: 대판 2010다57787)

이 단락에서는 의료사고에 대한 의사의 민사책임의 성립 요건들을 종합적으로 이해할 수 있는 사례를 분석해 보고자 한다.

1. 사실관계
외과 전문의 A는 환자 X의 담낭을 절제하는 수술을 시행하였다. X는 상복부 수술을 받은 과거력이 있는 환자였다. 담낭절제술을 시행하는 방식에는 복강경 방식과 개복술의 방식이 있는데, 이 사안에서 A는 우선 복강경 방식으로 수술을 진행하였다. 복강경 수술 진행 중

---

193 환자의 '협력의무 불이행'이 과실상계의 사유가 된 다음의 판례들은 김나경, 『의료사고와 의료분쟁』, 44쪽에서 간략히 소개한 바 있다.

194 특히 이 사안에서 법원은, 의사가 환자에게 필요한 검사와 치료는 종합병원에서만 가능하다고 설명하면서 종합병원으로 전원할 것을 권유했다면, 그것으로 의사로서의 진료상의 의무를 다했다고 보았고, 여기서 더 나아가 "환자나 가족들이 개인의원으로 전원하는 것을 만류, 제지하거나 그 환자를 직접 종합병원으로 전원하여야 할 의무까지 있다고 할 수는 없다"고 보았다(대법원 1996.6.25. 선고 94다13046 판결).

A는, 수술 부위인 담낭 아래쪽으로 장기와 조직이 심하게 유착되어 있음(즉, 서로 연결되어 붙어 있음)을 발견하게 되었다. 그런데 A는 이후 보다 섬세한 조작이 가능한 개복술로 전환하지 않고 복강경을 통해 서로 유착되어 있는 조직을 분리시켰다. 이러한 조직박리 이후 X에게는 갑자기 출혈이 일어났고 출혈의 원인과 부위를 확인할 수 없어 지혈을 할 수 없는 상황이 발생했다. 그러자 A는 이때 비로소 개복술로 수술 방식을 바꾸어 X에 대한 개복을 시행하였다. 개복을 하고 보니 X의 우측 신장 부근의 정맥 혈관이 찢어져 있었고 이로 인해 심한 출혈이 있었다(나쁜 결과 1: 신정맥 손상). 하지만 지혈이 되지 않았고 그러자 A는 오른쪽 신장을 잘라내는 '우신장 절제술'을 시행하였다(나쁜 결과 2: 우신장 절제). 어쨌든 우신장 절제 후 A는 X의 담낭을 절제했고 수술을 마치게 되었다. 덧붙여, 우측 신장을 절제한 이후 X의 좌측 신장의 기능 또한 20-30% 가량 감소하게 되었다(나쁜 결과 3: 좌신장 기능 감소).

2. 쟁점

X에게 발생한 '신정맥 손상'과 '우신장 절제 상태(및 좌신장 기능 감소)'라는 나쁜 결과에 대해 A의 민사책임이 인정될 수 있는가(즉, 담낭절제술 시행에서 A의 과실이 있는가 그리고 이러한 과실과 X에게 발생한 나쁜 결과 사이에 인과관계가 인정되는가). 특히 담낭절제술 시행에서의 A의 과실 인정 여부와 관련해서, 복강경 방식으로 수술한 것이 과연 잘못인가 (즉, 처음부터 개복술 방식으로 수술했어야 하는 것은 아닌가) 또는 복강경 방식으로 수술을 해도 되는 것이지만, 다만 복강경 방식으로 수술을 진행하는 과정에서 무언가 잘못이 있었던 건 아닌가. 아울러, X가 상복부 수술을 받은 과거력이 있다는 점은 A의 민사책임에 대한 판단에 어떠한 영향을 미치는가.

3. 문제 해결

1) 과실 판단의 구조

① **판단 기준 확정의 전제** 이 사안에서는 수술상의 과실 존부를 판단함에 있어, 환자의 신체적 특징은 판단 기준 확정에 영향을 미친다. 상복부 수술을 받은 과거력이 있는 환자의 경우에는 장기 위치가 변화하고 조직이 유착되어서 해부학적으로 장기들을 구분하기 어려울 수 있다. 이러한 환자의 경우에는 담낭절제술 시행 시 무조건 처음부터 복강경 방식으로 해야 한다고 단정할 수는 없지만, 개복술과 복강경 방식 중 어떠한 방식으로 수술을 시행할지를 보다 신중히 생각해보아야 한다. 과거에는 이러한 환자는 복강경 방식으로 수술을 할 수 있는 대상이 아니라고 보았다. 다만 최근에는 수술기구가 발달해서 복강경 방식으로 수술을 할 수 있다는 견해가 많기는 한데, 그렇더라도 복강경 방식으로 수술을 하는 경우에는 추후 개복술로 전환해야 하는 경우가 많이 발생하고 또 개복술에 비해 합병증이 더 많이 발생하기 때문에 복강경 방식으로 수술하지 않는 것이 안전하다는 견해도 유력하다. 그렇기 때문에 이 사안의 경우에도, 만일 복강경 방식으로 담낭절제술을 시행하더라도 장기유착 때문에 장기 등의 정확한 해부학적 위치를 구분하기 어렵거나 출혈이 발생하면 개복술로 수술 방식을 전환해야 한다. 그런데 이 사안에서 A가 장기와 조직의 유착을 발견한 것은 복강경 수술 '초기'로 '출혈이 발생하기 이전'이었다. 그렇다면 이 사안에서는 '장기와 조직의 유착 정도가 장기에 대한 정확한 해부학적 위치를 구분하기 어려울 정도로 심했는가'에 따라 의료상 과실 존부에 대한 판단이 달라질 수 있다. ② **두 가지 가능성의 병존** 이 사안에서는 A가 – 판결문에 따르면 – "수술 부위인

담낭 아래쪽으로 결장(대장의 일부)과 장막 등이 심하게 유착"된 것을 발견하긴 했지만, 이러한 심한 유착이 장기의 위치를 정확히 구분하기 어려운 정도였는지는 분명하지 않았던 것으로 보인다. 이 사안에서 법원은 장기 유착의 정도와 관련하여 – 조직 박리 후 발생한 우신장 정맥의 손상(나쁜 결과 1)을 염두에 두면서 – 특히 다음과 같이 말한다: "통상적으로 담낭은 복강 내에 있고 신장은 후복막강 내에 있으므로, 담낭과 우신장 정맥은 해부학적으로 구분될 뿐만 아니라 위치상으로도 거리를 두고 있으나, 복부 수술을 시행받은 전력이 있는 환자는 장기 위치의 변화 및 유착조직 등으로 인하여 해부학적으로 장기들을 구분하기 어려울 수도 있다. 그러나 복강경에 의한 담낭절제술 과정에서 신장 정맥을 손상하여 신장을 절제하였다는 사례가 보고된 적은 없다." 법원은 이와 같이 한편으로는 복부 수술의 과거력이 있는 환자의 경우 해부학적으로 장기를 구분하기 어렵다는 점을 언급하는데, 이는 이 사안에서 '장기 구분이 어려웠을 가능성'을 배제할 수 없음을 말하고자 한 것이라 볼 수 있다(가능성 1). 하지만 다른 한편 복강경에 의한 담낭절제술의 과정에서 신장 정맥을 손상시켜서 신장절제를 하게 된 사례가 보고된 적은 없다고 언급한 것은, 이 사안에서 '장기 유착이 해부학적으로 장기들을 구분하는 것이 어려운 정도가 아니었을 가능성'을 말하는 것이다(가능성 2). 결국 법원은 이 사안에서 두 가지의 서로 다른 가능성 모두를 배제할 수 없다고 보면서, 병존하는 두 가능성을 각각 전제하면서 각 전제별로 논지를 전개하였다.

2) **민사책임 판단 1: 가능성 1을 전제한 판단**

① **과실과 인과관계 판단** 장기유착이 해부학적 구조를 알기 어려울 정도로 심했다면, A는 유착 상태를 발견했을 때 바로 복강경 수술에서 상대적으로 더 섬세한 조작이 가능한 개복술로 수술 방법을 바꾸었어야 한다. 법원은 이러한 가정하에서는 A가 복강경에 의한 수술을 계속한 것이 의료상 과실에 해당한다고 보았으며, 더 나아가 이 사안에서의 나쁜 결과인 신정맥 손상과 신장 절제 상태는 바로 이러한 과실로 '인한' 것이라고 볼 수 있다고 하면서 인과관계를 인정하였다. 법원의 판시 내용을 보면 특히 과실과 인과관계에 대한 판단이 명확히 구분되지 않는다. 장기들의 위치가 서로 구분되기 어려울 정도로 유착상태가 심하다면, 만일 좀 더 섬세하게 수술하지 않으면 원래 절제하고자 했던 담낭이 아닌 다른 장기를 건드릴 수도 있을 것이라는 점을 통상의 의사라면 '예견'할 수 있었을 것이고, 또 그럼으로써 다른 장기의 손상을 '회피'할 수 있었을 것이다. 그리고 이와 같은 예견을 하지 못했고 회피하지 못한 것은 바로 장기 손상의 원인이 되었다. 이와 같이 예견가능성과 회피가능성은 과실에 대한 판단 기준이기도 하면서 인과관계에 대한 판단 기준이 된다. ② **판례 소개** "만약 원고의 장기 및 조직의 유착상태가 해부학적 구조를 알기 어려울 정도로 심하였다면, 상대적으로 더 섬세한 조작이 가능한 개복술로 전환하였어야 함에도 복강경에 의한 수술을 계속한 과실로 인하여 신정맥 손상 및 신장 절제 상태에 이르게 하였다고 볼 수 있다."

3) **민사책임 판단 2: 가능성 2를 전제한 판단**

장기와 조직이 유착된 상태가 해부학적 구조를 알기 어려울 정도는 아니었다면, 이 사안에서 조직 유착을 확인 후 바로 개복술 방식으로 수술 방식을 바꾸지 않고 복강경 수술 방식으로 수술을 계속한 것 자체가 잘못이라고 볼 수는 없다. 다만, 담낭과 신장의 위치를 잘 확인할 수 있는데도 조직박리를 하는 과정에서 신장이 손상된 이유가 무엇이었는지, 즉 복강경 수술의 방식으로 조직박리를 하는 과정에서 의사의 수술상 과실이 있지는 않았는지 생각해 보아야 한다. ① 간접사실에 의한 추정 장기와 조직의 유착 정도가 장기들의 위치를 해부학적으로 구별하기 어려울 정도로 심했는지에 대해서도 분명하게 확인하기 어려워서 두 가지 가능성을 모두 생각해보는 상황에서, 복강경 수술 방식으로 조직박리를 하는 과정에서 과연 의사의 과실이 있었는지에 대한 직접적인 증거가 있기를 기대하는 것은 더욱 어렵다. 그렇기 때문에 가능성 2를 전제한 판단에서 법원은, 판결에서 다음과 같은 크게는 3가지의 간접사실들을 이야기하면서 이러한 간접사실들에 기초해 과실과 인과관계를 추정한다: ①-1 "복강경에 의한 담낭절제술 중 후복막강의 중요한 혈관[95]이 손상되는 것은 약 0.1% 정도에서 발생하는 흔하지 않지만 중요한 합병증"이며, "수술의사의 경험, 지식이 후복막강 중요 혈관 손상 예방에 중요하다고 알려져 있다." 즉, 문제 되는 수술에서 혈관 손상 여부는 수술의사의 숙련도에 달려있다. 이러한 점은 이 사안에서 신정맥이 손상된 것은 어떤 객관적인 사정 때문이 아니라 수술을 한 의사의 주관적인 요인, 말하자면 의사의 과실 때문일 가능성이 아주 높다는 것을 뒷받침하는 간접사실이다. ①-2 복강경 방식으로 담낭절제술을 할 때, 신정맥을 손상시키고 더 나아가 이로 인해 신장을 절제하게 되었다는 다른 사례들이 전혀 보고된 바 없었다. 이는 신정맥 손상과 신장절제는 통상적인 주의를 기울인다면 거의 발생할 수 없는 일이라고 볼 수 있다는 점을 뒷받침하는 간접사실이다. 담낭과 우신장 정맥은 위치상으로 거리가 있기 때문에, 장기유착이 해부학적 구조를 알기 어려울 정도로 심하지 않았다면 이들을 구분하지 못하고 우신장에 손상을 주었다는 건 수술 과정에서 의사의 과실이 있었다는 점을 강하게 추정하는 근거가 되는 것이다. ①-3 이 사안에서 환자의 신정맥을 손상시키지 않으면서는 담낭절제술을 할 수 없었다는 어떤 자료도 없다. 이 점은 신정맥 손상이 의사의 과실로 인한 것이라는 주장을 간접적으로 강화시키는 근거가 된다. ② 판례 소개 법원은 이와 같이 의사에게 담낭절제술을 시행함에 있어 과실이 있었고 이로 인해 신정맥손상과 신장절제가 있었다는 점을 간접적으로 뒷받침하는 세 가지 사실들(①-1 복강경에 의한 담낭절제술 과정에서 발생하는 후복막강의 중요한 혈관 손상에는 수술 자체에 수반하는 객관적 요인보다는 수술의사의 숙련도 등 주관적 요인이 작용하는 측면이 크고, ①-2 복강경에 의한 담낭절제술 과정에서 신정맥 손상으로 신장이 절제된 사례에 관하여 보고된 바도 없으며, ①-3 의사가 신정맥을 손상하지 않고는 수술할 수 없는 정도였다는 자료도 없는 점)에 기초해서, "원고의 신정맥 손상 및 신장 절제는 피고 병원 의료진이 복강경 수술기구를 과도하게 조작하는 등의 과실로 인하여 발생하였다고 추정하는 것이 타당하다"고 보았다.

4. 종합 정리

이 사안에서는 복강경 방식으로 담낭절제술을 시행하다가 장기들과 조직이 유착된 것을 발견했는데, 그러한 유착이 장기들의 해부학적 위치를 구분할 수 없을 정도로 심한 것인지가 불분명했다. 이러한 불분명한 사실은 의사가 장기와 조직의 유착을 발견한 상황에서 수술 방식을 바꾸어야 할 의무가 있었는지를 판단하는 중요한 기초가 되므로, 법원은 두 경우를 모두 전제하여 각각의 경우 의사의 과실이 있었다고 할 수 있는지를 따져보았다. 첫 번째로 장기 유착이 장기들의 위치를 구분하기 어려울 정도로 심했을 가능성을 전제하면, 수술 방식을 개복술의 방식으로 변경하지 않은 것 자체가 과실이며 이로 인해 나쁜 결과가 발생했다고 볼 수 있었다. 두 번째로 장기유착으로 인해 장기들의 위치가 구분되지 않은 것은 아니었다면, 신정맥 손상과 신장

절제가 과연 불가피한 것이었는지를 판단해야 하는데, 법원은 의사의 과실이 없다면 그런 상황이 발생하지 않았을 것이라는 점을 간접적으로 뒷받침하는 간접사실들에 의해 과실과 인과관계를 추정하였다.

---

195 신장이 바로 후복막강 안에 있으므로, 신장 부분의 혈관을 말하는 것이라 할 수 있다.

[6] 의료분쟁(II): 형사소송과 형사책임

I. 의료형사소송의 의의

의료사고가 발생한 경우 의사에게 형사책임을 묻는 법적 절차를 (의료)형사소송이라 한다. 형사책임은 「형법」을 위반한 행위를 한 행위자에게 국가가 묻는 책임이다. 의료사고가 발생한 경우 환자는 건강이 손상되거나 생명을 잃게 된다. 이러한 '상해'나 '사망'의 결과가 의사의 의료행위상 과실로 인한 것일 때, 의사의 행위는 「형법」상의 '과실치상죄'(형법 제266조)[196] 또는 '과실치사죄'(형법 제267조)[197]의 구성요건을 충족한다. 다만, 형법은 직업적 행위인 업무를 하면서 과실치상죄나 과실치사죄를 범한 경우 행위자를 가중처벌하는 '업무상 과실치사상죄'를 규정하므로(형법 제268조), 의료사고에 대한 의사의 책임에는 이 규정이 적용된다.[198] 그렇다면 의료사고로 인한(의료)형사소송은 의사에게 「형법」상의 업무상과실치사상죄의 책임을 물을 수 있는지를 판단하는 절차라 할 수 있다.

> **[형사소송의 개념]** 형사소송은 좁은 의미에서는 '기소가 된 이후 법원에서 형법적인 판단을 내리는 절차'를 의미하고(협의의 형사소송), 넓은 의미에서는 '범죄를 인지하고 수사가 이루어지면서 법원에서 최종적인 판단을 내리기까지의 모든 과정'을 의미한다(광의의 형사소송). 넓은 의미의 형사소송은 종종 '형사절차'라고도 불린다.

II. 의료형사소송의 절차

의료형사소송은 의료사고가 발생했다는 점을 수사기관이 — 고소, 고발에 기초해 또는 직접 — 인지하고(사건의 인지), 이에 기초하여 수사한 후(수사) 범죄의 객관적 혐의가 충분하고 소송조건이 충족된다고 판단되면 법원에 그 판단을 구하기 위해 공소를 제기하면서 본격적으로 시작된다(공소의 제기: 기소). 공소가 제기되면 법원은

---

196 형법 266조(과실치상) ① 과실로 인하여 사람의 신체를 상해에 이르게 한 자는 500만원 이하의 벌금, 구류 또는 과료에 처한다.

197 형법 267조(과실치사) 과실로 인하여 사람을 사망에 이르게 한 자는 2년 이하의 금고 또는 700만원 이하의 벌금에 처한다.

198 형법 제268조(업무상과실·중과실 치사상) 업무상과실 또는 중대한 과실로 인하여 사람을 사상(死傷)에 이르게 한 자는 5년 이하의 금고 또는 2천만원 이하의 벌금에 처한다.

공판준비절차를 거쳐(공판준비절차), 공판을 진행한다. 공판절차에서 법원은 증거조사·피고인신문·변론 절차로 구성되는 사실심리 활동을 하고(사실심리), 이에 기초하여 판결을 선고한다(판결 선고).

[형사소송의 목적과 무죄추정의 원칙] 형사소송의 목적은 우선은 실체적 진실을 발견하는 것이다. 하지만 다른 한편 형사소송에서 중요한 것은 진실 발견의 노력이 적법한 절차에 따라 이루어져야 한다는 점이다. 진실을 발견한다는 목적으로 아직까지 죄를 범했다고 확정되지 않은 피의자나 피고인의 인권을 과도하게 제한하거나 침해해서는 안 된다. 특히 형사소송의 절차가 마무리될 때까지 피의자와 피고인은 무죄로 추정된다. 「헌법」 제27조 제4항은 "형사피고인은 유죄의 판결이 확정될 때까지는 무죄로 추정된다"고 규정하면서, 무죄추정의 원칙을 분명하게 선언하고 있다.

1. 수사의 단서

형사소송이 법원에서 진행되는 전제인 수사가 이루어지기 위해서는, 수사기관이 사건을 인지하고 범죄혐의가 있다고 인식해야 한다. 수사기관은 사건을 직접 인지하거나, '고소', '고발'을 단서로 인지하게 된다. 의료사고의 경우, 수사기관에 의한 사고의 인지 또는 환자, 환자의 가족이나 그 밖에 사고 발생을 알게 된 사람에 의한 고소나 고발이 수사를 개시하는 계기가 된다. 이를 「형사소송법」에서는 '수사의 단서'라 부른다.

[형사소송의 준비] 실무적 관점에서 보면, 의료사고에 기초한 형사절차에서는 수사기관의 수사 의지가 당사자가 원하는 결과를 얻을 수 있는지를 크게 좌우한다. 수사기관 역시 의료에 대한 전문지식이 부족한 경우가 많기 때문에, 예를 들어 환자가 고소장을 작성할 때 사건 경과를 잘 설명하고, 의학 문헌 등 관련 자료와 진료기록을 잘 조합하여 수사기관의 이해를 돕는 것도 중요하다. 예를 들어 의사의 의료과실이 의심된다면, 어떠한 점에서 과실이 의심되는지와 이를 입증할 수 있는 정황이나 진료기록, 관련되는 자료 등을 알기 쉽고 분명하게 기재하고, 필요한 경우에는 전문가의 자문을 받아 충분한 근거를 제시하면 좋을 것이다.[199] 특히 환자는 수사 과정에서 진료기록부를 비롯한 다양한 기록들을 신속하게 확보하도록 노력해야 한다. 물론 진료 관련 기록은, 수사 대상인 의사나 의료기관의 입장에서도 자신의 무죄를 입증할 수 있는 중요한 증거가 된다.

---

199 이러한 실무적 관점에서의 조언은, 2019년 K-MOOC 〈의료사고, 법으로 이해하기〉 제6강의 '전문가와의 만남'에서의 이정선 변호사님(법률사무소 건우)과의 인터뷰 내용을 정리한 것이다.

(1) 고소

> **형사소송법** 제223조(고소권자) 범죄로 인한 피해자는 고소할 수 있다.

> **형사소송법** 제225조(비피해자인 고소권자) ① 피해자의 법정대리인은 독립하여 고소할 수 있다.
> ② 피해자가 사망한 때에는 그 배우자, 직계친족 또는 형제자매는 고소할 수 있다. 단, 피해자의 명시한 의사에 반하지 못한다.

> **형사소송법** 제226조(동전) 피해자의 법정대리인이 피의자이거나 법정대리인의 친족이 피의자인 때에는 피해자의 친족은 독립하여 고소할 수 있다.

'고소'란 원칙적으로는 범죄의 피해자가 수사기관에 수사를 요청하는 것이다. 「형사소송법」 제223조는 고소를 할 수 있는 고소권자로서 범죄의 피해자를 규정한다. 다만, 범죄의 피해자가 아니더라도 고소권을 갖는 경우가 있다. 「형사소송법」 제225조는 ① 피해자의 법정대리인, ② 사망한 피해자의 배우자, 직계친족 또는 형제자매를 고소권자로 규정한다. 다만, ②의 경우 피해자의 명시한 의사에 반해서는 고소할 수 없다. 더 나아가서 고소권자의 범위가 더 확대되는 경우도 있다. 「형사소송법」 제226조는 피해자를 대신하여 고소할 수 있는 고소권자인 피해자의 법정대리인이 바로 피의자[200]인 경우 또는 법정대리인의 친족이 피의자인 경우에는, 피해자의 법정대리인이 고소권을 행사하지 않을 것이 분명하거나 또는 그럴 가능성이 높다는 점에서, 피해자를 위해 고소할 수 있는 고소권자의 범위를 '피해자의 친족'으로 확장한다.

[환자의 형사고소] 의료사고가 발생한 경우 환자는 의사에게 형벌이라는 형사책임을 묻기 위해서 형사고소를 하기도 하지만, 민사소송에 필요한 증거를 수사기관의 힘을 빌어서 수집하거나 민사법적 손해배상에 관한 협상에서 의료인이나 의료기관을 압박하기 위해[201] 형사고소를

---

[200] 피의자란 '범죄혐의가 있다고 의심받아 수사를 받고 있는 사람'을 말한다. 피의자가 기소가 되면 그때부터는 피고인이 된다.

[201] 이러한 점에서 의료형법의 특징으로 (형사소송이 민사소송에서의 손해배상 목적을 실현하는 수단이 된다는) "수단성"을 이야기하는 이상돈 · 김나경, 『의료법강의』, 155쪽 참조; 의료분쟁에서 형사고소가 늘어나는 경향을 설명하면서 이러한 점을 이야기하는 황정민 · 김경례 · 이경권 · 류영주 · 임강섭, 『판례와 사례로 본 안과의료분쟁』, 39쪽 참조.

하기도 한다. 요즘은 전자의무기록이 보편화되었고 환자의 열람·등사권(의료법 제21조 제1항)이 명시적으로 보장되어 있긴 하지만, 환자가 증거를 확보하는 데에는 여전히 한계가 있다. 예를 들어, 성형외과 수술 과정에서 사고가 발생한 경우, 프로포폴의 사용 여부 및 사용량, 투여 속도 등은 의료과실을 판단하는 중요한 기준이므로, 통상적인 진료기록 외에 마약류 관련 장부 등을 확인할 필요가 있다. 하지만 이러한 서류는 환자가 열람·등사를 요청하더라도 여러 가지 이유로 거부되는 경우가 많다.[202] 덧붙여, 환자의 입장에서는 형사고소가 늘 환자에게 유리한 수단이 되는 것은 아님을 염두에 둘 필요가 있다. 형사고소를 하더라도 혐의 없음 등으로 수사가 종결되는 경우도 많은데, 이러한 경우 형사고소는 오히려 민사소송에서 환자에게 불리한 요인이 될 수 있다.[203]

[형사고소와 민사소송] 형사소송과 민사소송은 서로 다른 목적을 갖는 별개의 절차이다. 다만, 민법상 불법행위로 인한 손해배상청구권은 피해자나 그 법정대리인이 "그 손해 및 가해자를 안 날로부터 3년간" 행사해야 한다(민법 제766조 제1항).[204] 그렇다면 의료사고의 경우 환자나 환자 가족 등 고소권자가 형사고소를 한 것은 여기서 말하는 "손해 및 가해자를 안" 것에 해당하는가. '손해 및 가해자를 안다'는 것은, 손해가 가해자의 불법행위로 인한 것임을 아는 것, 즉 의사의 과실로 인한 위법한 의료행위가 있었고 그 의료행위와 환자에게 발생한 손해 사이에 인과관계가 있음을 아는 것을 말한다. 법원은 환자 가족이 의사를 업무상과실치상죄로 형사고소한 날부터 3년이 경과한 이후 불법행위로 인한 손해배상을 청구하는 민사소송이 제기된 사건에서, 의료사고의 경우 의료전문가가 아닌 일반인은 의사의 과실 및 의사의 과실과 손해 사이의 인과관계의 인정 여부 등을 쉽게 알 수 없으므로, 형사고소를 했다고 해서 이를 안 것이라고 할 수는 없다고 보았다: "의료사고의 경우에 의료전문가가 아닌 일반인들로서는 의사에게 과실이 있는지의 여부 및 의사의 과실과 손해 사이에 인과관계가 있는지의 여부 등을 쉽게 알 수 없는 것이므로, 환자의 모가 의사를 업무상과실치상죄로 고소한 것은 결국 의사의 의료행위와 환자의 뇌성마비 사이에 인과관계가 있는지의 여부 및 의사에게 과실이 있는지의 여부 등을 수사하여 만일 인과관계와 과실이 있다고 판명되면 처벌하여 달라는 취지에 불과하므로, 환자의 모가 고소를 할 당시에 의사의 진료와 환자의 뇌성마비 사이에 인과관계가

---

202 이러한 예는, 2019년 K-MOOC 〈의료사고, 법으로 이해하기〉 제6강의 '전문가와의 만남'에서의 이정선 변호사님(법률사무소 건우)과의 인터뷰 내용을 정리한 것이다.

203 이러한 점에서 형사고소는 무엇보다 신중하게 결정해야 하는 문제임을 2019년 K-MOOC 〈의료사고, 법으로 이해하기〉 제6강 '전문가와의 만남'에서 이루어진 이정선 변호사님(법률사무소 건우)과의 인터뷰에서 확인한 바 있다; 형사고소에 기초해 '형사소송'이 진행되더라도 형사사건에서 인정된 사실이 항상 민사소송에서의 판단의 기초가 될 수 있는 것은 아니다. 형사판결에서 인정된 사실이더라도 "민사재판에서 제출된 다른 증거 내용에 비추어 형사재판의 사실판단을 채용하기 어렵다고 인정되는 특별한 사정"이 있다면 법원이 이를 배척할 수 있다(대법원 1995.1.12. 선고 94다39215 판결).

204 이와 같이 권리를 행사할 수 있음에도 불구하고 행사하지 않는 사실 상태가 일정 기간 계속되면 그 권리의 소멸을 인정하는 제도를 '소멸시효' 제도라 부른다.

있고 또 의사에게 과실이 있었음을 알았다고 할 수 없다."(대판 93다59304)

(2) 고발

> **형사소송법** 제234조(고발) ① 누구든지 범죄가 있다고 사료하는 때에는 고발할 수 있다.

고발이란 고소권자와 범인이 아닌 자가 수사기관에 범죄사실을 신고하고 범인에 대한 소추를 구하는 것이다.[205] 고발의 주체에는 제한이 없다. 즉, 고소권이 없어 고소를 할 수 없더라도 '누구나' 고발을 할 수 있다.

[고소와 고발의 방식] 고소나 고발은 '검사나 사법경찰관에게' 하면 된다. 그리고 고소나 고발은 '서면으로 할 수도 있고 구술로' 할 수도 있다(형사소송법 제237조 제1항). 만일 구술에 의해 고소나 고발을 하게 되면 검사나 사법경찰관은 조서를 작성해야 한다(동조 제2항).

2. 수사

(1) 수사의 주체

> **형사소송법** 제196조(검사의 수사) ① 검사는 범죄의 혐의가 있다고 사료하는 때에는 범인, 범죄사실과 증거를 수사한다.

> **형사소송법** 제197조(사법경찰관리) ① 경무관, 총경, 경정, 경감, 경위는 사법경찰관으로서 범죄의 혐의가 있다고 사료하는 때에는 범인, 범죄사실과 증거를 수사한다.
> ② 경사, 경장, 순경은 사법경찰리로서 수사의 보조를 하여야 한다.

> **형사소송법** 제195조(검사와 사법경찰관의 관계 등) ① 검사와 사법경찰관은 수사, 공소제기 및 공소유지에 관하여 서로 협력하여야 한다.

수사란 기소 여부를 결정하기 위한 전제로 수사기관이 범죄혐의의 유무를 명백히 하기 위해 범인을 확보하고 증거를 수집하는 활동이다.[206] 각종 특별법에 의해 설치된

---

205 이주원, 『형사소송법』, 박영사, 2022, 106쪽.
206 수사란 "범죄혐의의 유무를 명백히 하여 공소를 제기·유지할 것인가의 여부를 결정하기 위하여 범인을 발견·확보하고 증거를 수집·보전하는 수사기관의 활동"이다(대판 1999.12.7. 선고 98도3329 판결).

수사기관을 제외한 일반 수사기관에는 사법경찰관리[207]와 검사가 있다. 다만, 「검찰청법」에 따라 검사의 직접 수사는 제한된 범위에서만 허용되므로,[208] 의료사고에 대한 1차적 수사권은 사법경찰관에게 있는 것이 원칙이며, 검사는 사법경찰관의 1차적 수사 과정에 대한 감독권을 갖되[209] 두 주체는 수사 과정에서 서로 협력하여야 한다.

[**수사의 기능**] 의료사고가 발생한 경우 환자가 형사고소를 하는 경우가 많아지면 의료인의 방어의료 경향은 보다 강화될 수 있고 '환자―의사' 간의 신뢰에 기반한 의료 문화 형성에 걸림돌이 될 수도 있다. 그러나 반복적인 불법적 관행으로 사고가 빈번히 일어나는 경우에는, 수사기관에서 ― 환자 측의 힘만으로는 할 수 없는 ― 체계적이고 종합적인 수사를 진행하고 이후 관련 자료 및 전문가 자문 등을 통해 충실히 추가 조사를 진행하면, 사건의 실체를 보다 분명히 드러낼 수 있다.[210] 즉, 사건의 유형에 따라, 형사절차를 진행하여 보다 진실에 가까이 감으로써 환자나 환자 가족들의 고통이나 상처가 조금이나마 회복될 수 있는 경우도 있다.

(2) 수사의 방식

수사의 방식은 임의수사와 강제수사로 분류할 수 있다. 임의수사란 수사받는 사람의 자발적인 동의가 있거나 동의할 것이라고 충분히 추정할 수 있는 때에 이루어지는 수사를 말하며, 강제수사란 개인의 기본권을 제한하는 강제력을 사용하는 강제처분에 의한 수사를 말한다. 임의수사가 원칙이며, 강제수사는 법률에 특별한 규정이 있는 경우에 한해 예외적으로 허용된다.

1) 임의수사

형사소송법 제200조(피의자의 출석요구) 검사 또는 사법경찰관은 수사에 필요한 때에는 피의자의 출석을 요구하여 진술을 들을 수 있다.

---

207 수사주체로서의 경찰을 사법경찰관과 사법경찰리라고 말하며, 양자를 합쳐 사법경찰관리라고 부른다. 다만, 사법경찰리는 사법경찰관의 수사를 보조하는 기관으로(형사소송법 제197조 제2항) 독자적으로 수사할 권한을 갖지 않는다.

208 검사가 수사를 개시할 수 있는 범죄의 범위에 대하여는 「검찰청법」 제4조 제1항 제1호 참조.

209 검사의 1차적 수사 과정에 대한 감독에 대하여는 「형사소송법」 제197조의3 참조; 특히, 사법경찰관은 피의자를 신문하기 전에 수사 과정에서 법령위반, 인권침해 또는 현저한 수사권 남용이 있는 경우 검사에게 구제를 신청할 수 있음을 피의자에게 알려주어야 한다(형사소송법 제197조의3 제8항).

210 이와 같은 형사절차의 의의는 2019년 K-MOOC 〈의료사고, 법으로 이해하기〉 제9강 중 '전문가와의 만남' 세션에서 이루어진 이정선 변호사님(법률사무소 견우)과의 인터뷰 내용을 정리한 것이다.

> **형사소송법** 제221조(제3자의 출석요구 등) ① 검사 또는 사법경찰관은 수사에 필요한 때에는 피의자가 아닌 자의 출석을 요구하여 진술을 들을 수 있다.

> **형사소송법** 제221조(제3자의 출석요구 등) ② 검사 또는 사법경찰관은 수사에 필요한 때에는 감정·통역 또는 번역을 위촉할 수 있다.

임의수사의 방식에는 여러 가지가 있다. 임의수사 중 대표적인 것으로는 피의자신문과 참고인조사가 있으며, 특히 의료사고에 대한 수사에서는 감정도 중요한 수사 방식 중 하나로 활용될 수 있다. ① **피의자신문** 피의자신문이란 검사나 사법경찰관이 피의자를 출석시켜서 사실에 대해 묻고 진술을 듣는 것이다. 피의자신문과 관련해서 중요하게 알아둘 점은, 피의자는 진술을 거부할 권리인 '진술거부권' 그리고 '변호인의 조력을 받을 권리'를 갖는다는 점이다. 검사나 사법경찰관은 피의자신문 전에 피의자에게 이 점을 반드시 알려 주어야 한다(형사소송법 제244조의3 제1항 제1호 및 제4호). ② **참고인조사** 참고인이란 피의자 아닌 사람으로서 수사기관에서 진술하는 사람이다. 검사나 사법경찰관은 수사에 필요하면 피의자 아닌 자를 요구해서 진술을 들을 수 있다. 의료사고의 경우에는 예를 들어 환자가 참고인이 되어 진술할 수 있다.[211] ③ **감정** 전문지식이 있는 사람을 통해 사실을 조사하기 위해 검사나 사법경찰관은 필요한 경우 감정을 위촉할 수 있다.

2) 강제수사

> **형사소송법** 제200조의2(영장에 의한 체포) ① 피의자가 죄를 범하였다고 의심할 만한 상당한 이유가 있고, 정당한 이유 없이 (...) 출석요구에 응하지 아니하거나 응하지 아니할 우려가 있는 때에는 검사는 관할 지방법원판사에게 청구하여 체포영장을 발부받아 피의자를 체포할 수 있고, 사법경찰관은 검사에게 신청하여 검사의 청구로 관할지방법원판사의 체포영장을 발부받아 피의자를 체포할 수 있다.

> **형사소송법** 제201조(구속) ① 피의자가 죄를 범하였다고 의심할 만한 상당한 이유가 있고 제70조 제1항 각 호의 1에 해당하는 사유가 있을 때에는 검사는 관할지방법원판사에게 청구하여

---

211 참고인과 증인을 개념적으로 구별해야 한다. 수사 단계에서의 참고인을 기소 이후 공판 단계에서 증거조사를 위해 소환하는 경우에는, 법원에서 선서를 하게 하고 진술을 듣게 되는데, 이때 진술하는 자는 '증인'의 지위를 갖게 된다.

> 구속영장을 받아 피의자를 구속할 수 있고 사법경찰관은 검사에게 신청하여 검사의 청구로 관할지방법원판사의 구속영장을 받아 피의자를 구속할 수 있다.

> **형사소송법** 제106조(압수) ① 법원은 필요한 때에는 피고사건과 관계가 있다고 인정할 수 있는 것에 한정하여 증거물 또는 몰수할 것으로 사료하는 물건을 압수할 수 있다.

> **형사소송법** 제109조(수색) ① 법원은 필요한 때에는 피고사건과 관계가 있다고 인정할 수 있는 것에 한정하여 피고인의 신체, 물건 또는 주거, 그 밖의 장소를 수색할 수 있다.

임의수사가 아닌 강제수사에는 대인적 강제수사와 대물적 강제수사가 있다. ① **대인적 강제수사** 대인적 강제수사에는 체포와 구속이 있다. 체포는 구속에 앞서서 단기간 동안 수사 받는 사람의 신체의 자유를 제한하는 강제처분이고, 구속은 수사 받는 사람의 신체의 자유를 체포해 비해 장기간 제한하는 강제처분이다.[212] 체포와 구속을 하기 위해서는 법에서 정하는 요건이 반드시 갖추어져야 한다.[213] 뿐만 아니라, 현행범체포와 긴급체포[214]의 두 경우를 제외하면, 체포와 구속을 위해서는 반드시 법원이 발부하는 ─ 체포와 구속을 해도 된다는 허가장으로서의 ─ 영장이 있어야 한다. ② **대물적 강제수사** 대물적 강제수사로 대표적인 것은 압수와 수색이다. 압수는 증거로서 의미가 있다고 보이는 물건의 점유를 수사기관이 취득하는 강제처분이며, 수색은 압수할 물건을 발견하거나 피의자를 발견하기 위한 목적으로 사람의 신체나 물건 또는 일정한 장소를 뒤져서 찾는 강제처분이다.[215] 의료사고의 경우에는 예를 들어, 진료기록부를 압수할 필요가 있는 경우 해당 의료기관을 수색하여 진료기록부를 찾아내어 압수를 하게 될 것이다. 압수나 수색을 하기 위해서는 체포·구속의 경우와 마찬가지로 반드시 법원이 발부하는 '영장'이 있어야 한다.[216] 최근에는 진료와 관련된

---

212 체포와 구속의 의의에 대해서는 이주원, 『형사소송법』, 박영사, 2022, 133쪽 이하 및 145쪽 이하; 이재상·조균석, 『형사소송법』, 박영사, 2019, 244쪽 및 257쪽 참조.

213 체포의 요건은 형사소송법 제200조의2 제1항에서, 구속의 요건은 동법 제200조 제1항 및 제70조 제1항에서 규정한다. 특히 동법 제70조는 구속의 사유를 다음과 같이 규정한다: 형사소송법 제70조(구속의 사유) ① 법원은 피고인이 죄를 범하였다고 의심할 만한 상당한 이유가 있고 다음 각 호의 1에 해당하는 사유가 있는 경우에는 피고인을 구속할 수 있다. 1. 피고인이 일정한 주거가 없는 때, 2. 피고인이 증거를 인멸할 염려가 있는 때, 3. 피고인이 도망하거나 도망할 염려가 있는 때.

214 긴급체포란 피의자가 증거를 인멸할 염려가 있거나 도망하거나 도망할 우려가 있는 경우 체포영장을 받을 시간적 여유가 없어 영장 없이 체포하는 것이다(형사소송법 제200조의3 참조).

215 압수와 수색의 의의에 대해서는 이주원, 『형사소송법』, 169쪽 이하 및 123쪽 이하; 이재상·조균석, 『형사소송법』, 315쪽 이하 참조.

기록이 전자문서의 형태로 저장되는 경우가 많은데, 「형사소송법」에서는 디지털증거의 압수와 관련해서 압수의 방식이나 요건과 관련해 별도의 규정을 두고 있다(동법 제106조 및 제219조).

(3) 수사의 종결

수사기관은 법원에 공소를 제기할지의 여부를 결정할 수 있을 정도로 범죄 혐의가 해명되면 수사를 종결하는 처분을 한다. 일반 수사기관으로서의 사법경찰관이 범죄를 수사한 경우 수사를 종결하는 방식과 절차는 아래와 같다.

1) 송치 결정

사법경찰관은 범죄의 수사 후 범죄 혐의가 있다고 인정되는 경우에는 지체 없이 검사에게 사건을 송치하고 관계 서류와 증거물을 검사에게 송부하여야 한다(형사소송법 제245조의5 제1호). 검사에게 사건이 송치된 경우, 검사는 송치된 사건의 공소제기 여부 결정 또는 공소의 유지에 관하여 필요한 경우에는 사법경찰관에게 보완수사를 요구할 수 있으며(동법 제197조의2 제1항 제1호), 직접 보완수사를 하는 경우도 있다(검사와 사법경찰관의 상호협력과 일반적 수사준칙에 관한 규정 제59조 제1항). 사법경찰관이 검찰로부터 보완수사 요구를 받은 경우에는, 정당한 이유가 없는 한 지체 없이 이를 이행하고 그 결과를 검사에게 통보하여야 한다(형사소송법 제197조의2 제2항).

2) 불송치 결정

사법경찰관은 범죄의 수사 후 범죄 혐의가 있다고 인정되지 않는 경우에는 그 이유를 명시한 서면과 함께 관계 서류와 증거물을 지체 없이 검사에게 송부하여야 하며, 이때 검사는 송부받은 날부터 90일 이내에 사법경찰관에게 서류등을 반환하여야 한다(형사소송법 제245조의5 제2호). 검사는 당해 불송치가 위법 또는 부당한 때에는 그 이유를 문서로 명시하여 사법경찰관에게 재수사를 요청할 수 있다(동법 제245의8 제1항). 사법경찰관은 재수사를 한 후 범죄의 혐의가 있다고 인정되면 검사에게 사건을 송치하고 관계 서류와 증거물을 송부하며, 기존의 불송치 결정을 유지하는 경우에는 재수사 결과서에 그 내용과 이유를 구체적으로 적어 검사에게 통보한다(검사와 사법경찰

---

216 형사소송법 제113조(압수·수색영장) 공판정 외에서 압수 또는 수색을 함에는 영장을 발부하여 시행하여 야 한다.

관의 상호협력과 일반적 수사준칙에 관한 규정 제64조 제1항).

3. 공소 제기(기소)

> **형사소송법** 제246조(국가소추주의) 공소는 검사가 제기하여 수행한다.

수사가 개시된 사건이라도, 검사가 수사 결과에 기초하여 법원에 행위자에 대한 판단을 구하는 의사표시를 해야만 법원에 의한 형사재판의 절차로 나아가게 된다. 공소제기(또는 기소)란 검찰이 법원에 행위자의 심판을 구하는 의사표시를 하는 것이다. 공소제기는 수사기관 중 검사만이 할 수 있으며(기소독점주의), 검사는 공소제기를 할 것인지의 여부를 결정할 재량을 갖는다(기소편의주의).[217]

[민사소송에서의 '소의 제기' vs. 형사소송에서의 '기소'] ① **민사소송의 시작** 민사소송은 서로 다투는 두 당사자 간의 법률관계를 공평하게 조율하는 절차이다. 그렇기 때문에 예를 들어 계약의 두 당사자가 있다면 그중 한 당사자가 '다른 당사자가 계약 내용에 따른 의무를 이행하지 않았다'고 주장하면서 '소송을 직접 제기해야' 소송이 시작된다. ② **형사소송의 시작** 이와는 달리 형사소송은 어떤 사람이 행한 행위가 과연 국가가 형법상 범죄라고 규정한 행위에 해당하는지를 판단하기 위한 소송이다. 국가가 형법에서 범죄 행위를 규정하는 것은 당사자들 간의 문제를 공평하게 조율하고 해결하는 데에 초점을 맞춘 것이라기보다, 국가적으로 또는 사회적으로 보았을 때 잘못된 행위에 대해서 형벌을 부과함으로써 사회질서를 유지하거나 또는 범죄를 예방하는 데에 초점을 맞춘 것이다. 그렇기 때문에 국가는 사건을 인지하면 범죄의 피해자가 이를 문제 삼으려 하건 그렇지 않건 간에 - 즉, 범죄의 피해자나 사건을 알게 된 제3자가 요청하지 않더라도 - 수사를 통해 형벌 부과의 필요성 여부를 (일차적으로) 판단해야 한다. 경찰과 검찰은 바로 국가로부터 이러한 역할 수행의 임무를 부여받은 수사기관이다. 특히 검찰은 수사 후 범죄행위가 있었고 행위자에 대한 처벌이 필요하다고 생각되면 법원에 '공소를 제기'하면서 판단을 구하게 된다. 이와 같이 형사소송은 - 민사소송에서처럼 법률관계의 당사자인 사인(私人)의 소 제기에 의해서가 아니라 - 검사의 공소제기에 의해 시작된다.

---

217 형사소송법 제247조(기소편의주의) 검사는 「형법」 제51조의 사항을 참작하여 공소를 제기하지 아니할 수 있다; 기소편의주의를 채택하고 있는 근거 중 하나는, 구체적 사안의 특성에 따라 기소 여부를 탄력적으로 결정하여 구체적 정의를 실현하고자 하는 것이다. 그러나 물론 "검사의 자의와 정치적 영향을 배제할 수 없고 국민의 신뢰를 파괴할 위험"(이주원, 『형사소송법』, 217쪽)이 있는 등 기소편의주의의 문제점도 있기 때문에, 기소편의주의를 견제하기 위한 장치들을 두는 것도 중요하다.

4. 공판

검사가 공소를 제기하면 법원은 재판을 진행하여 문제 된 행위에 대한 최종적인 법적 판단, 즉 문제 된 행위가 범죄인지 여부 및 행위자의 형사처벌 여부와 방식에 대한 판단을 내린다. 형사재판이 시작되면 수사단계에서 피의자였던 의료인이나 의료기관의 신분은 피고인으로 바뀐다. 검사의 공소 제기 후 소송절차가 종료할 때까지의 전체 절차를 '공판'이라 부른다(넓은 의미의 공판). 공판은 좁은 의미에서는 공판정에서 재판이 이루어지는 공판기일을 의미한다(좁은 의미의 공판).

(1) 공판준비절차

> **형사소송법** 제266조의5(공판준비절차) ① 재판장은 효율적이고 집중적인 심리를 위하여 사건을 공판준비절차에 부칠 수 있다.

검사가 공소를 제기하면 법원은 지체 없이 공소장 부본을 피고인 의사나 의료기관 또는 변호인에게 제1회 공판기일 5일 전까지 송달해야 한다(형사소송법 제266조). 피고인이 되는 의사나 의료기관 또는 이들의 변호인은 공소장 부본을 송달받으면 송달받은 날부터 7일 이내에 공소사실을 인정하는지의 여부 그리고 공판준비절차에 관한 의견 등을 기재한 '의견서'를 법원에 제출해야 한다(동법 제266조의2). 법원이 공판기일 전까지 공판을 준비하는 과정 전체를 '넓은 의미의 공판준비절차'라 할 수 있다. 더 나아가 「형사소송법」은 공판기일에 사건에 대한 심리가 효율적이고 집중적으로 이루어질 수 있도록 재판장이 진행하는 '공판준비절차'를 규율하는데, 이를 '좁은 의미의 공판준비절차'라 부른다(동법 266조의5 제1항). 이 절차는 주장이나 입증계획을 서면으로 준비하게 하면서 진행할 수도 있고 공판준비기일을 열어서 진행할 수도 있다(동조 2항). 검사, 피고인, 변호인은 이러한 준비절차가 원활히 진행되도록 협력할 의무가 있다(동조 3항). 더 나아가 검사와 피고인측은 공판준비를 위해 공판기일 전에 증거나 상대방의 주장과 관련된 서류에 대해 열람·등사나 교부를 신청할 수 있다(동법 제266조의11). 아울러, 기소 후 공판기일 전인 공판준비절차에서 검사나 피고인 또는 변호인이 증거조사를 신청하는 경우, 법원은 공판준비에 필요하다고 인정하면 증거조사를 할 수 있다(동법 제273조 제1항). 그리고 제1회 공판기일 전에 한하여는, 당사자는 미리 증거를 보전하지 않으면 그 증거를 사용하기 곤란한 사정이 있는 때에 미리 판사에게 증거보전을 청구할 수 있다(동법 제184조). 이러한 증거보전신청은 수사단계에서도 가능하다.

(2) 공판기일

> **형사소송법** 제275조(공판정의 심리) ①공판기일에는 공판정에서 심리한다.

공판준비가 끝나면 공판기일에 공판이 진행된다. 공판을 개정하기 위해서는 피고인 의사나 의료기관 그리고 검사가 공판정에 출석해야 한다(형사소송법 제275조 제2항, 제276조). 다만 변호인의 출석은 공판을 개정하는 요건은 아니다. 공판기일은 모두(冒頭)절차[218]로 시작하여, 증거조사 · 피고인신문 · 최종변론으로 이루어지는 ― 공판절차의 핵심인 ― 사실심리절차를 거쳐 판결을 선고하면서 종료된다.

1) 증거조사

사실심리를 위해 무엇보다 중요한 것은 증거조사이다. 증거조사는 ① 당사자의 신청에 의한 증거조사와 ② 법원의 직권에 의한 증거조사가 있다. ①이 원칙이며 ②는 보충적으로 이루어진다. 법원은 당사자가 신청한 증거를 먼저 조사하고, 그 후 직권으로 증거를 조사한다(형사소송법 제291조의2). 당사자나 변호인이 공판을 지연시키기 위해 고의적으로 증거를 늦게 신청하는 경우, 법원은 직권 또는 상대방의 신청에 따라 이를 각하할 수 있다(동법 제294조 제2항).

증거조사의 방법에는 서류와 물건 등의 조사, 증인에 대해 질문하고 답변을 듣는 증인신문, 전문지식과 경험을 가진 제3자의 판단을 구하는 감정, 법원이 물건이나 신체의 존재나 상태 등을 감각기관을 통해 직접 인지하는 검증 등이 있다. ① **증인신문** 증인신문은 ― 수사절차에서의 참고인조사처럼 ― 소송 당사자가 아닌 제3자로부터 실제로 경험한 사실을 내용으로 하는 진술을 얻는 것이다.[219] 증인신문은 당사자나

---

218 모두절차에서는 피고인에게 진술거부권을 고지하고 피고인을 확인하는 인정신문이 이루어진 후 검사가 사건 개요와 입증 방침을 밝히고 피고인이 공소 사실 인정 여부를 진술하며 재판장이 쟁점 정리를 한다. 모두절차의 진행에 대해서는 이주원, 『형사소송법』, 349쪽 이하; 이재상 · 조균석, 『형사소송법』, 481쪽 이하 참조.

219 이주원, 『형사소송법』, 364쪽 이하; 이재상 · 조균석, 『형사소송법』, 493쪽 이하 참조.

변호인의 신청에 의해 이루어지게 되는데, 예를 들어 피해자인 환자나 환자의 법정대리인(환자가 사망한 경우에는 환자의 배우자, 직계친족, 형제자매)도 자신을 증인으로 신문해 달라고 신청할 수 있다(동법 제294조의2 제1항). 법원이 증인을 소환하면 증인은 정당한 사유가 없는 한 출석의 의무가 있다(동법 제151조). ② **감정** 감정이란 전문지식과 경험을 가진 제3자가 사실판단을 하는 것이다.[220] 특히 의료사고로 인한 형사소송의 경우에는, 의료민사소송의 경우와 마찬가지로, 감정이 중요한 증거조사 방법이 된다. 법원은 학식과 경험 있는 자에게 감정을 명할 수도 있고(동법 제169조), 병원이나 단체 또는 기관 등에 감정을 촉탁할 수도 있다(동법 제179조의2 제1항). 많은 경우 법원은 의료기관이나 관련 단체에 위탁하여 의료지식에 기초한 판단을 구한다. 다만, 민사소송에서와 마찬가지로 법원의 법적 판단은 감정 결과에 기속되지 않는다.[221] 감정인의 판단은 여러 증거자료 중 하나로,[222] 법원은 감정 결과뿐만 아니라 여러 사정 등을 종합해서 독자적으로 의사의 형사책임 유무를 판단한다.

2) 피고인신문과 최종변론

증거조사가 끝나면 피고인인 의사에 대해 검사나 변호인이 공소사실 등에 관해 필요한 사항을 신문하는 피고인신문이 있게 된다(형사소송법 제296조의2 제1항). 재판장도 필요하면 피고인을 신문할 수 있다(동조 제2항). 재판장이 필요하다고 인정하면 증거조사 완료전이라도 피고인신문을 허가할 수 있다(동조 제3항). 피고인신문이 끝나면 검사의 의견진술, 변호인과 피고인의 최후진술이 이루어지고(최종변론), 변론이 종결된다.

3) 판결 선고

증거조사, 피고인신문, 최종변론으로 구성되는 사실심리의 과정이 종료되면 법원은 판결을 위한 심의를 거쳐 판결을 선고한다. 선고는 변론을 종결한 기일에 해야 하며, 특별한 사정이 있는 때에 한해 변론종결 후 14일 이내로 선고기일을 지정하여야 한다(형사소송법 제318조의4 제1항). 판결 선고는 공판정에서 재판서에 의하여야 하며(동법 제42조), 즉일 선고의 경우에는 선고 후 5일 내에 판결서를 작성하면 된다(동법

---

220 이주원, 『형사소송법』, 387쪽 이하; 이재상·조균석, 『형사소송법』, 515쪽 이하 참조.
221 대법원 1996.5.10. 선고 96도638 판결.
222 이주원, 『형사소송법』, 389쪽.

제318조의4 제2항). 선고는 재판장이 판결원본에 의해 판결주문을 읽고 판결이유의 요지를 설명하면서 이루어진다(동법 제43조). 형을 선고하는 경우에는 재판장은 피고인에게 상소할 기간과 상소할 법원을 고지해야 하며(동법 제324조), 판결의 선고로 공판절차는 그 심급에서 종료되고, 상소기간이 진행된다(동법 제358조, 제374조).

III. 의료형사책임

1. 의의

> **형법** 제268조(업무상과실 · 중과실 치사상) 업무상과실 또는 중대한 과실로 인하여 사람을 사망이나 상해에 이르게 한 자는 5년 이하의 금고 또는 2천만원 이하의 벌금에 처한다.

의료사고의 나쁜 결과인 건강이나 생명 침해는 형법상 사람을 '상해'나 '사망'에 이르게 한 것이다. 이때 의사에게 과실이 있고 그 과실과 악결과 사이에 인과관계가 인정되면, 「형법」 제268조에서 규정하는 업무상과실치사상죄가 적용될 수 있다.[223] 의사의 의료행위는 사회생활상의 지위에 기초해 반복 · 계속적으로 하는 사무로 동조에서 말하는 '업무'에 해당하기 때문이다. 업무상 과실치상이나 과실치사가 아닌 일반적인 과실치상 또는 과실치사행위에 대해서는 「형법」 제266조(과실치상죄) 및 제267조(과실치사죄)에서 규정하고 있다. 「형법」 제268조는 행위자의 과실이 '업무상' 과실에 해당하면 과실치상죄나 과실치사죄보다 더 무겁게 처벌하는 규정이다.

[업무상과실치사상죄의 요건] 의료사고에서 의사에게 업무상과실치사상죄가 성립하기 위해서는, ① 의사에게 업무상과실이 있고, ② 환자에게 상해나 사망의 결과가 발생했으며, ③ 의사의 과실과 환자의 상해나 사망의 결과 사이에 인과관계가 있어야 한다. 이러한 성립 요건들은 의료민사책임의 인정 요건과 어쨌든 형식적으로는 매우 유사하다. 요건 ②는 의료사고를 문제삼을 때 이미 좋지 않은 결과를 확인하면서 충족되었다고 볼 수 있으므로 면밀한 검토를 필요로 하는 것은 ①과 ③의 요건이다.

---

223 의사에게 고의가 있는 경우는 거의 생각하기 어려우므로, 상해죄(형법 257조)나 살인죄(동법 250조)의 성립 여부는 이 책에서는 다루지 않을 것이다.

['의심스러울 때는 피고인의 이익으로(in dubio pro reo)' 원칙] 형사책임의 요건을 살펴보기에 앞서, 꼭 염두에 두어야 하는 형법 및 형사소송법의 대원칙이 있다. 피고인에게 유죄를 인정하기 위해서는 어디까지나 "합리적인 의심이 없는 정도"의 증명이 있어야 한다는 원칙이다. 「형사소송법」은 범죄의 사실을 인정하기 위해서는 증거가 있어야 한다고 규정하고(형사소송법 제307조 제1항), 어떤 증거에 기초해 사실을 인정할 수 있으려면 그 증거가 "합리적인 의심이 없는 정도"로 범죄사실을 증명할 수 있는 것이어야 한다고 규정한다(동조 제2항). 이와 관련하여 형사책임의 인정에 대해 '의심스러울 때에는 피고인의 이익으로(in dubio pro reo)'라는 원칙이 작동한다. 바로 이러한 점에서 형사소송은 민사소송과 큰 차이점이 있다. 손해의 공평한 부담을 이념적 목표로 삼는 민사소송에서는 – 앞서 기술했듯 – 환자의 입증 부담을 완화하는 법리가 발전해왔다. 하지만 이런 법리는 합리적 의심이 없는 정도의 증명을 요구하는 형사소송에서는 결코 타당하지 않다. 형사소송에서는 무엇보다 범죄사실이 분명히 인정될 때에만 형벌을 부과하는 것이 중요하다. 민사소송에서처럼 간접사실들에 의해서 범죄를 추정하는 것은 형사법의 근본이념에 반하는 것이다. 그렇기 때문에, 동일한 의료사고에서 의사에게 민사상 손해배상 책임은 인정되더라도 형사책임은 인정되지 않을 수 있다.

2. 업무상 과실

(1) 의의

1) 형법상 '업무'

> 업무상과실치상죄의 '업무'란 사람의 사회생활면에서 하나의 지위로서 계속적으로 종사하는 사무로, 수행하는 직무 자체가 위험성을 갖기 때문에 안전배려를 의무의 내용으로 하는 경우는 물론 사람의 생명·신체의 위험을 방지하는 것을 의무의 내용으로 하는 업무도 포함한다(대판 2022도11950).

업무상 과실치사상죄의 성립 요건인 '업무상 과실'이란 사회생활상의 지위에 기초한 사무를 함에 있어서 발생한 과실이다. 의사의 의료행위는 사람의 생명이나 신체의 위험을 방지하는 사무로 「형법」 제268조가 말하는 '업무'에 해당한다.

2) 형법상 '과실'

> **형법** 제14조(과실) 정상적으로 기울여야 할 주의(注意)를 게을리하여 죄의 성립요소인 사실을 인식하지 못한 행위는 법률에 특별한 규정이 있는 경우에 한하여 처벌한다.

「형법」 제14조는 과실을 "정상의 주의를 태만함으로 인하여 죄의 성립 요소인 사실을 인식하지 못하"는 것이라고 규정한다.[224] 민법상의 과실이 주의의무 위반이었던 것과 유사하게 형법상 과실은 주의를 정상적으로 기울이지 않은 것이다.

(2) 내용

1) 예견가능성과 회피가능성

> 의료과오사건에서 의사의 과실을 인정하려면 결과 발생을 예견할 수 있고 또 회피할 수 있었는데도 예견하거나 회피하지 못한 점을 인정할 수 있어야 한다(대판 2018도2844).

과실이 정상의 주의를 태만히 한 것이라는 「형법」 제14조의 규정 내용은 추상적이다. 다양한 상황과 사건에 따라 어떠한 주의를 기울여야 하는 것인지는 모두 다르므로, 과실 유무의 판단을 위해서는 유사한 사안에 대한 법원의 판결에서 주의의 내용을 어떻게 구체화하는지를 살펴보는 것이 중요하다. 법원은 의료사고를 기초로 하는 형사사건에서 의사에게 과실을 인정하기 위해서는, 의사가 의료행위를 함에 있어서 "좋지 않은 결과가 발생할 수 있다는 것을 예견할 수 있고 그리고 이를 회피할 수 있었음에도 불구하고 예견하지 못했고 회피하지 못한" 점이 인정되어야 한다고 말한다. 즉, 위험의 발생 및 실현에 대한 '예견가능성'과 '회피가능성'이 인정되어야 한다. 이러한 형법상 과실의 판단 기준은 민법상의 과실 판단 기준과 거의 동일하다. 다만, 이러한 기준이 충족되는지의 여부와 관련한 다양한 증거를 제시하는 입증과 관련해서 — 이미 언급했던 바와 같이 — 「민법」에서는 환자의 어려움을 고려해서 환자의 입증부담을 완화해 주기 위해 간접사실을 통해 과실을 추정하기도 하지만, 엄격한 책임원칙이 실현되어야 하는 형법에서는 그러한 추정을 결코 인정하지 않는다.

2) 판단 기준

> 의료과오사건에서 (...) 의사의 과실이 있는지는 같은 업무 또는 분야에 종사하는 평균적인 의사가 보통 갖추어야 할 통상의 주의의무를 기준으로 판단하여야 하고, 사고 당시의 일반적인 의학 수준, 의료환경과 조건, 의료행위의 특수성 등을 고려하여야 한다(대판 2018도2844).

---

224 형법 제14조는 단지 과실의 의미에 대해서만 이야기하는 규정이 아니라, 과실로 인한 행위의 처벌은 형법에서 이를 처벌한다고 별도로 규정하고 있을 때에만 예외적으로 인정함을 이야기하는 규정이다. 형법에서 금지하는 행위의 행위자를 처벌하기 위해서는 원칙적으로 행위자의 '고의'가 필요하다.

의사에게 진단상 과실이 있는지 여부를 판단할 때는 의사가 비록 완전무결하게 임상진단을 할 수는 없을지라도 적어도 임상의학 분야에서 실천되고 있는 진단 수준의 범위에서 전문직업인으로서 요구되는 의료상의 윤리, 의학지식과 경험에 기초하여 신중히 환자를 진찰하고 정확히 진단함으로써 위험한 결과 발생을 예견하고 이를 회피하는 데에 필요한 최선의 주의의무를 다하였는지를 따져 보아야 한다(대판 2018도2844).

① **평균적인 의사의 통상의 주의의무** 예견가능성과 회피가능성의 존부에 대한 판단 기준은 우선 "같은 업무 또는 분야 종사하는 평균적인 의사가 보통 기울여야 할 통상의 주의"이다. ② **임상의학의 수준** 그리고 이러한 주의 정도를 판단할 때는 사고 당시 임상의학에서 실천되고 있는 일반적인 의학 수준을 고려해야 한다. ③ **의료 환경과 의료행위의 특수성** 아울러 의료행위가 이루어진 환경이나 조건, 문제 되는 의료행위의 특수성 등도 함께 고려해야 한다.

3) 사례 분석 (기초 판례: 대판 2004도486)

1. 사실관계
30대 중반의 산모인 환자 X는 제왕절개술로 출산을 한 후 폐색전증(혈액이 응고되는 혈전으로 인해 폐의 혈관이 막히는 상태)이 발생하여 사망했다. 그 후 X에게 제왕절개술을 시행한 의사 A의 업무상과실치사죄의 책임을 묻는 형사소송이 제기되었다.

2. 쟁점
이 사안의 제1심 법원 및 제2심 법원은 A의 유죄를 인정하였고, 대법원은 원심판결을 파기하였다(대판 2004도486). 대법원의 판결문을 기초로 제2심 법원이 A의 의료상 과실을 인정한 근거와 대법원이 이를 부정한 근거를 비교해 보면서 의료형법상 과실 판단의 기준에 대해 생각해 보자.

3. 문제 해결
형법상 과실 인정 여부를 판단하기 위해서는 A에게 폐색전증이라는 위험에 대한 예견가능성과 회피가능성이 인정될 수 있었는지를 살펴보아야 한다. ① **과실 판단의 기준 1: 예견가능성** 이 사안에서 예견가능성이란 A가 X에게 폐색전증이 발생할 것을 예견할 가능성을 의미한다. ①-1 **제2심 법원의 판단** 제2심 법원은 의료상 과실 판단의 기준인 위험의 예견가능성을 다음과 같은 주요 근거와 주장에 기초하여 인정하였다: ⓐ X는 수술 후 수시로 호흡곤란 증상을 호소했으며, 저혈압, 빈맥, 발열 등의 증세를 보였다. 이러한 점은 폐색전증을 의심할 수 있게 하는 요인들이다. ⓑ 혈전으로 인한 폐색전증은 분만 전후 언제든 발생할 수 있는 치명적인 합병증으로, 이는 잘 알려진 의학 지식이다. ⓒ X는 제왕절개술로 출산하기 5년 전 혈전치료를 받은 병력이 있다. ①-2 **대법원의 판단** 대법원은 원심(제2심 법원)의 주장에 대해 각각 다음과 같이 반박하였다. ⓐ X가 보인 호흡곤란이나 현기증 등은 폐색전증의 증상과 징후 중 하나이기는 하지만, 이는 수술 후 나타날 수 있는 흔한 증상 중의 하나라서 이러한 증상만으로 폐색전증을 예상하여 이를 진단하는 것은 극히 어렵다. 또한 X가 보인 빈호흡, 저혈압, 빈맥 등의 증상들은 폐색전증에 특이적인 소견이라고는 볼 수 없고 X에게 이미 발생했던 빈혈, 폐부종, 장폐색에서도 나타나는 증상이다. 특히 국내의 일반적인 내과학 교과서 그리고 산과학 교과서를 보면 폐색전증이 보이는 증상과 징후는 폐색전증에만 특이적인 것이라기보다는 "비특이적"인 증상일 수 있고 또 여러 가지 다양한 모습을 보일 수 있다. ⓑ 제왕절개술로 출산하면 폐색전증의 발생가능성이 증가하지만 전체 임산부 중에서 폐색전증이 발생할 가능성은 극히 낮다. 그리고 고령자의 출산과 제왕절개술은 보편화되어 있다. 그렇기 때문에 제왕절개술로 출산한 30대 중반의 산모가 보인 발열, 호흡곤란과 같은 증상만으로는 담당의사가 폐색전증을 예견하지 못한 것에 잘못이 있다고 볼 수 없다. ⓒ 사건 기록을 보면, A는 X가 이전에 혈전증의 병력이 있다는 점을 고지 받지 못하였다. 그렇기 때문에 원심이 이야기한 X의 병력도 폐색전증의 예견가능성을 뒷받침하는 증거가 될 수 없다. ② **과실 판단의 기준 2: 회피가능성** 이 사안에서 회피가능성이란 X에게 폐색전증이 발생하지 않도록 A가 충분히 조치를 취할 수 있었을 가능성을 의미한다. ②-1 **제2심 법원의 판단** 제2심 법원은 의료상 과실 판단의 기준인 위험의 회피가능성과 관련하여 다음과 같은 주요 근거와 주장을 제시하며 이를 인정하였다: ⓐ A는 X에게 걷기 운동을 지시하고 철저히 감독하여 혈전이 생기는 것을 방지하게 할 수 있었는데도 단순히 걷기 운동을 열심히 하라고 말하기만 했다. ⓑ 항응고제인 헤파린은 출혈 위험이 있는 환자에게는 사용할 수 없지만 수술 후 24시간이 지나면 사용할 수 있는데, X는 수술 3일 후에는 출혈이 진정되었으므로 A는 헤파린을 사용하여 폐색전증의 발생을 회피할 수 있었을 것이다. ②-2 **대법원의 판단** 대법원은 원심의 회피가능성 인정 주장이 위법하다고 보면서 다음과 같이 반박하였다: ⓐ 걷기 운동은 혈전예방을 위한 보조적인 방법이며, 사건 기록에 따르면 A는 X와 가족들에게 걷기 운동의 중요성을 설명하고 운동을 지시했으나 X 측에서 휠체어를 사용하는 등 이를 제대로 이행하지 않았다. ⓑ 대한의사협회장에게 사실조회를 의뢰한 결과, 폐색전증이 강하게 의심되는 환자의 경우 곧바로 항응고제인 헤파린을 투여하여 치료를 시작해야 하지만, 출혈이 있는 환자라면 출혈이 증가할 위험이 있기 때문에 헤파린 투여에 신중을 기해야 한다. X의 경우에는 제왕절개수술 후 2~3일간 출혈이 계속되었고 또 기록에 따른 출혈량을 보면 수술 후 3일 동안은 헤파린을 투여하는 경우 출혈이 증가할 위험을 배제할 수 없다. 그리고 그 이후에는 헤파린을 투여한다고 해도 폐색전증을 방지할 수 있는지가 확실하지 않다. 덧붙여 – 대법원은 이 사안에서 위험에 대한 예견가능성을 인정하지 않았는데 – 폐색전증이라는 위험 을 예견할 수 있었다고 보기 어려운 상황에서는 통상적인 예방조치로 헤파린을 투여할 의무를 부과할 수 없으며, 사실조회 결과 헤파린은 예방적으로 투여하지는 않는 것이 일반적이다. ③ **결론** 이 사안에서 A에 대해 폐색전증이라는 위험의 예견가능성과 회피가능성을 인정할 수 없으므로 형법상 과실이 인정되지 않아 업무상과실치사죄의 책임을 물을 수 없다. ④ **판례 소개** "원심이 이 사건에서 피고인이 피해자의 폐색전증을 예견할 수 있었다는 근거로서 들고 있는 사정들은 증거에 의하여 인정되지 않거나, 그 밖에 인정되는 사정들을 합하더라도 당시 피고인에게 피해자의 폐색전증에 관한 예견가능성을 긍정하기에는 부족하다고 할 것인바, (...) 이 사건에서 검사가 피고인의 예견가능성에 관하여 법관으로 하여금 합리적인 의심을 할 여지가 없을 정도로 입증하였다고 볼 수 없다고 할 것이다." "원심이 들고 있는 사정들은 증거에 의하여 인정되지 않거나, 또는 인정되는 사정들을 합하더라도 회피가능성을 인정하기에 부족하다."

(3) 의사의 재량

1) 의의

의사는 의료행위를 할 때 — 한 가지 방식으로만 해야 하는 것이 아니고 — 합리적인 재량의 범위를 갖는다. 이러한 점은 의사의 형사책임에 대한 판단에 고려되어야 한다.[225]

2) 사례 분석 (기초 판례: 대판 2006도1790)

1. 사실관계

H 병원에서 2003.1.30.부터 외래진료를 받아오던 산모 X가 2003.7.17. 20:30경 의사 A가 당직의로 근무할 때 주기적인 자궁수축이 있다고 호소하며 병원에 찾아왔다. A는 X에 대해 태동검사를 한 결과 5분마다 자궁수축이 관찰되고 내진 결과 자궁경부가 열려 있으며 X의 진료경력상 태아가 역위로 되었다가 정상위로 돌아온 사실이 있는 등 조산의 위험이 있어 X를 입원하게 하고 진료하며 관찰하였는데, 더 이상 자궁수축 현상은 발견되지 않았다. 이후 2003.7.24. 17:00경 실시한 태동검사에서는 조산의 징후가 발견되지 않았다. 이날 다시 당직의사로 근무하던 A는 19:00경 간호사로부터 X가 아랫배 통증을 호소한다는 보고를 받게 되어 X에게 가서 내진을 권유했는데, X가 '담당의사 선생님이 내진을 자주 하면 자궁이 열려서 해로울 수 있다고 하더라'라고 하여 좀 더 경과를 관찰하기로 하였다. 이후 간호사가 20:00경 X의 활력징후(혈압, 맥박, 체온 등)를 검사했는데 그때 X는 배가 아프다는 말을 전혀 하지 않았다. 하지만 이후 20:30경 A는 X가 10분 정도의 규칙적인 진통을 호소한다는 연락을 받았고 즉시 내진한 결과 X의 자궁경부가 7cm 정도 개대되었고 양막이 돌출되어 있으므로 조산이 임박한 것으로 보여, 조산 시 미숙아를 치료할 만한 시설(인큐베이터, 미숙아용 인공호흡기)을 갖춘 K 대학병원으로 X를 전원시켰다. 그런데 K 병원에서 제왕절개수술을 위한 검사 중 X의 양막이 터지고 태아의 두발이 질외로 나와서 제왕절개수술을 포기하고 질식분만하였으며 이 과정에서 태아가 조산으로 인해 역위로 분만되어 난산으로 인한 호흡부전으로 사망하였다.

---

225 특히 의료형사책임에 대한 판단에서는 의사의 재량의 범위를 민사책임에 대한 판단에서보다 "좀더 넓게 인정"할 필요가 있다는 이상돈·김나경, 『의료법강의』, 163쪽 참조.

2. 쟁점[226]

이 사안에서 A가 2003.7.24. 19:00에 간호사로부터 X의 복부통증에 대한 보고를 받은 후 즉시 초음파검사나 내진 등을 통해 태아가 역위인지 여부와 조산징후를 관찰하고 조산 시 미숙아를 치료할 시설이 완비된 3차 의료기관으로 신속히 후송하지 않은 것이, 「형법」상 과실에 해당하는가.

3. 문제 해결

① **의사의 재량** 의사의 의료행위가 합리적 재량의 범위 내에서 이루어졌다면, 당해 의료행위의 방식을 선택한 것에 대해 과실이 인정될 수 없다. ② **사안에의 적용** X가 조산위험이 있는 산모이기는 했으나, 상황을 종합해보고 아울러 – 계속적이고 주기적인 복부통증이 아닌 경우에는 출산진통이라기보다는 불규칙적 자궁수축 현상으로 볼 수 있고 자궁경부가 30분 안에 1~2cm에서 7~8cm까지 개대가 이루어진 것은 뚜렷한 규칙적인 출산의 진통 과정이 이루어지지 않은 상태로서 출산의 진통은 시작되지 않은 것으로 보아야 타당하다는 – 진료차트의 감정 결과를 함께 고려하면, 2003.7.24. 19:00경 X가 호소한 복통이 분만진통이라고 단정하기 어렵다. 따라서 이러한 상황에서 내진이나 초음파검사 없이 경과를 관찰하기로 한 A의 행위는 진료행위에 있어서 합리적인 재량의 범위를 벗어난 것이라고 보기 어렵다. 그러므로 A가 X에 대한 진료행위를 함에 있어 형법상 과실이 있었다고 볼 수 없다. ③ **판례 소개** "산모를 문진한 후 출산진통이 아니라고 판단하여 별다른 검사를 하지 않은 상태로 경과를 관찰하기로 했더라도 이 사실만으로 피고인이 일반적으로 산부인과 의사에게 요구되는 주의의무를 위반한 것이라고 보기는 어렵다."

(4) 의료분업

의료는 의료인 1인이 단독으로 수행하는 경우도 있지만, 다수의 의료인이 팀을 이루어 '분업'을 하며 수행하는 경우가 많다. 의료행위가 분업의 형태로 이루어지면, 서로 간의 의사소통이 불완전하거나 각 의료행위들이 서로 조화를 이루지 못하는 등의 위험이 발생할 수 있다.[227] 이로 인해 환자에게 좋지 않은 결과가 발생하는 경우, 분업관계에 있는 의료인들이 부담하는 책임은 분업의 형태에 따라 다르다.

---

226 이 사안의 기초 판례에서는 과실 판단의 다른 기준들에 대한 검토도 이루어졌지만, 여기서는 이 단락에서 다루는 의사의 재량과 관련한 쟁점만을 다룰 것이다.

227 이와 관련해서 의료분업의 위험원으로 "의사소통상의 하자", "조정상의 하자", "자질상의 하자", "분담영 역설정상의 하자"를 설명하는 이상돈·김나경, 『의료법강의』, 164쪽 참조.

1) 수직적 의료분업

의사는 전문적 지식과 기능을 가지고 환자의 전적인 신뢰 하에서 환자의 생명과 건강을 보호하는 것을 업으로 하는 자로서, (...) 간호사로 하여금 의료행위에 관여하게 하는 경우에도 그 의료행위는 의사의 책임 하에 이루어지는 것이고 간호사는 그 보조자에 불과하므로, 의사는 당해 의료행위가 환자에게 위해가 미칠 위험이 있는 이상 간호사가 과오를 범하지 않도록 충분히 지도·감독을 하여 사고의 발생을 미연에 방지하여야 할 주의의무가 있고, 이를 소홀히 한 채 만연히 간호사를 신뢰하여 간호사에게 당해 의료행위를 일임함으로써 간호사의 과오로 환자에게 위해가 발생하였다면 의사는 그에 대한 과실책임을 면할 수 없다(대판 97도2812).

간호사가 '진료의 보조'를 함에 있어서는 모든 행위 하나하나마다 항상 의사가 현장에 입회하여 일일이 지도·감독하여야 한다고 할 수는 없고, 경우에 따라서는 의사가 진료의 보조행위 현장에 입회할 필요 없이 일반적인 지도·감독을 하는 것으로 족한 경우도 있을 수 있다 할 것인데, 여기에 해당하는 보조행위인지 여부는 보조행위의 유형에 따라 일률적으로 결정할 수는 없고 구체적인 경우에 있어서 그 행위의 객관적인 특성상 위험이 따르거나 부작용 혹은 후유증이 있을 수 있는지, 당시의 환자 상태가 어떠한지, 간호사의 자질과 숙련도는 어느 정도인지 등의 여러 사정을 참작하여 개별적으로 결정하여야 할 것이다(대판 2009도7070).

수직적 의료분업이란 의사와 간호사의 관계처럼 위계질서를 전제로 한 수직적 관계에서 이루어지는 분업이다. ① **관리·감독 의무** 수직적 의료분업에서 상위 의료인은 하위 의료인이 야기할 수 있는 위험을 관리·감독할 의무, 즉 하위 의료인의 의료행위가 적절하게 이루어지고 있는지를 확인하고 감독할 의무가 있다. 하위 의료인의 과실로 나쁜 결과가 발생한 경우, 상위 의료인이 하위 의료인을 관리·감독할 의무를 위반했다면 상위 의료인에게도 업무상과실이 인정된다. 다만, 예를 들어 의사와 간호사 사이의 의료분업에서 의사가 간호사의 모든 진료보조행위에 대해 일일이 진료보조현장에 직접 가서 지도·감독을 할 필요는 없다. 실제 현장에서 지도·감독을 해야 할 필요가 있었는지의 여부는, 그 행위의 위험, 부작용이나 후유증의 가능성, 환자의 상태, 간호사의 자질과 숙련도 등 다양한 사항들을 고려하여 종합적으로 판단한다.[228] ② **위임 한계 준수 의무** 상위 의료인이 하위 의료인에게 그의 능력 범위를 넘어서는, 즉 하위 의료인에게 위임해서는 안 되는 업무를 위임하는

---

228 대법원 2003.8.19. 선고 2001도3667 판결.

것은, 그 자체로 상위 의료인의 업무상 과실에 해당한다.[229]

[간호사의 진료보조] 「의료법」 제2조 제3항 제2호는 간호사의 업무를 규정한다. 특히 간호사가 의사, 치과의사, 한의사와 함께 의료행위를 하는 경우를 전제하여 규정하는 나목은, 간호업무를 "의사, 치과의사, 한의사의 지도하에 시행하는 진료의 보조" 활동이라 규정한다. 이 규정에 비추어 보면, 의사와 간호사 간의 수직적 의료분업 관계에서는, 의사는 간호사의 업무를 적절한 방식으로 "지도"할 의무를 부담하고, 간호사는 의사의 지시에 따라 업무를 수행할 의무를 부담한다. 이와 관련하여 법원은 간호사가 의사의 진료를 보조할 때는 "특별한 사정이 없는 한 의사의 지시에 따라 진료를 보조할 의무가 있다"[230]고 판시한 바 있다.

2) 수평적 의료분업

수평적 의료분업이란 의료인들이 동등한 지위에 입각해 협력하는 분업의 형태이다. 예를 들어 외과 수술을 하면서 마취를 하는 마취과 전문의와 수술을 하는 외과 전문의가 팀을 이루는 경우 이들의 분업은 수평적 의료분업에 해당한다. 수평적 의료분업의 경우 각 의료인에게 혹여나 상대방이 주의의무를 위반할 가능성, 그러니까 과실을 범할 가능성까지를 염두에 두고 이에 대비할 의무를 부과하면, 원활한 업무 수행이 불가능할 것이다. 즉, 수평적 의료분업의 경우 각 의료인은 자신이 분담한 업무에 대한 주의의무를 다하고 상대방도 그럴 것이라고 신뢰하였다면 상대 의료인의 과실에 대해서까지 형법적 책임을 부담하지 않는다. 이를 형법에서는 '신뢰의 원칙'[231]이라고 부른다.[232]

---

229 김나경, 「의료사고와 의료분쟁」, 58쪽; 이상돈 · 김나경, 「의료법강의」, 168쪽 참조.

230 대법원 2010.10.28. 선고 2008도8606 판결.

231 형법상 신뢰의 원칙에 대해서는 이재상 · 장영민 · 강동범, 「형법각론」, 박영사, 2019, 79쪽 이하 참조.

232 참고로 민사소송에서도 경우에 따라 신뢰의 원칙에 기초하여 면책될 수 있는 경우가 있다. 환자를 다른 의료기관으로 '전원'하는 경우, 전원을 받는 의사는 "전원을 하는 또 다른 전문가인 의사"의 판단을 묻고 "그 판단을 신뢰할 수 있다"고 보며 신뢰의 원칙을 인정한 판례를 소개하는 박영호, 「천자평석 - 전원의무와 신뢰의 원칙(대상판례: 대법원 2005.6.24.선고 2005다16713 판결)」, 2007.6.2., 로앤비(http://www.labnb.com) (최종접속일: 2020.11.30.) 참조.

3) 사례 분석 1: 수직적 의료분업 (기초 판례: 대판 97도2812)

1. 사실관계

H 대학병원의 의사 A는 간경화 및 식도정맥류 출혈로 입원한 환자 X 및 다른 환자 Y의 수혈을 담당하였다. A는 간호사 B에게 X의 수혈을 위한 혈액봉지 교체를 맡기면서, Y의 혈액봉지를 X의 혈액봉지와 구분하지 않고 간호처치대 위에 놓아두었고 B에게 별다른 주의를 환기시키지 않은 채 회진을 하기 위해 그 현장을 떠났다. 혈액봉지에는 환자의 성명, 혈액형 등이 기재되어 있긴 했지만 X 외에 다른 수혈 환자 Y가 있는 것을 모르고 있던 B는 Y의 혈액봉지를 X의 것으로 오인하고 이를 X에게 수혈했다. 마지막 혈액봉지의 혈액이 X에게 상당량 수혈될 때까지 A는 수혈 현장으로 돌아오지 않았고 X는 사망하였다.

2. 쟁점[233]

의사 A에게 환자 X에 대한 수혈 업무 이행과 관련한 업무상 과실(형법 제268조)이 인정될 수 있는가.

3. 문제 해결

① **수직적 의료분업에서 의사의 의무** 의사와 간호사가 함께 의료행위를 하는 경우, 이들의 분업 형태는 수직적 의료분업에 해당한다. 이때 상위 의료인인 의사가 하위 의료인인 간호사에게 업무를 위임하는 경우 의사는 위임의 한계를 준수해야 한다. ② **사안에의 적용** 이 사안에서 A는 두 명의 환자 X, Y에 대한 수혈을 동시에 담당하면서 그들에게 수혈할 혈액봉지를 같은 장소에 구분 없이 준비해 두었고, 이와 같이 혈액 봉지가 바뀔 위험이 있는 상황에서 아무런 조치도 취하지 않고 간호사 B에게 수혈을 일임하였으며 마지막 혈액봉지가 X에게 상당량 수혈될 때까지 수혈 현장으로 돌아오지 않았다. 그렇다면 A의 B에 대한 업무 위임이 위임의 한계를 준수한 것인가. 수혈을 담당하는 의사는 무엇보다 수혈에 앞서 혈액봉지가 환자의 것인지 여부를 확인하여 – 다른 환자의 혈액 봉지를 잘못 수혈함으로써 – 환자에게 위해가 발생하는 것을 방지해야 한다. 그렇기 때문에 이 사안에서 A는 혈액봉지가 바뀔 위험을 방지하기 위해 직접 A의 혈액봉지를 교체하거나, 또는 B에게 혈액봉지의 교체를 맡기더라도 이러한 점을 잘 주지시켜 B가 혈액봉지를 잘 확인하도록 하고 스스로 사후 점검을 하여 환자에게 위해가 발생하지 않도록 해야 한다. A는 B에게 수혈업무를 일임하고 X에게 위해가 발생하지 않도록 할 주의를 기울이지 않았으므로, A에게는 업무상 과실이 인정된다. 참고로, 대법원은 이 사안에서 A는 특히 "만연히", 즉 '어떤 목적 없이 되는 대로 놔두면서' B에게 수혈업무를 일임하였다고 표현하였다. 이는 A의 위임이 위임의 범위를 벗어났음을 분명히 하는 판시라 할 수 있다. ③ **판례 소개** "피고인(의사)으로서는 혈액봉지가 바뀔 위험을 방지하기 위하여 직접 피해자의 혈액봉지를 교체하거나, 간호사에게 혈액봉지의 교체를 맡기는 경우에도 그와 같은 사정을 주지시켜 간호사로 하여금 교체하는 혈액봉지를 반드시 확인하게 하고, 스스로 사후 점검을 하여 혈액봉지가 바뀜으로 인하여 피해자에게 위해가 발생하지 않도록 필요한 조치를 취하여야 할 주의의무가 있다."

4) 사례 분석 2: 수직적 의료분업 (기초 판례: 2001도3667)

1. 사실관계

의사 A는 간호사 B에게 환자 X에게 항생제, 소염진통제 등을 정맥주사하도록 지시하였다. 이 정맥주사는 대퇴부 정맥에 수액공급을 위해 연결된 튜브로 주사액을 주입하는 방식으로 이루어지는 것이었다. 이러한 정맥주사 과정에서 B는 신경외과 간호실습을 하고 있던 간호학과 대학생 C에게 정맥주사를 하도록 했는데, C는 대퇴부 정맥에 연결된 튜브에 주입해야 할 주사를 머리와 연결된 튜브에 하였고, 환자 X는 사망하였다.

2. 쟁점[234]

의사 A에게 환자 X에 대해 직접 정맥주사를 하지 않거나 주사 현장에서 직접 간호사 B를 감독하지 않은 것에 대한 업무상 과실(형법 제268조)을 인정할 수 있는가.

3. 문제 해결

① **수직적 의료분업에서 의사의 의무** 의사와 간호사가 함께 의료행위를 하는 수직적 의료분업에서, 의사는 간호사에게 위임의 한계 내에서 업무를 지시하고 다른 한편 간호사의 진료보조행위를 지도·감독할 의무가 있다. 특히, 의사가 항상 간호사의 진료보조현장에서 지도·감독해야 하는지의 여부는, 행위의 위험성, 부작용 혹은 후유증의 발생가능성, 환자의 상태, 간호사의 자질과 숙련도 등을 종합하여 판단한다. ② **사안에의 적용** 이 사안에서 의사 A의 업무상 과실 여부를 판단하기 위해서는 한편으로는 간호사 B에 대한 정맥 주사 위임이 과연 위임의 한계 내에 있는 것인지, 그리고 다른 한편으로는 만일 위임의 한계 내에 있는 것이라면 A가 B의 주사행위를 어떠한 방식으로 지도·감독해야 했는지를 살펴보아야 한다. ②-1 **위임한계 준수 의무** 이 사안에서 대법원은 그동안 간호사들이 지속적으로 의사의 처방과 지시에 따라 대퇴부에 정맥주사를 해왔고 별다른 부작용이 없었다는 점에 기초하여, A가 스스로 직접 주사를 할 의무가 있다고 보기는 어렵다고 판단하였다. 즉, A가 B에게 정맥주사를 위임한 것은 위임의 한계를 준수한 것이다. ②-2 **지도·감독 의무** 이 사안에서 대법원은 다음과 같은 점에 기초하여 – 특히 A가 현장에 입회하여 간호사의 주사행위를 직접 감독할 업무상 주의의무가 있다고 보기는 어렵다고 보면서 – A가 B에 대한 지도·감독 의무를 위반하지는 않았다고 판단하였다: ⓐ 그동안 간호사들이 주사의 방법이나 부위에 대해 정확히 이해하고 있었으며 간호사의 자질에 문제가 없었다. ⓑ 사고 당일의 주사행위 자체에 특별한 위험성이 있었다고 볼 수 없다. ⓒ 의사가 현장에 있지 않더라도 주사의 부위나 방법에 관해 주사하는 사람이 착오를 일으킬 만한 사정이 없었다. ⓓ 정맥에 직접 주사하는 것이 아닌 대퇴부정맥에 연결된 튜브를 통해 주사하는 것은 주사행위보다는 투약행위에 가깝다. ⓔ 의사 A가 이 사건의 간호사 B가 간호실습생 C에게 단독으로 주사하게 하도록 할 것이라는 사정을 예견할 수는 없다. 결국 이 사안에서 A에게 현장에서 B를 지도하지 않은 점을 기초로 업무상 과실을 인정할

---

233 이 사안에서는 여러 쟁점들이 문제 되지만, 여기서는 이 단락에서 다루는 분업관계에서 의사의 과실 인정과 관련한 쟁점만을 다룰 것이다.

수는 없다. ③ **판례 소개** "간호사가 '진료의 보조'를 함에 있어서는 모든 행위 하나하나마다 항상 의사가 현장에 입회하여 일일이 지도·감독하여야 한다고 할 수는 없고, 경우에 따라서는 의사가 진료의 보조행위 현장에 입회할 필요 없이 일반적인 지도·감독을 하는 것으로 족한 경우도 있을 수 있다."

5) 사례 분석 3: 수평적 의료분업 (기초 판례: 대판 2001도3292)

1. 사실관계

내과 전문의 A는 고혈압이 낮지 않고 두통과 구토 증세를 보이는 환자 X를 진료하면서, 이러한 증상의 원인을 판단하기 위해 뇌혈관 질환 및 뇌압 상승에 대해 신경과 전문의 B에게 협의진료를 요청하였다. 요청 결과 신경과에서는 X에게 문진과 여러 검사를 실시하였고, B는 A에게 이상 소견이 없어 보인다고 회신하였다. A는 진료 경과에 비추어 B의 회신 내용에 의문을 품을 만한 사정이 있다고 보이지 않자, 그 회신을 신뢰해 뇌혈관 계통 질환 가능성을 염두에 두지 않고 내과 영역의 진료 행위를 계속하다가 X의 증세가 호전되자 퇴원 조치를 했다. 그런데 이후 X는 뇌동맥류 파열로 식물인간 상태에 이르게 되었다.

2. 쟁점[235]

전문의 A가, 환자 X의 증세와 관련하여 신경과 영역의 검사 결과 이상 없다는 신경과 전문의 B의 회신을 믿고 이에 기초하여 진료한 이 사안에서, A가 X의 뇌출혈(뇌동맥류 파열로 인한 지주막하출혈)을 발견하지 못한 것에 대해 업무상 과실(형법 제268조)이 인정될 수 있는가.

3. 문제 해결

① **수평적 의료분업에서 신뢰의 원칙** 수평적 의료분업의 경우 분업을 하는 각 의료인들은 상대방이 과실 없이 진료한다는 것에 대한 합리적인 신뢰에 기반하여 자신의 진료행위를 하면 된다. 예를 들어, 서로 다른 전문 과목의 전문의가 협의진료를 하는 과정에서 다른 진료과목의 진료 결과를 믿지 않을 사정이 없는 한 이를 믿고 그러한 믿음에 기초해 진료행위를 했다면, 이는 합리적인 신뢰로서 형법적인 책임을 면하는 근거가 된다. ② **사안에의 적용** 이 사안에서 내과 전문의 A와 신경과 전문의 B가 협의진료를 하는 과정에서는, A가 B가 환자에게 실시한 검사 결과를 신뢰하고 이에 기초하여 진료를 했다면 – A의 내과 진료자체에 별다른 과실이 없는 한 – A에게 업무상 과실이 인정될 수 없다. ③ **판례 소개** "특히 피고인이 신경과 전문의에 대한 협의진료 결과 피해자의 증세와 관련하여 신경과 영역에서 이상이 없다는 회신을 받았고, 그 회신 전후의 진료 경과에 비추어 그 회신 내용에 의문을 품을 만한 사정이 있다고 보이지 않자 그 회신을 신뢰하여 뇌혈관계통 질환의 가능성을 염두에 두지 않고 내과 영역의 진료행위를 계속하다가 피해자의 증세가 호전되기에 이르자 퇴원하도록 조치한 점 등에 비추어 볼 때,

---

234 이 사안에서는 여러 쟁점들이 문제 되지만, 여기서는 이 단락에서 다루는 분업관계에서 의사의 과실 인정과 관련한 쟁점만을 다룰 것이다.

> 내과의사인 피고인이 피해자를 진료함에 있어서 (뇌동맥류 파열에 의한) 지주막하출혈을 발견하
> 지 못한 데 대하여 업무상과실이 있었다고 단정하기는 어렵다."

3. 인과관계

(1) 의의

> **형법** 제17조(인과관계) 어떤 행위라도 죄의 요소되는 위험발생에 연결되지 아니한 때에는
> 그 결과로 인하여 벌하지 아니한다.

의료사고에 기초하여 의사에게 '업무상과실치사상죄'의 형사책임을 묻기 위해서는, 의사의 업무상 과실과 더불어 업무상 과실과 나쁜 결과인 상해나 사망 사이에 인과관계가 인정되어야 한다. 「형법」에서는 행위가 "죄의 요소되는 위험발생에 연결"될 때에 행위자를 결과에 대한 책임을 기초로 벌할 수 있다(형법 제17조). 행위가 죄의 요소되는 위험발생에 연결된다는 것은, 인과관계에 대한 매우 추상적이고 포괄적인 기술이다. ① **상당성** 의료민사책임에서와 마찬가지로, 인과관계를 인정할 수 있는가를 판단할 때 단지 논리적 또는 조건적 인과관계의 기준에 따라 인과관계의 존부를 판단하면 인과관계의 범위가 지나치게 확대된다. 그렇기 때문에 법원은 인과관계를 인정할 수 있는지의 여부를 — 의료민사책임에서의 인과관계 인정기준과 마찬가지로 — '상당성'을 기준으로 판단한다. 즉, "상당인과관계"[236]가 바로 범죄의 성립 요건이다. 하지만 상당성이라는 기준은 여전히 매우 모호하기 때문에 조건적 인과관계의 범위를 제한하는 다양한 규범적 기준에 대한 논의가 지속되고 있다.[237] ② **예견가능성과 회피가능성** 아울러, 의료민사책임의 인과관계 판단에서와 마찬가지로, '예견가능성'과 '회피가능성'이라는 과실 판단의 기준 역시 인과관계의 인정 여부를 판단하는 중요한 기준이 된다.

---

235 이 사안에서는 여러 쟁점들이 문제 되지만, 여기서는 이 단락에서 다루는 분업관계에서 의사의 과실 인정과 관련한 쟁점만을 다룰 것이다.

236 대법원 1989.10.13. 선고 89도556 판결.

237 예를 들어 '객관적 귀속론'의 논의가 있는데 이에 대해서는 배종대, 『형법총론』, 홍문사, 2020, 161쪽 이하; 이상돈 · 김나경, 『의료법강의』, 170쪽 이하; 김나경, 『의료사고와 의료분쟁』, 61-62쪽 참조.

(2) 사례 분석 (기초 판례: 대판 90도694)

1. 사실관계

의사 A는 난소종양진단을 받은 환자 X에 대해 난소종양을 절제하는 개복술을 하면서 할로테인이라는 마취제를 사용해 전신마취를 하였다. 전신마취에 의해 개복수술을 하는 경우에는 간기능 이상이 악화되는 경우가 많아서 개복수술 전에 간의 이상 유무를 검사하는 것이 필수적인데, 이 사안에서 수술을 하기 전 A는 수술적합성 여부를 확인하기 위해 일반혈액검사, 소변검사, 흉부엑스레이검사 등은 실시했지만 혈청의 생화학적 반응에 의한 간기능 검사는 실시하지 않았다. X는 수술 후 발열증상을 보였고 이후 간세포가 죽는 간세포괴사가 일어나 간성혼수로 사망하였다.

2. 쟁점[238]

의사 A가 환자 X에게 전신마취를 하기 전 혈청 간기능 검사를 시행하지 않은 것은 A의 업무상 과실(형법 제268조)에 해당한다. 그렇다면 이러한 업무상 과실과 X의 사망 사이에 인과관계가 인정될 수 있는가.

3. 문제 해결

① **인과관계의 의의** 이 사안에서 혈청에 의한 간기능 검사를 시행하지 않은 A의 과실과 X의 사망 간에 인과관계가 인정되려면, 수술 전에 X에 대한 간기능 검사를 하였더라면 X가 사망하지 않았을 것임이 입증되어야 한다. 즉, 수술 전에 X에 대하여 혈청 간기능 검사를 했더라면 피해자의 간기능에 이상이 있다는 검사결과가 나왔으리라는 점이 증명되어야 한다. ② **사안에의 적용** 이 사안에서 원심(제2심) 법원은 인과관계를 인정하였지만, 대법원은 이러한 원심의 판단이 위법하다고 보았다. 보다 구체적으로 대법원은 다음과 같은 점들을 근거로 형법적 인과관계의 존재를 부인하였다: ⓐ 원심은 수술 전의 간 손상을 '수술 후 8일째와 9일째 시행한 피해자에 대한 혈액화학검사결과에서 간손상이 있었'다는 사실로부터 추정했는데, 이는 "경험칙에 위반"되는 것으로 옳지 않다. ⓑ 원심은 X에 대해 실시한 비(B)형 간염의 항원 및 항체 검사결과가 그 검사 시기에 모두 발견되지 않았다는 사실은 수술 당시 X가 비(B)형 간염에 의한 간장애가 있었을 가능성을 배제할 수 없다고 하였다. 하지만 수술 후 12일째 시행한 X에 대한 비(B)형 간염바이러스 검사결과는 음성이었으므로, X의 간기능 이상의 원인이 비(B)형 간염바이러스에 의하여 초래되었을 가능성은 배제할 수 있다. 이 사안은 업무상 과실이 인정되더라도 과실과 악결과 사이에 인과관계가 인정되지 않는다면 형사책임이 인정될 수 없음을 보여 준다. ③ **판례 소개** "이 사건에서 혈청에 의한 간기능검사를 시행하지 않거나 이를 확인하지 않은 피고인들의 과실과 피해자의 사망 간에 인과관계가 있다고 하려면 피고인들이 수술 전에 피해자에 대한 간기능 검사를 하였더라면 피해자가 사망하지 않았을 것임이 입증되어야 할 것이다. 즉 수술 전에 피해자에 대하여 혈청에 의한 간기능 검사를 하였더라면 피해자의 간기능에 이상이 있었다는 검사 결과가 나왔으리라는 점이 증명되어야 할 것이다(검사 결과 간에 이상이 있었더라면 의사인 피고인들로서는 피해자를 마취함에 있어 마취 후 간장애를 격화시킬 수도 있는 할로테인의 사용을 피하였을 것이다). 그러나 원심이 거시한 증거들만으로는

피해자가 수술 당시에 이미 간손상이 있었다는 사실을 인정할 수 없고 그 밖에 일건기록에 의하여도 위와 같은 사실을 인정할 아무런 자료를 발견할 수 없다."

IV. 심화 사례

이 단락에서는 의료사고에 대한 의사의 형사책임의 성립 요건들을 종합적으로 이해할 수 있는 사례를 분석해 보고자 한다.

1. 사례 분석 1 (기초 판례: 대판 2008도8606)

1. 사실관계

환자 X는 췌장의 종양을 제거하는 수술을 받았다. 수술 직후 담당 의사 A는 간호사에게 환자 X의 활력징후, 그러니까 체온, 호흡, 맥박을 측정하라고 하면서, 활력징후가 안정될 때까지 15분 간격으로 체크하고 안정되면 1시간 간격으로 4회에 걸쳐 측정하라고 지시하였다. 그리고 혈압이 일정 기준에서 벗어나면 자신에게 알려달라고 했다. 간호사 B와 C 두 명이 차례로 환자 X를 담당하게 되었다. 먼저 근무를 시작한 첫 번째 간호사 B는 X가 회복실에서 옮겨져 일반병실에 입원한 즉시인 20:30에 1번 활력징후를 측정하고 그로부터 1시간 후인 21:30에 다시 한 번 측정했다. 하지만 또 다시 측정해야 하는 22:30에는 활력징후를 측정하지 않았다. 두 번째 간호사 C는 우선 21:00에 근무시각보다 먼저 출근해서 의사가 남겨놓은 지시 사항을 확인했고 그 지시가 수행되었는지를 확인했으며, 자신의 근무시각인 23:00경부터 병실에 들어가 X의 상태를 관찰했는데 활력징후는 측정하지 않았다. 다른 한편 간호사 B는 보호자들의 요청으로 23:10쯤 X를 관찰했는데, 그 당시 X는 호흡곤란 증상을 보여 보호자들이 X에게 심호흡을 시키고 있었지만 B는 특별한 이상이 없다는 취지로 말하고 돌아갔고, 이후 X의 의식수준이 떨어지면서 잠을 자려는 태도를 보이자 보호자들이 다시 B를 찾아와 환자를 재워도 되냐고 물었고 B는 괜찮다는 취지로 답변했다. 하지만 이후 23:40경 X가 숨을 쉬지 않는 것을 보호자들이 발견했고 의료진이 심폐소생술을 시행하고 출혈로 인한 쇼크로 판단해 개복수술을 했지만 X는 사망했다.

2. 쟁점

활력징후가 안정된 후에는 활력징후를 1시간 간격으로 4회 측정하라는 의사 A의 지시를 이행하지 않은 간호사 B와 간호사 C에게 형법상의 업무상과실치사죄의 책임을 물을 수 있는가.

3. 문제 해결

---

238 이 사안에서는 여러 쟁점들이 문제 되지만, 여기서는 업무상 과실의 인정과 관련한 쟁점만을 다룰 것이다.

1) 과실 판단

① 수직적 의료분업 상황 고려 의사와 간호사가 함께 진료하는 경우에는 간호사가 의사의 진료 보조를 하는 수직적 분업 형태로 업무가 수행된다(의료법 제2조 제3항 제2호 나목). 간호사의 진료 보조 활동은 특별한 사정이 없는 한 의사의 지시에 따라 이루어져야 한다. 이 사안에서 수직적 의료분업이 원활히 이루어졌는지를 판단하기 위해서는 다음의 두 가지 사항을 확인해야 한다. **①-1 판단 기준 1: 지시의 전달 여부** 의료분업에서 중한 것은 우선, 분업을 하는 의료인들 간에 원활한 의사소통이 이루어졌는지의 여부이다. 특히 수직적 의료분업의 경우, 의사의 지시가 간호사들에게 잘 전달되고 간호사들이 이를 잘 이해했는지를 확인해야 한다. **①-2 판단 기준 2: 지시의 이행 여부 및 지시불이행의 정당화 사유 존부** 수직적 의료분업에서 상위 의료인의 지시가 하위 의료인에게 명확히 전달되고 이해되었다면, 이러한 지시가 잘 이행되었는지를 확인해야 한다. 만일 지시가 이행되지 않았다면, 간호사가 지시를 따르지 않은 특별한 사정이 있었는지를 확인해야 한다. **② 사안에의 적용** 이 사안에서 활력징후를 1시간 간격으로 4회 측정하라는 의사 A의 지시는 일반병실 간호사인 B와 C에게 명시적으로 전달되었다(요건 ① - 1).239 이렇게 명확하게 지시가 내려졌음에도 불구하고 B와 C는 이 지시를 따르지 않았으므로, 이 사안에서는 B와 C가 이러한 지시를 따르지 않은 특별한 사정은 없는지를 살펴보아야 한다(요건 ① - 2). 이 사안에서 피고인 간호사측은 자신들이 근무하는 대학병원에서 활용하는 〈외과 간호사를 위한 지침서〉를 증거기록으로 제출하였는데, 이 지침서에는 췌장암 수술을 한 경우 활력징후는 4시간 간격으로 측정한다고 되어 있었다. 하지만 이에 대해 대법원은 설령 그러한 지침서의 내용이 있더라도 이는 수술 후 활력징후가 어느 정도 안정된 다음에 측정하는 간격에 대한 것이지, 안정되는 과정에서 측정하는 간격에 대한 것은 아니라고 하면서, 이러한 지침서의 내용만으로 이 사안의 간호사 B, C가 의사의 지시에 따르지 않은 것이 정당할 수는 없다고 보았다. 뿐만 아니라 대법원은 이 대학병원의 간호부장 역시 그 업무지침서가 의사의 지시보다 앞설 수는 없다는 견해를 피력했다는 점 그리고 췌장암 수술 후 일반병실에 입원한 환자의 활력징후가 완전히 안정되기 전에도 항상 4시간 간격으로 활력징후를 측정하는 것이 임상관행도 아니고 현재 실천되는 임상의료의 수준이라고 할 수도 없다는 점을 B와 C의 지시 불이행이 정당화되기 어려운 근거 또는 A의 지시보다 B와 C의 판단이나 행동이 더 옳았다고 할 수 있는 어떤 다른 특별한 사정이 없다는 근거로 제시하였다. 이러한 점에서 B가 활력징후에 대한 3회차 측정 시각인 22:30에 활력징후를 측정하지 않았고 그 이후에도 측정하지 않은 것은 업무상 과실에 해당한다. 그리고 C가 자신의 근무교대시각이 되었으면 혹시 의사의 지시내용 중 수행되지 않은 것이 없는지를 살펴서 시급한 내용이 수행되지 않았다면 그 지시를 먼저 수행해야 하는데도 하지 않은 것, 더 나아가 첫 번째 간호사인 B가 X의 보호자의 요청으로 X를 관찰하는 동안에도 특별한 주의를 기울이지 않고 만연히 다른 업무를 보면서 4회차 측정을 해야하는 23:30까지 활력징후를 측정하지 않은 것도 업무상 과실에 해당한다.

2. 인과관계 판단

이 사안에서 활력징후를 체크하라는 A의 지시를 수행하지 않은 것이 B와 C의 업무상 과실이라면, 이러한 과실과 환자의 사망이라는 결과 사이에 인과관계가 인정되는가. **① 위험의 예견가능성과**

회피가능성 행위자가 위험 발생을 예견할 수 있었고 회피할 수 있었지는 – 과실 판단의 기준이 됨과 더불어 – 인과관계 판단의 중요한 기준이 된다. ② **사안에의 적용** 활력징후 체크는 출혈 여부를 미리 알고 대처하기 위해 필요한 것이다. 출혈의 초기 단계에서는 다른 증상보다 맥박 등 활력징후의 증상이 먼저 나타난다. 특히 췌장 종양 제거수술의 주요 부작용은 출혈이기 때문에, 췌장암 수술을 한 경우에는 출혈 경향이 나타나는지를 잘 관찰할 필요가 있다. 이 사안에서 X는 췌장 종양 제거수술 직후까지는 출혈성 경향이 없었고, 그 이후 장간막 등에서 전반적으로 피가 스미어 나오는 등의 출혈로 인해 사망하였다. 그렇다면 활력징후 체크를 하지 않은 업무상 과실은 수술 직후까지는 없었던 새로운 출혈 경향이 나타난 것을 파악하지 못하게 된 주요한 원인이 된다고 볼 수 있다. 대법원은 이 사안에서 간호사들이 활력징후를 1시간 간격으로 측정했더라면 환자가 사망하지 않았을 가능성이 충분하다고 보인다고 하였다. 즉, 간호사들이 충분히 위험을 '회피'할 수 있었는데도 그렇지 못했던 것이다. 그렇다면 이 사안에서 B, C의 업무상 과실과 X의 사망 사이에는 인과관계가 인정된다.

3. 판례 소개

"피고인1(간호사 B)은 일반병실에 올라온 피해자에 대하여 1시간 간격으로 4회에 걸쳐 활력징후를 측정할 의무가 있음에도, 3회차 활력징후 측정시각인 22:30경 이후 활력징후를 측정하지 아니한 업무상과실이 있다고 보아야 한다. 그리고 피고인2(간호사 C) 역시 자신의 근무교대시각이 되었으면 의사의 지시내용 중 수행되지 않은 것이 어떤 것이 있는지 살펴 1시간 간격 활력징후 측정 등 시급한 내용이 수행되지 않은 경우 위 지시를 먼저 수행할 의무가 있음에도, 23:00경 피해자를 관찰하고도 활력징후를 측정하지 않았고, 그 후에도 만연히 다른 업무를 보면서 4회차 측정시각인 23:30경까지도 활력징후를 측정하지 아니한 업무상 과실이 있다고 보아야 한다."

2. 사례 분석 2 (기초 판례: 대판 2010도10104)

1. 사실관계

환자 X는 2008.12.13. 목디스크 치료를 위해 한의사 A의 한의원을 방문하였다. A는 X에 대한 문진 과정에서 X가 과거에 봉침을 맞았으나 별다른 이상 반응이 없었다는 답변을 듣고, X에게 봉침에 대한 알러지 검사를 하지 않고 봉침시술을 하였다. 2008.12.13. 시행된 시술 후 X에게는 아나팔락시라는 명칭의 쇼크반응(봉침시술 후 전신에 즉시 나타날 수 있는 과민반응으로, 온몸이 붓고 가려우며 호흡을 제대로 할 수 없는 증상)이 나타났고, 이로 인해 X는

---

239 특히 활력징후 체크는, 이 사안의 판결문에서 이야기하는 바에 따르면, 출혈이 있는지의 여부를 미리 알고 대처하기 위해 수술 직후에 꼭 자주 해야 한다. 출혈 초기단계에서는 무엇보다 맥박수가 증가한다든지 하는 활력징후의 증상이 먼저 나타나며, 활력징후 이외의 다른 증상들은 출혈이 어느 정도 진행된 이후에야 나타난다.

3년간 면역치료를 요하는 상태에 이르게 되었다. 이 사건이 발생하기 전인 2007.4.13. X는 봉독액에 대한 알러지 반응검사를 받고 그 결과 이상이 없어 봉침시술을 받았으며, 이후 2007.4.16.에서 5.8.까지 8회에 걸쳐 알러지 반응검사 없이 시술을 받았었다. 그후로 한참이 지난 2008.12.1.에는 경추 염좌를 치료하기 위해 경추 부위에 봉침시술을 받았는데, 각 시술이 있을 때마다 시술 후 별다른 이상반응이 없었다.

2. 쟁점

의사 A가 환자 X에게 봉독에 대한 알러지 반응검사를 하지 않고 봉침시술을 한 것이 형법의 업무상 과실치사상죄에서의 업무상 과실에 해당하는가. 만일 업무상 과실에 해당한다면 A의 과실과 X의 상해 사이에 인과관계를 인정할 수 있는가.

3. 문제 해결

1) 과실 판단

① **알러지 검사의무의 존부** 이 사안에서 A가 알러지 반응검사 없이 봉침시술을 한 것이 주의의무 위반으로 형법상 과실에 해당하는지를 판단하기 위해서는, A에게 "환자를 상대로 알러지 반응검사를 실시할 의무"가 있었는지를 검토해야 한다. A는 문진을 통해 X가 문제가 발생한 날 전에도 여러 번 봉침시술을 받은 적이 있고 시술 후 별다른 이상 반응이 없었다는 점을 확인했다. 법원은 특히 X가 과거 이루어진 알러지 반응검사에서 이상 반응을 보이지 않았다는 점, 그리고 문제가 발생하기 12일 전의 봉침시술에서도 이상 반응이 없었다는 점을 근거로, A에게 다시 알러지 반응 검사를 실시할 의무가 있다고 보기 어렵다고 판단했다.

② **봉독액 투여량의 적절성** 더 나아가 법원은 만일 A에게 알러지 반응 검사를 실시할 의무가 있더라도, 이 사건 봉침시술은 환자의 목부위에 그 농도가 1:8,000인 봉독액 0.1cc를 1분 간격으로 4회에 걸쳐 투여하면서 이루어졌는데 이러한 투여량은 알러지 반응검사를 할 때 통상적으로 사용하는 투여량과 같은 것이었다는 점을 보면, A가 알러지 반응검사를 제대로 시행하지 않은 채 봉독액을 과다하게 투여한 것이라고 볼 수 없어 A에게 봉침시술상의 형법상 과실을 인정하기 어렵다고 보았다.

2) 인과관계 판단

의료민사책임의 요건인 인과관계의 존부를 판단할 때는, 위험의 예견가능성과 회피가능성이 중요한 기준이 된다. 이 사안에서의 좋지 않은 결과인 아나팔락시 쇼크가 과연 봉침시술 시 예견하고 회피할 수 있는 것이었는가.

① **예견가능성 판단** 이 사안에서 법원은 아나팔락시 쇼크는 10만 명당 2-3명의 빈도로 발생하는 것으로 발생빈도가 매우 낮다는 점, 쇼크 발생 여부는 봉독액의 용량과는 상관이 없는 경우가 많고 알러지 반응검사에서 이상 반응이 없더라도 이후 봉침시술 과정에서 쇼크가 발생할 수도 있는 것이라는 점, 즉 시술을 할 때 봉독액을 어떻게 조절해야 과연 쇼크를 예방할 수 있을 것인지에 대해 일정한 기준을 얘기하기가 굉장히 어렵다는 점에 기초해, 이 쇼크가 발생할 수 있다는 것을 "사전에 예측하는 것은 상당히 어렵다"고 보면서 예견가능성을 부인하였다.

② **회피가능성 판단** 더 나아가 법원은 아나팔락시 쇼크가 만일 봉독액의 투여량 때문에 발생하는 경우에도 쇼크증상은 '누적투여량', 그러니까 그동안 투여해 온 양이 일정 한계를 초과할 때

발생하게 될 것이라는 점을 지적했다. 즉, 알러지 반응검사 자체에 의해 이 한계를 초과하게 되는 경우도 있겠지만, 알러지 반응검사까지는 한계를 초과하지 않았는데 그 이후 봉침시술을 하면서 한계가 초과되는 경우도 있을 수 있는 것이다. 그렇다면 만일 투여량 때문에 쇼크가 발생한 것이었더라도, 알러지 반응검사를 했을 때는 반응이 없었는데 막상 시술을 했을 때 쇼크가 발생할 수도 있는 것이어서, 검사를 했더라도 쇼크 반응을 피할 수 있었다고 볼 수 없다. 즉, 위험의 회피가능성을 인정하기 어렵다. 결국, 법원은 ①, ②의 판단을 종합하여, 이 사안에서 A의 봉침시술과 환자의 쇼크 사이에는 상당인과관계가 인정되기 어렵다고 보았다.

4. 판례 소개

① **과실 판단** "사정이 이와 같다면, 과거 알러지 반응 검사에서 이상 반응이 없었고 피고인이 시술하기 약 12일 전의 봉침시술에서도 이상 반응이 없었던 피해자를 상대로 다시 알러지 반응 검사를 실시할 의무가 있다고 보기는 어렵고, 설령 그러한 의무가 있다고 하더라도 피고인이 4회에 걸쳐 투여한 봉독액의 양이 알러지 반응검사에서 일반적으로 사용되는 양과 비슷한 점에 비추어 보면 위 피고인이 봉침시술 과정에서 알러지 반응검사를 제대로 시행하지 않은 채 봉독액을 과다하게 투여한 경우라고 볼 수도 없다." ② **인과관계 판단** "아나팔락시 쇼크는 항원인 봉독액 투여량과 관계없이 발생하는 경우가 대부분이고, 투여량에 의존하여 발생하는 경우에도 쇼크증상은 누적투여량이 일정 한계(임계치)를 초과하는 순간 발현하게 될 것인데, 알러지 반응 검사 자체에 의하여 한계를 초과하게 되거나 알러지 반응 검사까지의 누적량이 한계를 초과하지 않더라도 그 이후 봉침시술로 인하여 한계를 초과하여 쇼크가 발생할 수 있는 점을 고려하면 알러지 반응 검사를 하지 않은 점과 피해자의 아나필락시 쇼크 내지 3년간의 면역치료를 요하는 상태 사이에 상당인과관계를 인정하기도 어렵다."

[7] 의료분쟁(Ⅲ):
화해, 조정 그리고 중재

법조문과 사례로 이해하는 의료분쟁

I. 소송외적 분쟁해결 개관

　의료사고로 인해 의료분쟁이 발생한 경우 소송을 통해 분쟁을 해결할 수도 있지만 소송 이외의 방식으로 해결할 수도 있다. 소송외적 분쟁 해결은 법원 이외의 기관을 통해 이루어질 수도 있고, 법원에 마련되어 있는 소송대체 분쟁해결 시스템을 활용해 이루어질 수도 있다. 분쟁의 당사자들이 소송 이외의 방식으로 해결하면 ① 분쟁의 신속한 해결, ② 비용 절감,[240] ③ 유연한 분쟁처리, ④ 전문가에 의한 해결 등 여러 가지 장점이 있다.[241] 특히 일반인의 입장에서는 ⑤ 변호사 선임 등의 어렵고 복잡한 절차를 거치지 않아도 되고, ⑥ 정형화된 소송절차에서보다 여러 감정을 해소하는 기회를 가질 수도 있다.[242]

　[ADR의 유형] 의료분쟁의 소송대체 분쟁해결 방식(ADR: Alternative Dispute Resolution)으로 생각할 수 있는 것은 화해, 조정, 중재이다.[243] ① **화해** 화해는 '화해계약'이나 '재판상의 화해' 제도를 통해 할 수 있다. 화해계약은 당사자들이 제3자(또는 제3의 기관)의 도움 없이 합의를 하는 것으로 엄밀한 의미에서는 ADR에 해당하지 않는다고 볼 수도 있지만, ADR 제도에 의한 분쟁해결이 보편화된 미국에서는[244] 이러한 당사자 간의 화해가 전형적인 당사자 간 분쟁해결 방법으로 ADR의 중심적인 위치를 차지하는 협상(negotiation)에 속한다고 보기도 한다.[245] 재판상의 화해에는 제소전(提訴前) 화해 제도(민사소송법 제385조)와 소송상(訴訟上)

240　예를 들어, '법원에 의한 조정'인 '민사조정'을 신청하는 경우 소송에 비해 인지 비용이 1/10밖에 되지 않는다(민사조정규칙 제3조 제1항).

241　김민중, 「민사사건과 ADR」, 『법학연구』, 전북대학교 법학연구소, 26집, 2008, 25-26쪽; 김병일, 「ADR에 의한 의료분쟁 해결의 현황과 과제 - 조정과 화해를 중심으로 - 」, 『법학연구』, 충남대학교, 제16권 제1호, 2005, 244-245쪽 참조.

242　2019년 K - MOOC 〈의료사고, 법으로 이해하기〉 제14강 중 '전문가와의 만남'에서 진행한, 당시 한국의 료분쟁조정중재원의 상임조정위원이셨던 이희석 변호사님과의 인터뷰에서는, 조정절차의 장점으로 절차의 '신속성' 및 절차에서 당사자들의 '감정적인 측면'에 대한 고려가 가능하다는 점을 확인할 수 있었다. 인터뷰의 기회에 지면을 빌어 감사드린다.

243　우리나라에서 「의료사고 피해구제 및 의료분쟁 조정 등에 관한 법률」이 시행되기 전인 2009년에서 2012년까지 민사 제1심 법원이 다룬 의료 사건 중에서 민사소송법상의 화해가 이루어진 사건의 평균 비율은 약 17.8%, 조정이 이루어진 사건의 비율은 약 16.1%이다(김나경, 『의료사고와 의료분쟁』, 65쪽).

244　미국에서 ADR이 활성화되고 이로 인해 의료소송의 수가 감소한 것은, 의료사고 발생 후 당해 사고의 당사자들 간에 원활한 커뮤니케이션이 가능하도록 하는 문화를 형성하기 위한 제반 노력이 있었기 때문이라고도 볼 수 있다. 이와 관련하여 의료인이 환자 또는 환자의 가족에게 의료사고 발생 이후 사과하는 것을 법적 책임에 대한 증거로 인정하지 않도록 하는 「사과법(Apology laws)」의 시행 및 이로 인한 의료소송의 감소 효과 등에 대해서는 김경희, 「미국사례를 통해 본 의료분쟁의 문화적 해결책 모색」, 『의료정책포럼』, 제14권 제4호, 2017, 31쪽 이하 참조.

화해 제도(동법 제145조)가 있다. ② **조정** 조정에는 「민사조정법」에 의한 조정, 「소비자기본법」에 의한 조정, 「의료사고 피해구제 및 의료분쟁 조정 등에 관한 법률」(이하 의료분쟁조정법)에 의한 조정이 있다. ③ **중재** 중재는 「중재법」상의 중재절차 그리고 「의료분쟁조정법」상의 중재절차를 통해 가능하다.

[**소송외적 분쟁해결의 의의**] 앞서 언급한 것처럼, 소송외적 분쟁해결의 과정은 – 소송에서와는 달리 – 당사자가 감정을 해소하고 자신의 이야기를 전개할 수 있는 기회를 충분히 갖도록 하는 기능을 할 수 있다. 의료분쟁은 많은 경우 환자 측이 자신의 불만을 강하게 표출하면서 시작되는데, 이때 환자 측은 의료인이나 의료기관이 자신의 이야기를 경청하지 않는 경우 스스로를 약자로 인식하게 되고 이로 인해 불만이 증폭되는 경우가 많다. 예를 들어 조정의 경우, 바로 이러한 상황에서 환자 측의 의견을 충분히 듣고 분쟁 당사자 간의 소통이 충분히 이루어질 수 있도록 돕는 역할을 할 수 있다. 환자의 입장에서는 의료사고로 인해 발생한 좋지 않은 결과가 중대한 경우 충분히 슬퍼하고 분노할 시간이 필요하다. 그리고 의료인 및 의료기관에게는 예상치 못했던 결과로 인한 충격이 있었음을 감안할 필요도 있다. 조정 과정에서는 조정인이 이와 같은 양 당사자의 이야기를 충분히 듣고 각자의 입장을 고려하면서 견해를 조율해가게 된다.[246]

II. 화해

화해란 환자와 의사가 합의하면서 더 이상 문제 된 의료사고에 대해 다투지 않겠다고 하는 것을 법적으로 분명히 하는 것이다. 법적으로 화해를 하는 방식에는 크게 화해계약, 제소전 화해 그리고 소송상 화해의 세 가지가 있다.

---

245 미국의 ADR 제도가 "협상, 조정, 중재 및 그 변형 형태"로 구성된다고 설명하는 유병현, 「미국의 소송대체분쟁해결제도(ADR)의 현황과 그 도입방안」, 『민사소송』, 제13권 제1호, 2009, 494쪽 참조.

246 이 단락의 내용은 2019년 K-MOOC 〈의료사고, 법으로 이해하기〉 제12강 중 '전문가와의 만남'에서 진행한 강요한 선생님(강남요양병원 부원장)과의 인터뷰 내용 중 일부를 글쓴이의 생각을 반영하여 수정, 보완하고 요약하여 소개한 것임을 밝혀둔다. 인터뷰의 기회에 지면을 빌어 감사드린다.

1. 화해계약

(1) 의의

> **민법** 제731조(화해의 의의) 화해는 당사자가 상호양보하여 당사자 간의 분쟁을 종지할 것을 약정함으로써 그 효력이 생긴다.

화해계약은 당사자들끼리 ─ 화해를 하도록 도와주는 제3자나 제3의 기관 없이 ─ 화해 내용에 대한 '계약'을 하는 것이다. 화해계약에 대해 규정하는 「민법」 제731조에 따르면, 화해계약이란 "당사자가 상호 양보하여 당사자 간의 분쟁을 종지할 것을 약정"하는 것이다. 화해계약도 계약의 일종이므로 계약의 주체인 분쟁 당사자들의 청약과 승낙으로 계약이 체결된다. 실무에서는 통상 환자 측에서 화해 의사를 담은 화해신청서를 의사 측에 보내고(화해의 청약), 의사 측이 화해에 응하겠다는 답변을 보내면서(화해의 승낙) 계약이 이루어진다.[247] 이러한 화해계약은 예를 들어, '의사가 환자에게 치료비와 그 밖의 손해 명목으로 얼마를 지급한다. 그리고 환자는 이후 더 이상 민사상 그리고 형사상 이의를 제기하지 않는다'와 같은 내용을 담는다.

(2) 효력

> **민법** 제732조(화해의 창설적 효력) 화해계약은 당사자 일방이 양보한 권리가 소멸되고 상대방이 화해로 인하여 그 권리를 취득하는 효력이 있다.

화해란 다툼의 대상이 되는 사실에 관해 당사자들이 서로 양보해서 합의하는 것이다. 이러한 합의를 본질로 하는 화해계약은 "당사자 일방이 양보한 권리가 소멸"되고, 상대방은 "그 권리를 취득"하는 '창설적 효력'을 발한다(민법 제732조). 즉, 화해계약에 기초해 당사자 간에 새로운 법률관계가 형성된다.[248] 다만, 화해계약은 어디까지나 '계약'이므로, 만일 당사자 일방이 계약 내용을 이행하지 않으면 다른 당사자가 이에 대해 소송을 제기하고 판결이 확정되어야 그 결과에 따른 강제집행이 가능하다. 이는 ─ 화해조서에

---

247 김나경, 『의료사고와 의료분쟁』, 65-66쪽; 화해신청서와 이에 대한 답변서의 예는 신현호·백경희, 『의료분쟁조정·소송 각론』, 125쪽 이하 참조.

248 화해계약의 효력에 대해서는 김재윤, 『의료분쟁과 법』, 율곡출판사, 2015, 210쪽 이하 참조.

기초해 확정판결과 같은 효력을 발하는 ― '재판상 화해'와의 차이점이다.

[화해계약 후 후발손해에 대한 배상청구] 의사와 환자 측이 의료사고 발생 후 화해계약을 체결하였는데 이후 환자에게 화해계약 체결 당시에는 예상하지 못했던 손해가 발생할 수 있다. 이 경우 화해계약에 기초하여 법률관계가 새로이 창설되었으므로, 이러한 손해에 대한 배상 청구는 가능하지 않은 것인가. 법원은 '① 후발손해가 합의 당시 예상 불가능한 것이었고, ② 후발손해를 예상했다면 사회통념상 그 합의 금액으로는 화해하지 않았을 것이라고 보는 것이 상당할 만큼 손해가 중대한 것이라면', 환자 측에서 그러한 부분에 대해서까지 화해계약을 통해 청구권을 포기한 것으로 볼 수는 없고, 환자 측은 후발손해에 대한 배상을 추후 청구할 수 있다고 판시한 바 있다(대판 90다16078).[249]

(3) 화해계약의 취소

1) 취소의 제한

민법 제733조(화해의 효력과 착오) 화해계약은 착오를 이유로 하여 취소하지 못한다. 그러나 화해당사자의 자격 또는 화해의 목적인 분쟁 이외의 사항에 착오가 있는 때에는 그러하지 아니하다.

화해계약이 성립되면, 특별한 사정이 없는 한, 그 창설적 효력에 의하여 종전의 법률관계를 바탕으로 한 권리의무 관계는 소멸되고 계약 당사자간에는 종전의 법률관계가 어떠하였느냐를 묻지 않고 화해계약에 의하여 새로운 법률관계가 생기는 것이므로, 화해계약의 의사표시에 착오가 있더라도 이것이 당사자의 자격이나 목적인 분쟁 이외의 사항에 관한 것이 아니고 분쟁의 대상인 법률관계 자체에 관한 것일 때에는 이를 취소할 수 없다(대판 2002다20353).

의료사고의 당사자들 간에 합의를 했더라도, 합의가 '재판상 화해'의 형태로 이루어진 것이 아니라 당사자 간의 화해계약의 형태로 이루어진 것이라면, 당사자 사이에서는 그 합의의 효력에 대한 또 다른 다툼이 발생할 수 있다. 예를 들어 한 당사자가 화해 계약의 내용이 이행되지 않음에 대해 문제 제기를 하는 경우, 다른 당사자가 이에 대해 의사표시의 착오를 이유로 화해계약의 효력을 다툴 수 있다. 이러한 다툼은 종국적으로는 민사소송을 통해 해결될 것이다. 그런데 화해계약에서는 의사표

---

249 다만, 이 판결의 기초가 된 사안의 경우에는 언급한 두 가지 요건이 충족되지 않아서 후발손해에 대한 배상청구권이 인정될 수 없었다; 이 판결에 대한 소개로는 김재윤, 『의료분쟁과 법』, 212-213쪽 참조.

시의 착오에 관한 「민법」상의 일반 원칙이 그대로 적용되지는 않는다. 「민법」은 의사표시를 할 때 법률행위 내용의 중요 부분에 대해 착오가 있다면 취소할 수 있다고 규정한다(민법 제109조 제1항). 하지만 화해계약의 경우 '화해 당사자의 자격 또는 화해의 목적인 분쟁과 관련된 사항'은 착오를 이유로 취소할 수 없다(민법 제733조).

[화해계약의 취소 기준] 대법원은 특히 착오가 '분쟁과 관련된 사항'인지의 여부에 대한 판단 기준으로 착오를 이유로 취소하려는 내용이 '합의의 전제'가 된 것이었는지의 여부를 제시한다.[250] 법원은 "분쟁의 대상이 아닌 것으로서 분쟁의 전제 또는 기초되는 사항으로 양 당사자가 예정한 것이어서 상호 양보의 내용으로 되지 않고 다툼이 없는 사실로서 양해가 된 사항"에 대해 착오가 있을 때에는 취소할 수 있다고 판시한 바 있다.[251] ① 합의의 전제에 해당하지 않는 경우 예를 들어, 수술 후 부작용이 문제 된 의료분쟁에서 의사가 환자에게 일정한 치료비와 생활비 등을 지급하는 화해계약이 체결된 경우, 대법원은 '수술 행위와 수술 후 증세 사이의 인과관계 유무 및 이에 대한 의사의 책임 유무'는 "분쟁의 대상인 법률관계 자체에 관한 것", 즉 '화해의 목적인 분쟁'과 관련된 사항이지 '합의의 전제'가 아니라고 보았다(대판 94다42846). ② 합의의 전제에 해당하는 경우 예를 들어, 치료 직후 환자가 사망했고 의사가 환자의 유족에게 1억 1,000만 원의 손해배상금을 지급하는 화해계약을 체결했는데 이후 환자의 사망 이유는 의사의 치료행위와 전혀 무관하다고 밝혀진 사안에서, 대법원은 의사의 합의는 어디까지나 자신이 "민사상의 손해배상책임은 물론 나아가 형사적 책임까지도 질 수도 있다고 판단"함을 전제로 했던 것이고 "인간적·도의적 측면만으로 이 사건과 같은 거액의 돈을 지급한다는 것은 경험칙에 현저히 반하"는 것이므로, 이 사안의 합의는 의사의 과실을 전제로 한 것이라고 보았다. 즉, 이 사안에서 법원은 의사의 "민사상의 손해배상책임의 존재 그 자체는 분쟁의 대상이 아니라 합의의 전제"라고 보아 의사의 화해계약 취소를 인정하였다(대판 2001다49326). 그 밖에도 법원은, 의사가 환자의 감기몸살을 진료하면서 진통해열제를 주사하고 내복약을 조제해 주는 치료를 한 뒤 환자가 자신의 집에서 사망하여, 의사가 환자 가족에게 손해배상금을 지급하고 환자 가족은 의사에게 민·형사상 책임을 묻지 않기로 하는 화해계약이 체결된 사안에서, 이후 환자의 사망원인이 의사의 진료행위와는 관련이 없는 것으로 판명이 된 경우 의사와 유족 간의 합의는 "화해의 목적이 아닌 환자의 사인에 관한 착오로 인하여 이루어진 것"으로 "의사의 취소 통고로 적법하게 취소"될 수 있다고 판시한 바 있다(대판 90다12526).

---

250 다음의 사례 중 대법원 1995.10.12. 선고 94다42846 판결 및 대법원 2001.10.12. 선고 2001다49326 판결은 김나경, 『의료사고와 의료분쟁』, 66~67쪽에서 같은 취지로 간략히 소개한 바 있다.
251 대법원 1990.11.9. 선고 90다카22674 판결.

2) 사례 분석 1 (기초 판례: 대판 94다42846 및 서울고법 92나64356)

1. 사실관계

오래전부터 축농증을 앓고 있던 환자 X는 의사 A가 개설한 이비인후과 의원에서 검사를 받고 코에 거대한 코혹이 있다는 진단을 받아 이를 제거하는 수술을 받았다. 수술이 진행되는 동안 X는 A에게 통증을 호소했지만 A는 X에게 참으라고만 하고 수술을 계속했다. 그러던 중 A가 X의 코 안에 핀셋을 넣고 적출해야 하는 부위를 잡고 있던 상태에서 X가 통증을 참지 못해 벌떡 일어났고, 이에 A는 수술을 제대로 마치지 못하고 수술을 끝내게 되었다. 수술 후 X는 고열과 심한 두통 증상을 보였으며, 의사 A는 경과를 관찰하고 X에게 치료를 받게 하였는데 X는 일정 시점부터 더 이상 내원하지 않았다. 하지만 이후 X는 과도한 통증으로 정신착란증세까지 보이다가 자신의 집에서 쓰러져서 인근 병원에서 뇌 촬영을 하였고, 그 결과 뇌에 고름이 찬 것(뇌농양)으로 밝혀져 이에 대한 수술과 치료를 받았다. 이에 뇌농양 등의 증세에 관해 A와 X는 책임 소재와 손해의 전보에 관한 분쟁을 지속했고, 그러다가 이를 종결하기 위해 다음과 같은 내용의 화해계약을 체결하였다: 'ⓐ 의사가 환자에게 병원에서의 뇌농양 등의 치료비와 일을 하지 못해 수입을 얻지 못한 것에 대한 손해금 명목으로 합계 1,500만 원을 지급하고 향후 입원비와 치료비는 별도로 지급할 것, ⓑ 의사는 환자가 사회활동에 복귀해서 정상적인 수입을 얻는 것이 가능할 때까지 생활비 명목으로 매달 200만 원을 지급할 것, ⓒ 환자는 이후 민사상 및 형사상의 이의를 제기하지 않을 것'. 하지만 이후 A는 이러한 합의가 있었음에도 불구하고, 약정한 금액 중 일정 부분만 지급하고 일정 시점부터는 일체의 생활비 및 치료비 등을 지급하지 않았다. 이로 인해 X는 화해계약 내용의 불이행을 문제삼으면서 민사소송을 제기하였다.

2. 쟁점

환자 X가 제기한 민사소송에서 의사 A는 X의 주장에 대해 '합의의 전제'인 '수술행위와 환자의 현재의 장해 사이의 인과관계'가 실제로는 존재하지 않는다고 반론하면서, 이러한 인과관계의 존재를 전제로 화해계약을 체결하였으므로 계약을 취소할 것이라고 주장하려 한다. 이러한 A의 주장이 과연 타당한가.

3. 문제 해결

① **화해계약의 취소** 화해계약을 착오를 이유로 취소할 수 있기 위해서는 착오의 대상이 "화해 당사자의 자격 또는 화해의 목적인 분쟁 이외의 사항"이어야 한다. 만일 착오의 대상이 – A의 주장처럼 – '합의의 전제'가 된다면, 이는 '화해의 목적인 분쟁 이외의 사항'에 해당하는 것으로 A는 이에 대한 착오를 이유로 화해계약을 취소할 수 있다. 따라서 A의 주장의 타당성 여부를 검토하기 위해서는 '인과관계의 존부'가 '합의의 전제'에 해당하는 사항인지 아니면 '화해의 목적인 분쟁'에 해당하는 사항인지를 검토해야 한다. ② **사안에의 적용** 이 사안에서 A가 착오였다고 주장하는 '인과관계에 관한 내용'은, 화해의 전제가 아니라 '분쟁의 대상인 법률관계 자체에 관한 것'으로 '화해계약의 목적인 분쟁에 관한 사항'에 해당한다. 따라서 이 부분에 관해 착오가 있었더라도 취소할 수 없으므로, 이 사안의 화해계약은 여전히 유효하다.

따라서 A의 주장은 타당하지 않다. ③ **판례 소개** "계약 당사자 사이에 수술 후 발생한 새로운 증세에 관하여 그 책임 소재와 손해의 전보를 둘러싸고 분쟁이 있어 오다가 이를 종결짓기 위하여 합의에 이른 것이라면, 가해자의 수술행위와 피해자의 수술 후의 증세 사이의 인과관계의 유무 및 그에 대한 가해자의 귀책사유의 유무는 분쟁의 대상인 법률관계 자체에 관한 것으로서, 가해자는 피해자의 수술 후의 증세가 가해자의 수술행위로 인한 것이 아니라거나 그에 대하여 가해자에게 귀책사유가 없다는 등의 이유를 들어 그 합의를 취소할 수 없다."

4. 보론(제2심법원 논증의 한계)

이 사안의 제2심(원심)법원은 의사가 합의의 전제가 되었다고 주장하는 내용이 '합의의 전제'가 되는 사항인지 아니면 분쟁의 대상이 되는 사항인지에 대해서는 판단을 하지 않고, 의사가 주장했던 '의사의 의료행위와 환자의 장해 사이에 인과관계가 없다'는 주장의 옳고 그름에 대해서만 판단을 했다. 원심법원은 우선 의사의 수술행위와 환자의 장해 사이에 인과관계가 있음을 인정할 수 있으며, 더 나아가 설령 의사의 수술행위와 환자의 장해 사이에 직접적인 인과관계가 없다 할지라도 의사에게 귀책사유가 인정된다고 보았다.[252] 원심법원은 이와 같이 인과관계와 귀책사유에 관한 의사의 주장 내용이 과연 옳은 것인가에 대해서는 상세히 논증했는데, 정작 이러한 내용이 의사가 말한 것처럼 '합의의 전제'에 해당하는 것인지에 대해서는 언급하지 않고 단지 인과관계나 귀책사유가 인정되기 때문에 "합의의 효력을 부정할 수는 없다"라고만 말했다. 이러한 원심법원의 판시내용만을 보면, 착오의 대상이 합의의 전제에 해당하느냐의 여부가 중요한 것이 아니라, 화해계약의 취소를 주장하면서 제시하는 이유가 옳은 것인가에 따라 계약의 취소 여부가 판단되는 것이라는 오해가 야기될 수 있다. 이 사안에서 '수술행위와 환자의 장해 사이의 인과관계'가 실제로 존재하는지의 여부는 '화해계약의 취소'로 인한 합의의 무효 여부를 판단하는 데에 영향을 미칠 수 없다. 이러한 점에서 대법원은 원심 법원의 판결이 오해를 불러일으킬 수 있는 점이 있음을 다음과 같이 지적하였다: "원심이 마치 피고의 수술행위와 원고의 현재의 장해 사이에 인과관계가 없고 또 피고가 원고에게 수술 전에 설명 등의 조치를 제대로 취한 경우에는 피고가 위 합의의 의사표시를 취소하여 책임을 면할 수 있는 듯이 설시한 것은 잘못이라 할 것"이다. 하지만 어쨌든 이러한 원심법원에 대한 대법원의 판단은 '부가적'인 부분에 대한 판단이고, 합의가 무효라는 의사의 주장을 배척한 원심법원의 결론은 정당하기 때문에 이 사안에서 대법원은 의사의 상고를 기각하였다. 이 사안에서 원심법원은 어쩌면 의사가 착오의 대상으로 제시한 사항이 분쟁의 대상이 되는 사항에 해당하는 것임을 알면서도, 의사의 주장을 보다 확실하게 반박하기 위해 의사의 주장 내용이 잘못되었다는 점을 상세히 논증한 것일 수도 있다. 하지만 정작 가장 중요한 판단 기준에 대해 원심법원이 분명하게 드러내지 못한 점에 대한 대법원의 이와 같은 명시적인 판시는, 「민법」 제733조에서 말하는 화해계약의 취소에 대한 판단 기준을 보다 명확히 하였다.

---

252 원심법원은 의사가 환자를 수술할 당시 원고의 축농증은 상당히 심한 상태에 이르러 있었다는 사정을 알았다는 점 그리고 이처럼 축농증의 증상이 심각할 경우에는 혈류를 통하여 뇌농양이 발생할 가능성이 상당히 높다는 점을 근거로 하여, 이비인후과 전문의로서 30년 이상의 경력을 가진 의사가 환자에게 이러한 뇌농양의 가능성을 설명하여 주고 동시에 이에 대한 적절한 검사 및 치료를 받도록 권유하는 등의 조치를 취했어야 한다고 보았다. 즉, 의사에게는 이러한 조치를 일체 취하지 않은 과실이 있고 이로 인해

3) 사례 분석 2 (기초 판례: 대판 2001다49326)

1. 사실관계

의사 A에게서 치료를 받은 환자 X가 치료 직후 사망했고, 이후 X의 유족과 A는 '의사가 환자의 유족에게 1억 1,000만 원의 손해배상금을 지급'하는 내용의 화해계약을 체결하였다. 하지만 이후 X의 사망 이유는 A의 치료행위와 전혀 무관하다고 밝혀졌다. 이에 A는 유족과 체결된 화해계약은 '자신이 환자의 사망에 대한 책임이 있음을 전제로' 체결된 것으로 계약 체결에 착오가 있었다고 주장하면서 화해계약의 취소를 구하는 민사소송을 제기하였다. 소송은 계속 진행되어 대법원이 이 사안을 판단하게 되었다.

2. 쟁점

이 사안에 대한 판결(대판 2001다49326)에서 대법원은 이 사안의 화해계약 취소 가능성에 대해 어떠한 기준과 근거로 판단했는지를 분석해 보자.

3. 문제 해결

① **화해계약의 취소** 화해계약이 취소될 수 있기 위해서는 착오의 대상이 "화해 당사자의 자격 또는 화해의 목적인 분쟁 이외의 사항"에 관한 것이어야 한다. ② **사안에의 적용** 이 사안에서 A의 계약 취소 주장이 정당하기 위해서는, '의사가 환자의 사망에 대해 책임이 있다는 점'이 - '화해의 목적인 분쟁 이외의 사항'에 해당하는 - '합의의 전제'였어야 한다. 이 사안에서 법원은 A와 환자 유족 간의 화해계약은 다음과 같은 점에서 A의 책임 있음을 전제로 체결된 것이라고 보았다: ⓐ 합의 당시 X의 유족은 A에게 과실이 있음을 전제로 하여 3억 5천만 원의 손해배상금을 요구하였다. ⓑ A는 'A가 주사한 맥페란이 기도폐쇄를 일으켜 X가 사망했을 가능성이 있다는 취지의 말을 다른 의사로부터 들었고, X가 A로부터 진찰을 받은 지 불과 2시간 만에 사망했으며, A가 맥페란을 주사하면서 X가 맥페란 부작용이 생길 수 있는 특이체질에 해당하는지 여부를 확인하거나 부작용에 대비하도록 하는 조치를 취하지 않았다는 점'에 기초해 X가 자신이 주사한 맥페란의 부작용으로 사망했을 가능성이 있고 자신에게 민·형사상 책임이 있을 수 있다고 생각하였다. ⓒ A는 병원을 개업한 지 얼마 되지 않은 상황에서 이 사건 분쟁이 병원 운영에 악영향을 미칠 수 있음을 고려해 X의 사망 후 이틀 만에 서둘러 합의를 하였다. ⓓ A가 합의 과정이나 수사기관의 조사 과정에서 치료행위의 과실이 없었다고 주장하기도 했지만, 이는 합의금을 줄이려는 의도 및 형사책임을 질 것에 대한 자기방어에서 비롯된 것으로 내심의 의사와 무관한 발언이었을 수 있다. ⓔ 특히 A와 X 유족 사이의 합의금인 1억 1천만 원은 거액의 돈으로 단지 A가 인간적, 도의적인 동기에서 이를 지급한다는 것은 경험칙에도 현저히 반한다. 법원은 ⓐ - ⓔ의 사실에 기초해 보면 이 사안에서의 화해계약에서 A의 의료상 과실은 화해의 목적인 분쟁 이외의 사항에 해당하는 합의의 전제에 해당하는 것으로, A는 이에 대한 착오를 이유로 화해계약을 취소할 수 있다고 보았다. ③ **판례 소개** "이 사건 합의는 원고의 과실을 전제로 한 것으로서 민사상의 손해배상책임의 존재 그 자체는 분쟁의 대상이 아니라 합의의 전제였다고 봄이 상당하다"는 "원심의 사실인정과 판단은 정당"하다.

환자가 뇌농양에 걸려 치료를 받게 되고 후유장해까지 남게 되었다는 것이다.

2. 재판상 화해

화해계약은 '당사자 사이에서의 사적' 합의로, '재판 외'의 화해라 할 수 있다. 이와는 달리 '재판상' 화해란 법원에서 이루어지는, 말하자면 '공적'으로 제도화된 합의로 그 자체로 확정판결과 같은 효력을 갖는다. 재판상 화해의 유형에는 '제소 전 화해'와 '소송상 화해'가 있다.

(1) 제소전(前) 화해

> **민사소송법** 제385조(화해신청의 방식) ① 민사상 다툼에 관하여 당사자는 청구의 취지·원인과 다투는 사정을 밝혀 상대방의 보통재판적이 있는 곳의 지방법원에 화해를 신청할 수 있다.

'제소전' 화해란 분쟁의 당사자들이 민사소송을 제기하기 전에 법원에서 합의하는 것이다. 제소전 화해를 원하는 당사자는 상대방의 주소나 거소에 따른 관할지방법원에 화해를 신청할 수 있다(민사소송법 제385조 제1항). 신청이 적법하게 이루어졌으면 화해기일을 정해 신청인과 상대방이 출석하게 된다. 화해가 성립하면 화해조서가 작성되며(동법 제386조), 화해조서는 확정판결과 같은 효력을 갖는다(동법 제220조). 실무상 제소전 화해는 이미 당사자 사이에 다툼이 없고 합의된 부분에 대해 이루어져 왔으며,[253] 의료분쟁의 경우 거의 활용되지 않는다.[254]

(2) 소송상 화해

1) 의의

소송상 화해란 '소송이 계속되는 중에' 사건을 담당하는 법원 앞에서 권리관계에 대한 주장을 서로 양보하면서 합의하는 것이다.[255] 제소 전 화해의 목적이 소송의 예방이라면, 소송상 화해의 목적은 소송 종료이다.[256] ① **방식** 소송상 화해는, 민사소

---

253 이시윤, 『신민사소송법』, 600쪽 이하; 김홍규·강태원, 『민사소송법』, 603쪽; 김홍엽, 『민사소송법』, 2016, 박영사, 778쪽 참조.

254 신현호·백경희, 『의료분쟁조정·소송 각론』, 130쪽.

255 이시윤, 『신민사소송법』, 588쪽; 김홍규·강태원, 『민사소송법』, 588쪽; 김홍엽, 『민사소송법』, 757쪽.

256 김재윤, 『의료분쟁과 법』, 율곡출판사, 2015, 207쪽; 김홍규·강태원, 『민사소송법』, 589쪽.

송에서 법원과 당사자가 소송행위를 하려고 모이는 날인 기일에 당사자가 출석해서 구술로 하는 경우와 출석을 하지 않더라도 서면으로 하는 경우가 있다. 서면으로 하는 경우에는 답변서나 준비서면에 화해의 의사표시를 하고 공증을 받아 제출한 후 상대방이 기일에 이를 받아들이면서 화해가 이루어지게 된다(민사소송법 제148조 제3항). ② **시기** 소송상 화해는 소송계속 중 언제든 할 수 있고, 상소심에서도 가능하다.[257] ③ **효력** 화해가 성립하면 화해조서가 작성되고(동법 제154조 제1호), 화해조서는 확정판결과 같은 효력을 갖는다(동법 제220조).

2) 화해권고 및 화해권고결정 제도

> **민사소송법** 제145조(화해의 권고) ① 법원은 소송의 정도와 관계없이 화해를 권고하거나, 수명법관 또는 수탁판사로 하여금 권고하게 할 수 있다.

> **민사소송법** 제225조(결정에 의한 화해권고) ① 법원·수명법관 또는 수탁판사는 소송에 계속중인 사건에 대하여 직권으로 당사자의 이익, 그 밖의 모든 사정을 참작하여 청구의 취지에 어긋나지 아니하는 범위안에서 사건의 공평한 해결을 위한 화해권고결정(和解勸告決定)을 할 수 있다.

① **화해권고제도** 민사소송법은 법원(또는 담당법관)이 화해를 권고하는 화해권고제도를 두고 있다.[258] 법원이나 담당법관은 당사자에게 소송의 정도와 관계없이 화해를 권고할 수 있다(민사소송법 제145조). 화해권고는 다양한 방식으로 하게 되는데, 보통은 'A가 B에게 언제까지 얼마를 지급하라'고 한다.[259] ② **화해권고결정제도** 더 나아가서 법원이나 법관이 화해를 권고하더라도 당사자들이 끝까지 화해를 하지 않을 수 있다. 사소한 부분에서 서로 의견이 일치되지 않는다거나 소송을 계속 진행하면 자신에게 보다 유리한 결과가 나올 수도 있다는 기대로 인해 화해에 응하지 않을 수 있는 것이다.[260] 이러한 경우 법원은 당사자의 이익 및 그 밖의 모든 사정을

---

257 이시윤, 『신민사소송법』, 594쪽; 김홍엽, 『민사소송법』, 768쪽; 김홍규·강태원, 『민사소송법』, 595쪽.

258 민사소송법상 화해권고제도는 2002년에 도입되었다. 의료사고로 인한 분쟁이 재판상 화해에 의해 해결되던 비율은 2002년까지는 1심 및 항소심 모두에서 1% 내외였지만 화해권고제도의 도입 이후인 2003년에는 1심에서 6.8% 그리고 항소심에서 6.3%에 달하게 되었다고 한다(김병일, 「ADR에 의한 의료분쟁 해결의 현황과 과제」, 253쪽); 다만 이와 같은 화해권고제도는 소송의 종결에 대한 결정권이 당사자에게 있어야 하는 민사소송의 기본 원칙에 반하는 것이라는 비판을 받는다(예를 들어, 함영주, 「민사소송법상의 ADR 분류체계의 재검토」, 『민사소송』, 2013, 제17권 제2호, 520-521쪽 참조).

259 신현호·백경희, 『의료분쟁조정·소송 각론』, 132쪽.

참작해서 청구의 취지에 어긋나지 않는 범위 내에서 직권으로 화해권고 결정을 내릴 수 있다(동법 제225조). 법원은 화해권고의 내용을 서면에 명시하여 당사자에게 송달하는데, 이러한 방식으로 권고 결정의 권위를 보이고 당사자에게 신뢰감을 줌으로써 소송상 화해가 보다 잘 성립되도록 하는 것이[261] 화해권고 결정제도의 목적이라 할 수 있다. 법원으로부터 화해권고 결정서의 정본을 송달받은 당사자는 송달받은 날부터 2주 이내에 이의신청을 할 수 있다. 만일 이의신청이 없으면, 화해권고 결정은 재판상 화해와 같은 효력, 즉 확정판결의 효력을 발한다(민사소송법 제231조).

III. 조정

조정이란 조정인의 도움에 기초해 분쟁의 당사자들이 서로 타협하면서 합의에 이르는 절차이다. '화해'와 '조정'의 가장 큰 차이점은, 조정의 경우 분쟁당사자들 사이를 중개하는 역할을 하는 조정인이 등장한다는 점이다. 의료분쟁의 조정 유형에는 ① 법원에서의 조정, ② 한국소비자원에 의한 조정, ③ 한국의료분쟁조정중재원에 의한 조정이 있다.

1. 법원에서의 조정

법원에서의 조정에 대해서는 「민사조정법」에서 규정하고 있다.

(1) 조정의 개시

민사조정법 제2조(조정사건) 민사에 관한 분쟁의 당사자는 법원에 조정을 신청할 수 있다.

민사조정법 제6조(조정 회부) 수소법원은 필요하다고 인정하면 항소심 판결 선고 전까지 소송이 계속 중인 사건을 결정으로 조정에 회부할 수 있다.

---

260 김홍규 · 강태원, 「민사소송법」, 595쪽.
261 김홍규 · 강태원, 「민사소송법」, 595쪽.

「민사조정법」상의 조정은 ① 당사자의 신청이나(민사조정법 제2조) ② 사건을 담당하는 법원의 조정 회부(동법 제6조)에 의해 개시된다. 당사자의 신청은 서면 또는 구술로할 수 있으며(동법 제5조 제1항), 법원의 조정 회부는 항소심 판결 선고 전까지 가능하다(동법 제6조). 법원에서의 조정은 대부분 당사자의 소송 제기 후 법원이 조정에 회부하면서 시작된다.[262] 조정사건은 조정담당판사가 처리를 하게 되는데, 조정담당판사는스스로 조정을 할 수도 있고 조정사무를 처리하는 상임조정위원이나 조정위원회에조정을 하게 할 수도 있다(동법 제7조 제1항 및 제2항). 분쟁의 당사자는 조정위원회가조정하도록 신청할 수 있다(동법 제7조 제2항 단서). 의료분쟁은 당사자의 신청 여부와상관없이 의료지식과 경험을 갖춘 전문의를 조정위원으로 하는 조정위원회가 조정을하도록 하는 경향이 있다.[263] 사건을 담당하는 법원이 조정에 회부한 사건의 경우,동 법원은 스스로 조정을 하는 것이 적절하다고 인정하면 — 조정담당판사가 처리를하게 하거나 상임조정위원, 조정위원회에 사건을 보내지 않고 — 스스로 조정할수 있다(동법 제7조 제3항).[264]

[민사조정의 조정위원과 조정위원회] ①조정위원 「민사조정법」에 따른 민사조정의 조정위원은고등법원장, 지방법원장 또는 지방법원지원장이 학식과 덕망이 있는 사람 중에서 미리 위촉한다.특히 상임조정위원은 변호사 자격이 있는 사람으로서 대법원규칙으로 정하는 일정한 경력을가진 사람 중에서 법원행정처장이 위촉한다(민사조정법 제10조 제1항). ② 조정위원회 조정위원회는 조정장 1명과 조정위원 2명 이상으로 구성한다(동법 제8조). 조정위원회의 조정위원은당사자가 합의하여 선정한 사람 또는 조정위원 중 조정장이 지정한 사람이 된다. 조정 사건의처리 주체에 따라 조정담당판사, 상임조정위원, 수소법원의 재판장 등이 조정장이 된다(동법제9조).

---

262 「민사조정법」에서 보다 원칙적인 조정개시 방법으로 규정하는 당사자의 조정신청보다는 예외적 유형으로규정된 법원의 조정회부에 의한 조정 개시가 민사조정에서 더 많은 비율을 차지한다는 설명으로 김민중,「민사사건과 ADR」, 29쪽 참조.

263 신현호·백경희, 『의료분쟁조정·소송 각론』, 139쪽.

264 결국 민사조정의 주체는 ① 조정담당판사, ② 상임조정위원이나 조정위원회, ③ 수소법원이라 할 수 있다(김홍엽, 『민사소송법』, 15쪽 참조).

(2) 조정의 진행

민사조정법 제22조(진술청취와 증거조사) 조정담당판사는 조정에 관하여 당사자나 이해관계인의 진술을 듣고 필요하다고 인정하면 적당한 방법으로 사실조사를 할 수 있다.

민사조정법 제20조(비공개) 조정절차는 공개하지 아니할 수 있다.

① **조정기일 지정과 출석** 조정절차가 시작되면, 법원은 조정기일을 정하여 당사자에게 통지한다(민사조정법 제15조 제1항). 신청인이 조정기일에 출석하지 않으면 기일을 정해 다시 통지하고, 신청인이 또다시 출석하지 않으면 조정신청이 취하된 것으로 본다(동법 제31조).[265] 조정결과에 관해 이해관계가 있는 사람은 조정담당판사의 허가를 받아 조정에 참가할 수 있다(동법 제16조). ② **심리 진행** 조정담당판사는 조정을 진행하면서 당사자나 이해관계인의 진술을 듣고 또 더 나아가 필요하다고 인정하면 적당한 방법으로 사실조사를 할 수 있다(동법 제22조). 조정담당판사는 사건의 실정에 따라 법원 외의 적당한 장소에서도 조정을 할 수 있다(동법 제19조). 조정절차는 공개하지 않을 수 있지만, 조정절차를 공개하지 않는 경우에도 조정담당판사는 적당하다고 인정하는 사람에게는 방청을 허가할 수 있다(동법 제20조).

(3) 조정의 종결

1) 조정의 성립

민사조정법 제28조(조정의 성립) 조정은 당사자 사이에 합의된 사항을 조서에 기재함으로써 성립한다.

민사조정법 제29조(조정의 효력) 조정은 재판상의 화해와 동일한 효력이 있다.

조정을 거쳐 당사자 사이에 합의가 이루어지면, 합의된 사항을 조정조서에 기재함으로써 조정이 성립한다(민사조정법 제28조). 조정조서는 재판상 화해와 동일한 효력인 확정판결의 효력을 갖는다(동법 제29조).

---

265 다만, 피신청인이 조정기일에 출석하지 않으면, 조정담당판사는 상당하다고 인정하는 경우 직권으로 '조정을 갈음하는 결정'을 할 수 있다(동법 제32조). 이에 대해서는 아래의 '조정을 갈음하는 결정'에 관한 단락에서 다시 설명할 것이다.

2) 조정을 갈음하는 결정(강제조정)

> **민사조정법** 제30조(조정을 갈음하는 결정) 조정담당판사는 합의가 성립되지 아니한 사건 또는 당사자 사이에 성립된 합의의 내용이 적당하지 아니하다고 인정한 사건에 관하여 상당한 이유가 없으면 직권으로 당사자의 이익이나 그 밖의 모든 사정을 고려하여 신청인의 신청 취지에 반하지 아니하는 한도에서 사건의 공평한 해결을 위한 결정을 할 수 있다.

> **민사조정법** 제32조(피신청인의 불출석) 피신청인이 조정기일에 출석하지 아니한 경우 조정담당판사는 상당하다고 인정하는 때에는 직권으로 제30조에 따른 결정을 할 수 있다.

당사자 간 합의가 성립되지 않았거나 조정담당판사가 합의의 내용이 적당하지 않다고 인정한 사건의 경우, 조정담당판사는 만일 상당한 이유가 없으면 직권으로 사건을 공평하게 해결하기 위한 결정인 '조정을 갈음하는 결정'을 할 수 있다(민사조정법 제30조). 피신청인이 조정기일에 출석하지 않은 경우에도 조정담당판사는 상당하다고 인정하면 직권으로 조정을 갈음하는 결정을 할 수 있다(동법 제32조). 이 결정은 일종의 '강제조정'으로 "당사자의 이익이나 그 밖의 모든 사정을 고려해 신청인의 신청 취지에 반하지 아니하는 한도에서" 해야 한다.[266] 의료분쟁 사건의 경우 이 제도가 활용되는 경우가 종종 있어 왔다.[267] 물론 당사자는 이러한 결정에 대해 이의신청을 할 수 있다. 당사자의 이의신청은 조정을 갈음하는 결정조서가 자신에게 송달된 날부터 2주일 이내에 해야 하며, 이의신청이 있게 되면 당해 사건과 관련해서는 조정신청을 할 때에 소송이 제기된 것으로 본다(동법 제36조 제3호).

3) 조정을 하지 아니하는 결정

> **민사조정법** 제26조(조정을 하지 아니하는 결정) ① 조정담당판사는 사건이 그 성질상 조정을 하기에 적당하지 아니하다고 인정하거나 당사자가 부당한 목적으로 조정신청을 한 것임을 인정하는 경우에는 조정을 하지 아니하는 결정으로 사건을 종결시킬 수 있다.
> ② 제1항에 따른 결정에 대하여는 불복의 신청을 하지 못한다.

조정담당판사는 ① 사건의 성질상 조정을 하기에 적당하지 않다고 인정되거나

---

266 이러한 '조정을 갈음하는 결정'은 - 화해권고결정제도와 함께 그리고 특히 당해 결정을 내릴지의 여부에 대한 조정담당판사의 재량을 인정하는 방향으로 민사조정법이 2020년에 개정되기 전에는 더욱 - 당사자의 합의라는 조정의 본질 또는 민사소송의 처분권주의와 변론주의에 원칙적으로 반한다는 비판을 받기도 하였다. 이러한 비판으로 함영주, 「민사소송법상의 ADR 분류체계의 재검토」, 521-522쪽의 각주13) 참조.

267 신현호·백경희, 『의료분쟁조정·소송 각론』, 145쪽.

② 당사자가 부당한 목적으로 조정신청을 한 것이 인정되는 경우에는, '조정을 하지 아니하는 결정'으로 사건을 종결시킬 수 있다(민사조정법 제26조 제1항). 이 결정에 대해서 당사자는 불복신청을 할 수 없으며(동조 제2항), 이 결정이 있으면 조정신청을 한 때에 소가 제기된 것으로 본다(동법 제36조 제1항 제1호).

4) 조정의 불성립

> **민사조정법** 제27조(조정의 불성립) 조정담당판사는 다음 각 호의 어느 하나에 해당하는 경우 제30조에 따른 결정(조정을 갈음하는 결정)을 하지 아니할 때에는 조정이 성립되지 아니한 것으로 사건을 종결시켜야 한다.
> 1. 당사자 사이에 합의가 성립되지 아니하는 경우
> 2. 성립된 합의의 내용이 적당하지 아니하다고 인정하는 경우

당사자 간 합의가 성립되지 않는 경우 그리고 합의가 성립되었더라도 조정담당판사가 성립된 합의의 내용이 적당하지 않다고 인정하는 경우에는, 조정담당판사는 조정이 성립되지 않은 것으로 사건을 종결시켜야 한다(민사조정법 제27조). 조정의 불성립으로 사건이 종결되면, 조정신청을 한 때에 소가 제기된 것으로 본다(동법 제36조 제2호).

2. 한국소비자원에서의 피해구제와 조정

(1) 한국소비자원

> **소비자기본법** 제33조(설립) ① 소비자권익 증진시책의 효과적인 추진을 위하여 한국소비자원을 설립한다.

> **소비자기본법** 제60조(소비자분쟁조정위원회의 설치) ① 소비자와 사업자 사이에 발생한 분쟁을 조정하기 위하여 한국소비자원에 소비자분쟁조정위원회를 둔다.

한국소비자원은[268] 소비자의 권익 증진을 위해 설립된 법인으로(소비자기본법 제33

---

268 한국소비자원은 지금은 「소비자기본법」으로 그 명칭이 변경된 구(舊) 「소비자보호법」에 기초해서 1987년 설립된 기구로, 구 「소비자보호법」에 기초해서 처음 설립되었을 당시의 명칭은 '한국소비자보호원'이었는데, 2007.3.28. 구 「소비자보호법」의 명칭이 「소비자기본법」으로 바뀌면서, 한국소비자보호원의 명칭도 '한국소비자원'으로 변경되었다.

조 제1항), 소비자와 사업자 사이의 분쟁 해결의 일환으로 의료사고의 피해구제 및 조정 업무를 하고 있다.[269] 특히 동 원에 설치된 소비자분쟁조정위원회는(동법 제60조 제1항), 한국의료분쟁조정중재원의 설립 전까지는 의료사고로 인한 분쟁의 비(非)사법적 해결을 도와주는 가장 핵심적인 기구로 기능했다.

> **[한국소비자원 vs. 한국의료분쟁조정중재원]** 한국의료분쟁조정중재원의 설립 이후에도 의료소비자인 환자는 여전히 한국소비자원에서 의료분쟁을 해결할 수 있다. 「의료사고 피해구제 및 의료분쟁 조정 등에 관한 법률」(이하 의료분쟁조정법)은, 한국소비자원의 소비자분쟁조정위원회에 분쟁조정이 이미 신청되었는데 같은 사안에 대해 한국의료분쟁조정중재원에 다시 조정신청이 된 경우에는 한국의료분쟁조정중재원에의 신청을 각하한다고 규정한다(동법 제27조 제3항 제2호).

(2) 소비자상담 및 피해구제 신청

> **소비자기본법 시행령** 제43조(피해구제의 청구 등) ② 한국소비자원은 (...) 피해구제의 신청이나 의뢰를 받은 경우에는 지체 없이 그 피해구제의 신청이나 의뢰에 관련된 피해구제신청사건의 당사자와 의뢰인에게 서면으로 그 사실을 통보하여야 한다.

의료사고의 피해자인 환자는 소비자상담센터에 전화를 하거나(국번 없이 1372) 동 센터의 인터넷 홈페이지[270]를 통해 의료사고에 관한 상담을 받을 수 있다. 상담을 거쳐 피해구제가 필요하다고 판단되면 한국소비자원에 피해구제의 신청이(소비자기본법 제55조 제1항) 이루어진다. '피해구제'란, 한국소비자원에서 조정이 이루어지기 전 소비자분쟁을 해결하기 위해 합의를 권고하는 제도이다.[271] 피해구제의 신청은 서면으로 이루어지는 것이 원칙이다. 다만 긴급을 요하거나 부득이한 사유가 있는 경우에는 구술이나 전화 등으로 할 수 있다(동법 시행령 제43조 제1항). 피해구제의 신청이 있게 되면 한국소비자원은 지체 없이 사건의 당사자에게 서면으로 그 사실을 통보해야 한다(동조 제2항).

---

269 한국소비자원은 구 「소비자보호법」과 동법 시행령이 개정되면서 1999년부터 의료피해구제 업무를 담당하게 되었다. 이에 대한 보다 구체적인 설명은 이상돈·김나경, 「의료법강의」, 212쪽 참조.

270 http://www.ccn.go.kr/ (최종접속일: 2025.3.20.).

271 그 밖에도 소비자가 국가·지방자치단체 또는 소비자단체에 피해구제를 신청하면, 그 단체가 한국소비자원에 피해구제를 의뢰할 수 있다(동법 제55조 제2항).

(3) 피해구제 절차

1) 사실조사와 합의권고

> **소비자기본법** 제57조(합의권고) 원장은 피해구제신청의 당사자에 대하여 피해보상에 관한 합의를 권고할 수 있다.

① **사실조사** 피해구제가 접수되면 한국소비자원은 환자의 주장 및 의료인이나 의료기관이 밝힌 해명 내용 등을 토대로 서류검토, 현장조사, 전문가자문 등 사실조사를 한다. ② **합의권고** 사실조사의 결과에 기초해서 한국소비자원의 원장은 당사자에게 피해보상에 관한 합의를 권고할 수 있다(소비자기본법 제57조). 당사자들이 합의권고를 받아들이면 합의가 성립하고, 합의가 성립하면 사건은 종결된다.

[피해구제 단계에서의 합의] 한국소비자원에 접수된 의료서비스에 관한 피해구제 사건 중 피해구제 단계에서 합의권고를 통해 합의가 이루어지는 비율은 대략 30% 내외인 것으로 보인다. 예를 들어, 2018년 한국소비자원에 접수된 의료서비스 피해구제의 건은 모두 812건이었으며, 그중 298건, 즉 전체 건수 중 36.7%에 달하는 사건이 피해구제 단계에서 합의로 종결되었다. 2017에는 총 741건의 접수 사건 중 30.7%에 달하는 227건이 합의로 종결되었다.[272] 합의권고의 단계에서 합의가 이루어지지 않고 조정의 단계로 나아가게 되면 – 각 분야의 전문가로 구성된 조정위원회에서 – 합의권고 단계에서보다는 보다 엄격한 법적, 의학적 근거에 기초한 논의가 이루어지게 된다.[273]

2) 기간

> **소비자기본법** 제58조(처리기간) 원장은 (...) 피해구제의 신청을 받은 날부터 30일 이내에 제57조의 규정에 따른 합의가 이루어지지 아니하는 때에는 지체 없이 (...) 소비자분쟁조정위원회에 분쟁조정을 신청하여야 한다. 다만, 피해의 원인규명 등에 상당한 시일이 요구되는 피해구제신청사건으로서 대통령령이 정하는 사건에 대하여는 60일 이내의 범위에서 처리기간을 연장할 수 있다.

---

272 한국소비자원, 『피해구제연보 및 사례집』 2017-2018.

273 이와 같이 '조정의 단계로 나아가게 되면 합의권고 단계의 경우에서보다 분쟁해결의 유연성이 약화되고 좀 더 엄격한 근거에 기초한 판단이 이루어질 수 있다는 점'은 K‐MOOC 〈의료사고, 법으로 이해하기〉 제13강의 전문가 인터뷰에서 한국소비자원 피해구제국 의료팀의 김경례 팀장님이 말씀하신 내용이다. 지면을 빌어 인터뷰의 기회에 감사드린다.

> **소비자기본법 시행령** 제44조(처리기간의 연장) 법 제58조 단서에서 "대통령령이 정하는 사건"이
> 란 다음 각 호의 사건을 말한다.
> 1. 의료 관련 사건

합의권고에 따른 합의는 한국소비자원에 피해구제의 신청이 이루어진 날부터 30일 이내에 이루어져야 한다. 단, 의료 관련 사건의 경우 피해원인을 규명하는 데에 상당한 시일이 요구된다면 60일 이내의 범위에서 처리기간을 연장할 수 있다(소비자기본법 제58조 및 동법 시행령 제44조 제1호). 법이 정한 기간 내에 합의가 이루어지지 않으면, 한국소비자원 원장은 지체 없이 소비자분쟁조정위원회에 분쟁조정을 신청해야 한다. 물론 합의가 이루어지지 않으면 분쟁 당사자도 소비자분쟁조정위원회에 분쟁조정을 신청할 수 있다(동법 제65조 제1항).

3) 소송과의 관계

> **소비자기본법** 제59조(피해구제절차의 중지) ① 한국소비자원의 피해구제 처리절차 중에 법원에
> 소를 제기한 당사자는 그 사실을 한국소비자원에 통보하여야 한다.
> ② 한국소비자원은 당사자의 소제기 사실을 알게 된 때에는 지체 없이 피해구제절차를 중지하고,
> 당사자에게 이를 통지하여야 한다.

한국소비자원에서의 피해구제 처리절차와 소송은 중복해서 진행될 수 없다. 만일 분쟁의 당사자가 한국소비자원에서의 피해구제절차가 진행되던 중 법원에 소송을 제기하면, 소송을 제기한 당사자는 이를 한국소비자원에 통보해야 한다(소비자기본법 제59조 제1항). 한국소비자원은 소 제기 사실을 알게 되면 지체 없이 피해구제절차를 중지하고 당사자에게 이를 통지해야 한다(동조 제1항).

(4) 조정 절차

> **소비자기본법** 제65조(분쟁조정) ② 조정위원회는 제58조 또는 제1항의 규정에 따라 분쟁조정을
> 신청받은 경우에는 대통령령이 정하는 바에 따라 지체 없이 분쟁조정절차를 개시하여야 한다.

합의권고 단계에서 합의가 이루어지지 않아서 한국소비자원 원장이나 분쟁 당사자가 소비자분쟁조정위원회에 조정을 신청하면, 소비자분쟁조정위원회는 지체 없이 분쟁조정절차를 개시해야 한다.

[소비자분쟁조정위원회의 구성] 소비자분쟁조정위원회는 위원장 1명을 포함한 150인 이내의 위원으로 구성하며, 위원장을 포함한 5명은 상임위원으로 그리고 나머지는 비상임위원으로 한다(소비자기본법 제61조 제1항). 위원은 '대학이나 공인된 연구기관에서 부교수 이상 또는 이에 상당하는 직에 있거나 있었던 자로서 소비자권익 관련분야를 전공한 자, 4급 이상의 공무원 또는 이에 상당하는 공공기관의 직에 있거나 있었던 자로서 소비자권익과 관련된 업무에 실무경험이 있는 자, 판사·검사 또는 변호사의 자격이 있는 자, 소비자단체의 임원의 직에 있거나 있었던 자, 사업자 또는 사업자단체의 임원의 직에 있거나 있었던 자, 그 밖에 소비자권익과 관련된 업무에 관한 학식과 경험이 풍부한 자' 중에서 한국소비자원장이 제청하여 공정거래위원회 위원장이 임명하거나 위촉한다. 비상임위원에는 전국적 규모의 소비자단체 및 사업자단체로부터 추천된 자 중에서 각각 2명 이상이 균등하게 포함되어야 한다(동조 제2항).

1) 사실조사

> **소비자분쟁조정규칙** 제15조(사실조사의 방법) ② 조정관은 위원장의 명을 받아 다음 각 호의 방법으로 사실조사를 한다.
> 1. 당사자 또는 참고인 진술청취
> 2. 당사자에 대한 입증자료 제출 요구
> 3. 시험검사, 전문가 또는 전문위원에 대한 자문의뢰
> 4. 관계기관에 대한 사실조회 및 문서송부요청
> 5. 현장조사, 사진촬영 등 기타 적정한 방법

조정절차가 개시되면 분쟁사건에 대해 사실조사가 시작된다. 소비자분쟁조정위원회는 사실조사를 위해 이해관계인, 소비자단체, 관계 기관의 의견을 듣거나(소비자기본법 제65조 제4항) 전문위원회의 자문을 구할 수 있으며(동조 제3항), 신청인이나 분쟁당사자에게 증거서류 등 관련 자료의 제출을 요청하거나(동법 시행령 제53조) 한국소비자원 원장에게 조사를 요청할 수 있다(동령 제49조 제1항). 특히 한국소비자원의 사무국 소속 직원인 '조정관'은 소비자분쟁조정위원장의 명을 받아 사건에 대한 사실조사 업무를 담당한다(소비자분쟁조정규칙 제15조 제2항).

2) 조정위원회의 회의

> **소비자분쟁조정규칙** 제22조(당사자의 출석) ① 당사자는 회의에 출석하여 진술하거나 관련된 증거자료를 제출할 수 있다. 출석을 희망하는 당사자는 회의 개최 3일 전까지 위원장에게 출석 의사를 통지하여야 한다.

> **소비자분쟁조정규칙** 제26조(회의의 비공개 · 방청) ① 조정위원회의 회의는 공개하지 아니한다.

> **소비자기본법** 제66조(분쟁조정의 기간) ① 조정위원회는 (...) 분쟁조정을 신청받은 때에는
> 그 신청을 받은 날부터 30일 이내에 그 분쟁조정을 마쳐야 한다.
> ② 조정위원회는 제1항의 규정에 불구하고 정당한 사유가 있는 경우로서 30일 이내에 그
> 분쟁조정을 마칠 수 없는 때에는 그 기간을 연장할 수 있다.

① **회의의 주체** 소비자분쟁조정위원회에서는 사실조사에 기초해 사건을 검토하고 조정위원회를 개최한다. 소비자분쟁조정위원회의 회의는 분쟁조정회의와 조정부의 두 유형으로 구분된다. 분쟁조정위원회는 5-9인의 위원으로, 조정부는 2-4명의 위원으로 구성된다(소비자기본법 제63조 제1항). 회의의 주체는 피해구제절차에서 합의 권고된 금액의 액수에 따라 결정된다. 합의권고금액이 200만 원 이상이면 분쟁조정회의가, 200만 원 미만이면 조정부가 회의의 주체가 된다(동법 제63조의2). 회의는 위원 과반수의 출석과 출석위원 과반수의 찬성으로 의결한다(동법 제63조 제3항). ② **회의 개최 통지** 소비자분쟁조정위원회의 위원장은 부득이한 사유가 있는 경우 외에는 회의 개최 5일 전까지 당사자에게 회의 개최와 관련한 사항들에 대해 통지하여야 한다(소비자분쟁조정규칙 제21조). 사건의 당사자는 회의에 출석하여 진술하거나 관련된 증거자료를 제출할 수 있는데, 출석을 희망하는 당사자는 회의 개최 3일 전까지 위원장에게 출석 의사를 통지하여야 한다(동 규칙 제22조 제1항). 회의 개최 통지를 받은 당사자가 출석하지 않은 경우에는 당사자의 출석 없이 조정절차를 진행할 수 있다.[274] ③ **회의의 비공개** 소비자분쟁조정위원회의 회의는 공개하지 않는 것이 원칙이다. 다만, 조정위원회는 상당하다고 인정하는 자에 한하여 일정 범위의 방청을 허가할 수 있다(동 규칙 제26조 제1항). ④ **기간** 소비자분쟁조정위원회는 조정 신청을 받은 날부터 30일 이내에 조정을 마쳐야 한다(소비자기본법 제66조 제1항). 다만, 정당한 사유가 있어 30일 이내에 분쟁조정을 마칠 수 없는 때에는 기간을 연장할 수 있다(동조 제2항).

---

274 사건 당사자의 출석과 관련하여 「민사조정법」상의 조정절차와 한국소비자원에서의 조정절차를 비교하는
이상돈 · 김나경, 『의료법강의』, 221쪽 참조.

> **소비자기본법** 제67조(분쟁조정의 효력 등) ① 조정위원회의 위원장은 (...) 분쟁조정을 마친 때에는 지체 없이 당사자에게 그 분쟁조정의 내용을 통지하여야 한다.
> ② 제1항의 규정에 따른 통지를 받은 당사자는 그 통지를 받은 날부터 15일 이내에 분쟁조정의 내용에 대한 수락 여부를 조정위원회에 통보하여야 한다. 이 경우 15일 이내에 의사표시가 없는 때에는 수락한 것으로 본다.

> **소비자기본법** 제67조(분쟁조정의 효력 등) ④ (...) 당사자가 분쟁조정의 내용을 수락하거나 수락한 것으로 보는 때에는 그 분쟁조정의 내용은 재판상 화해와 동일한 효력을 갖는다.

3) 조정의 성립

소비자분쟁조정위원회의 의결이 끝나면 위원장은 지체 없이 당사자에게 분쟁조정의 내용을 통지해야 한다. 당사자는 통지받은 날부터 15일 이내에 수락 여부를 조정위원회에 통보해야 하며, 수락 여부의 의사를 표시하지 않으면 수락한 것으로 간주된다(소비자기본법 제67조 제1항 및 제2항). 당사자가 수락하거나 또는 수락이 간주되면, 소비자분쟁조정위원회는 조정조서를 작성하고 이를 당사자에게 송달한다. 성립된 조정은 재판상 화해와 동일한 효력, 즉 확정판결의 효력을 지닌다(동법 제67조 제4항).

[한국소비자원의 소비자소송지원제도] 한국소비자원은 소비자의 소송을 지원하는 '소비자소송지원제도'를 운영하고 있다. 의료분쟁의 경우에도 이 제도가 활용될 수 있다.[275] ① **지원 사건** 소송지원이 이루어질 수 있는 의료분쟁사건은 다음 중 하나에 해당하고 소송의 필요성이 인정되는 경우이다: ⓐ 조정절차를 거쳐 내려진 조정 결과에 대해 의료인 측이 조정결정을 거부하여 조정이 성립하지 않은 사건, ⓑ 한국소비자원의 피해구제절차 또는 소비자분쟁조정위원회의 조정절차 진행 중 의료인 측이 법원에 소송을 제기하여 피해구제절차나 분쟁조정절차가 종료된 경우, ⓒ 사회·경제적 영향력이 큰 사건, 동일 유형의 반복적 사건 등 한국소비자원장이 필요하다고 인정하는 사건(한국소비자원 소비자소송지원제도 운영지침 제2조). ② **신청** 소송지원을 받기를 원하는 소비자는 소송지원을 신청해야 한다. 신청할 수 있는 당사자의 범위는 ⓐ 소액사건심판법에 따라 소송목적의 값이 3천만 원을 초과하지 않는 소액사건의 당사자, ⓑ 소송목적의 값에 상관없이 전문적이고 기술적인 사건의 당사자로서 법적 조력이 필요한 경우, ⓒ 운영지침에서 정하는[276] 사회적 배려계층에 해당하는 경우이다(동 지침 제4조). ③ **심의** 소송지원의 신청이

---

275 이러한 소송지원제도는 한국의료분쟁조정중재원에서는 운영하고 있지 않은, 한국소비자원만의 고유한 제도라 할 수 있다.

있게 되면, 소비자소송지원심의위원회의 심의를 거쳐 소송지원 여부가 결정된다(동 지침 제6조 이하). ④ **소송지원** 소송지원은 소비자소송지원변호인단을 통한 소송대리의 방법으로 지원할 수 있으며, 소송목적의 값이나 소송의 난이도, 소송지원변호인단의 수임 가능성 등을 고려해 소송대리가 아닌 소장 작성 대행의 방법으로 지원할 수도 있다(동 지침 제3조).

3. 한국의료분쟁조정중재원에서의 조정

(1) 한국의료분쟁조정중재원

> **의료분쟁조정법** 제6조(한국의료분쟁조정중재원의 설립) ① 의료분쟁을 신속·공정하고 효율적으로 해결하기 위하여 한국의료분쟁조정중재원을 설립한다.

> **의료분쟁조정법** 제19조(의료분쟁조정위원회의 설치) ① 의료분쟁을 조정하거나 중재하기 위하여 조정중재원에 의료분쟁조정위원회를 둔다.

한국의료분쟁조정중재원(이하 조정중재원)은 2012년 4월부터 시행된 「의료사고 피해구제 및 의료분쟁 조정 등에 관한 법률」(이하 의료분쟁조정법)에 기초하여 설립되었다(동법 제6조). 조정중재원의 설립 전까지는 한국소비자원이 의료분쟁의 소송외적 해결에서 주도적 역할을 하였으나, 한국소비자원은 의료분쟁만을 전문적으로 전담하는 기구는 아니다. 이에 의료분쟁을 다루는 독자적인 기구와 절차의 필요성에 대한 오랜 동안의 논의에 기초해[277] 조정중재원이 탄생하게 되었다. 조정중재원의 주요 업무는 '의료분쟁의 조정과 중재 및 상담'이며, 그 밖에 의료사고 감정 등의 업무도 수행한다(동법 제8조). 조정중재원에는 의료분쟁의 조정과 중재를 위한 '의료분쟁조정위원회'와, 분쟁 해결을 위한 기초 조사 등의 업무를 수행하는 '의료사고감정단'이 설치되어 있다(동법 제19조 제1항 및 제25조).

---

276 구체적인 기준에 대해서는 소비자소송지원제도 운영지침 제5조 제1항 제3호 참조.

277 의료분쟁조정법의 제정과 조정중재원의 탄생 배경에 관해서는 이상돈·김나경, 『의료법강의』, 213쪽 참조.

(2) 조정의 신청

1) 방식과 기간

> **의료분쟁조정법** 제27조(조정의 신청) ① 의료분쟁의 당사자 또는 그 대리인은 보건복지부령으로 정하는 바에 따라 조정중재원에 분쟁의 조정을 신청할 수 있다.

> **의료분쟁조정법** 제27조(조정의 신청) ⑬ 제1항에 따른 분쟁의 조정신청은 다음 각 호에 해당하는 기간 내에 하여야 한다.
> 1. 의료사고의 원인이 된 행위가 종료된 날부터 10년
> 2. 피해자나 그 법정대리인이 그 손해 및 가해자를 안 날부터 3년

조정중재원에서의 의료분쟁조정은 분쟁의 당사자나 그 대리인의 조정신청에서 시작된다. 신청할 때는 법정 서식에 따른 의료분쟁조정신청서와 의료사고 경위 등 분쟁 내용을 적은 서류 등을 제출해야 한다(의료분쟁조정법 제27조 제1항 및 동법 시행규칙 제7조). 신청은 의료사고의 원인이 된 행위가 종료된 날부터 10년 그리고 피해자나 그 법정대리인이 그 손해 및 가해자를 안 날부터 3년 내에 이루어져야 한다(동법 제27조 제13항). 그리고 분쟁 당사자는 조정중재원의 조정과 한국소비자원의 조정 중 원하는 절차를 선택할 수 있다. 한국소비자원의 소비자분쟁조정위원회에 분쟁 조정이 이미 신청되어 있는 경우에는 조정중재원에 한 조정신청은 각하된다(동법 제27조 제1항 제2호).

2) 소송과의 관계

> **의료분쟁조정법** 제40조(소송과의 관계) 의료분쟁에 관한 소송은 이 법에 따른 조정절차를 거치지 아니하고도 제기할 수 있다.

> **의료분쟁조정법** 제27조(조정의 신청) ③ 원장은 제1항에 따른 조정신청이 다음 각 호의 어느 하나에 해당하는 경우 신청을 각하한다. (...)
> 1. 이미 해당 분쟁조정사항에 대하여 법원에 소(訴)가 제기된 경우

문제 된 사안에 대해 당사자가 소송을 제기하고자 한다면 조정절차를 거치지 않고 바로 소송을 제기하면 된다(의료분쟁조정법 제40조). 만일 같은 사안에 대해 법원에 이미 소가 제기된 경우에는 그 사안에 대한 조정신청은 각하된다(동법 제27조 제3항 제1호).

(3) 조정 개시

1) 요건: 피신청인의 조정의사 통지

> **의료분쟁조정법** 제27조(조정의 신청) ⑧ (…) 조정신청서를 송달받은 피신청인이 조정에 응하고자 하는 의사를 조정중재원에 통지함으로써 조정절차를 개시한다. 피신청인이 조정신청서를 송달받은 날부터 14일 이내에 조정절차에 응하고자 하는 의사를 통지하지 아니한 경우 원장은 조정신청을 각하한다.

조정신청이 접수되면 조정신청을 한 사람의 상대방, 그러니까 피신청인에게 조정신청서가 송달된다(의료분쟁조정법 제27조 제4항). 피신청인이 이를 받고 조정에 응해야 비로소 조정절차가 개시된다. 신청서를 받은 피신청인이 14일 내에 조정에 응하는 의사를 통지하지 않으면 조정신청은 각하된다(동조 제8항). 이 점은 이러한 요건 없이 조정이 개시되는 한국소비자원에서의 조정과는 다른 점이다.

2) 예외적 자동개시

> **의료분쟁조정법** 제27조(조정의 신청) ⑨ 원장은 제8항에도 불구하고 제1항에 따른 조정신청의 대상인 의료사고가 사망 또는 다음 각 호에 해당하는 경우에는 지체 없이 조정절차를 개시하여야 한다. 이 경우 피신청인이 조정신청서를 송달받은 날을 조정절차 개시일로 본다.
> 1. 1개월 이상의 의식불명
> 2. 「장애인복지법」 제2조에 따른 장애인 중 장애 정도가 중증에 해당하는 경우로서 대통령령으로 정하는 경우

피신청인이 조정절차에 응한다는 의사를 통지했는지를 묻지 않고 조정절차를 개시하는 예외적인 경우가 있다. 조정신청의 대상인 의료사고로 인해 사망, 1개월 이상의 의식불명 그리고 중증 장애[278]라는 결과가 발생한 경우에는, 피신청인에게

---

[278] '중증 장애'의 요건과 관련해서는 특히 의료분쟁조정법 시행령에서 다음과 같이 구체화하고 있다: 의료분쟁조정법 시행령 제14조의2(자동조정절차가 개시되는 의료사고의 범위 등) ① 법 제27조 제9항 제2호에서 "대통령령으로 정하는 경우"란 「장애인복지법 시행령」 [별표 1]에 따른 장애(자폐성장애 및 정신장애는 제외 한다) 중 장애 정도가 심한 장애를 말한다. 다만, 다음 각 호의 어느 하나에 해당하는 경우에는 법 제27조제9항에 따른 자동조정의 개시 대상에서 제외한다.
　1. 장애 정도가 심하지 않은 기존 장애와 의료사고로 인한 다른 장애(장애 정도가 심하지 않은 경우만 해당한다)를 합산 판정하여 장애 정도가 심한 장애가 된 경우
　2. 장애 정도가 심하지 않은 기존 장애의 부위와 의료사고로 인한 동일 장애의 다른 부위(장애 정도가 심하지 않은 경우만 해당한다)를 합산 판정하여 장애 정도가 심한 장애가 된 경우
　3. 장애 정도가 심한 장애에 해당하는 기존 장애와 동일한 부위에 의료사고로 인한 장애가 추가로 발생한 경우

조정신청서가 송달되면 피신청인의 의사와는 상관없이 그날부터 조정절차가 개시된다(의료분쟁조정법 제27조 제9항). 다만 이 경우에도, 신청인이 조정신청 전에 의료사고를 이유로 의료기관의 기물파손, 의료기관 점거 등 의료법에서 금지하고 있는 진료방해행위를 하거나 또는 형법에서 규정하는 업무방해행위를 한 경우 그리고 거짓된 사실에 기초해 조정신청을 한 것이 명백한 경우에는, 피신청인은 조정신청서를 송달받은 날부터 14일 이내에 이의신청을 할 수 있다(동조 제10항). 조정위원회의 위원장은 이의신청일부터 7일 내에, 이의신청이 이유 있으면 조정신청을 각하하는 결정을 그리고 이유 없으면 이의신청을 기각하는 결정을 내려야 한다(동조 제11항).

(4) 조정 절차

1) 조정부와 감정부의 지정

> **의료분쟁조정법** 제27조(조정의 신청) ⑤ (의료분쟁조정위원회의) 위원장은 (…) 조정신청의 통지를 받은 때에는 지체 없이 관할 조정부를 지정하고 해당 사건을 배당하여야 한다.
> ⑥ (의료사고감정단의) 단장은 (…) 조정신청의 통지를 받은 때에는 지체 없이 관할 감정부를 지정하고 해당 사건을 배당하여야 한다.

조정신청이 접수되면 조정중재원 원장은 의료분쟁조정위원회와 의료사고감정단에 이를 통지한다(의료분쟁조정법 제27조 제4항). 이에 기초하여 관할 조정부와 감정부가 지정된다(동법 제27조 제5항 및 제6항). 조정부는 5명의 조정위원으로 구성되며, 감정부는 5명의 감정위원으로 구성된다.

[의료분쟁조정위원회와 의료사고감정단의 인적 구성] ① **의료분쟁조정위원회** 의료분쟁조정위원회는 위원장 그리고 100명 이상 300명 이내의 조정위원으로 구성된다(의료분쟁조정법 제20조 제1항). 조정위원 정수의 5분의 2는 판사, 검사 또는 변호사의 자격이 있는 사람, 5분의 1은 보건의료에 관한 학식과 경험이 풍부한 사람으로서 보건의료인단체 또는 보건의료기관단체에서 추천한 사람, 또 5분의 1은 소비자권익에 관한 학식과 경험이 풍부한 사람으로서 비영리민간단체에서 추천한 사람, 그리고 나머지 5분의 1은 대학이나 공인된 연구기관에서 부교수급 이상 또는 이에 상당하는 직에 있거나 있었던 사람으로 보건의료인이 아닌 사람으로 구성된다(동조 제2항). ② **의료사고감정단** 의료사고감정단은 단장 그리고 100명 이상 300명 이내의 감정위원으로 구성된다(동법 제25조 제2항), 감정위원은 의사전문의 자격이 있거나 치과의사나 한의사

면허가 있는 사람, 변호사, 보건복지부장관이 인정하는 외국의 의사 · 치과의사 · 한의사 자격이나 변호사 자격이 있는 사람, 비영리민간단체에서 추천한 사람으로서 소비자권익과 관련된 분야에 종사한 사람 중 법이 정한 기간 요건 등을 충족한 사람을 임명 또는 위촉하게 된다(동법 제26조 제2항). 아울러 감정단의 업무를 지원하기 위해 감정단에는 조사관을 두고 있는데, 조사관은 의사, 한의사, 간호사, 약사, 한약사, 의료기사나 그 밖에 법학이나 보건학 석사학위자, 분쟁해결기관에서 근무한 경력이 있는 사람들 중에서 선발하게 된다(동법 제26조 제13항 및 동법 시행령 제14조).

2) 감정부의 사실조사

> **의료분쟁조정법** 제25조(의료사고감정단의 설치) ③ 감정단의 업무는 다음 각 호와 같다.
> 1. 의료분쟁의 조정 또는 중재에 필요한 사실조사
> 2. 의료행위등을 둘러싼 과실 유무 및 인과관계의 규명
> 3. 후유장애 발생 여부 등 확인

① **사실조사** 조정절차가 개시되면 의료사고감정단의 감정부에서[279] 당해 의료사고와 관련한 사실조사, 과실 및 인과관계 규명, 후유장애 확인 등의 업무를 수행한다. 감정부는 감정을 위해 필요한 경우 신청인, 피신청인, 분쟁 관련 이해관계인이나 참고인이 출석하여 진술하게 하거나 조사에 필요한 자료와 물건 등의 제출을 요구할 수 있고(의료분쟁조정법 제28조 제1항), 사고가 발생한 보건의료기관의 보건의료인이나 개설자에게 사고 원인이 된 행위 당시의 환자 상태와 그 행위를 선택하게 된 이유 등의 소명을 요구할 수 있다(동조 제2항). 더 나아가 감정부는 직접 사고가 발생한 의료기관에 출입하여 관련 문서나 물건을 조사, 열람, 복사할 수도 있다(동조 제3항). 이러한 관련 요구에는 정당한 이유가 없는 한 응해야 한다(동조 제5항). 특히 의료사고의 발생 원인이 2개 이상의 진료과목과 관련이 있는 경우 감정부는 정확한 감정을 위해 관련 진료과목을 담당하는 감정위원 또는 자문위원의 의견을 들어야 한다(동법 제28조의2). ② **기간** 감정은 조정절차가 개시된 날부터 60일 이내에 이루어져야 한다(동법 제29조 제1항). 이 기간은 필요하다고 인정하면 1회에 한해 30일까지 연장할 수 있다(동조 제2항). 감정이 종료되면 감정부는 감정결과를 감정서로 작성하여 조정부로 송부한다. ③ **감정서의 열람** 신청인 또는 피신청인은 감정서의 열람 또는 복사를 조정중재원에 신청할 수 있다(동법 제38조).

---

279 감정부는 의료인 2인, 법조인 2인, 소비자권익 대표자 1인으로 구성된다(의료분쟁조정법 제26조 제7항).

3) 조정부의 조정

> **의료분쟁조정법** 제30조(의견진술 등) ① 조정부는 신청인, 피신청인 또는 분쟁 관련 이해관계인으로 하여금 조정부에 출석하여 발언할 수 있게 하여야 한다.

> **의료분쟁조정법** 제33조(조정결정) ③ 조정부는 해당 사건에 대한 감정부의 감정의견을 고려하여 조정결정을 한다.

> **의료분쟁조정법** 제32조(조정절차의 비공개) 조정부의 조정절차는 공개하지 아니한다. 다만, 조정부의 조정위원 과반수의 찬성이 있는 경우 이를 공개할 수 있다.

> **의료분쟁조정법** 제33조(조정결정) ① 조정부는 사건의 조정절차가 개시된 날부터 90일 이내에 조정결정을 하여야 한다.
> ② 제1항에도 불구하고 조정부가 필요하다고 인정하는 경우 그 기간을 1회에 한하여 30일까지 연장할 수 있다.

조정절차가 개시되면 의료분쟁조정위원회가 구성한 조정부에서[280] 전체 조정절차를 관장한다. ① **분쟁당사자의 진술** 조정부에서 진행되는 조정절차 중 무엇보다 중요한 것은 관련되는 사람들의 의견진술이다. 조정부는 신청인, 피신청인 또는 분쟁 관련 이해관계인이 조정부에 출석하여 발언할 수 있게 해야 한다(의료분쟁조정법 제30조 제1항). ② **감정의견 고려** 조정부는 조정결정을 할 때 해당 사건에 대한 감정부의 감정의견을 고려해야 한다(동법 제33조 제3항). 이를 위해 감정부에 소속된 감정위원에게 조정부에 출석하여 감정결과를 설명하도록 요청할 수 있고, 감정단에 재감정을 요청할 수도 있다(동법 제30조 제2항). 재감정이 요구되면 감정부가 새로이 구성되어야 하며(동조 제3항), 새로 구성된 감정부는 감정을 함에 있어서 필요한 경우 조정중재원에 속하지 않은 보건의료인에게 자문을 구할 수 있다(동조 제4항). ③ **절차의 비공개** 조정부의 조정절차는 공개하지 않는 것이 원칙이며, 조정부의 조정위원 과반수의 찬성이 있는 경우에는 공개할 수 있다(동법 제32조). ④ **기간** 조정결정은 조정절차가 개시된 날부터 90일 이내에 이루어져야 한다(동법 제33조 제1항). 다만, 조정부가 필요하다고 인정하면 1회에 한해 30일까지 연장할 수 있다(동조 제2항).

---

280 조정부는 법조인 2명, 의료인 1명, 소비자권익 대표자 1명, 대학교수 1인(비의료인)으로 구성된다(의료분쟁조정법 제23조 제3항).

[간이조정절차] 조정부의 조정은 경우에 따라서는 '간이조정절차'를 통해 이루어질 수도 있다. 간이조정절차는 "1. 신청된 사건의 사실관계 및 과실 유무 등에 대하여 신청인과 피신청인 간에 큰 이견이 없는 경우, 2. 신청된 사건에서 과실의 유무가 명백하거나 사실관계 및 쟁점이 간단한 경우, 3. 의료분쟁에 대한 조정신청 금액이 500만원 이하인 경우" 활용될 수 있다(의료분쟁조정법 제33조의2 제1항 및 동법 시행령 제15조의2 제3항). 이러한 경우 중 어느 하나에 해당하면 조정부는 우선 해당 의료사고의 내용, 성격 그리고 보건의료인의 과실 여부 등에 대해 감정부의 의견을 듣고(동법 제33조의2 제4항), 감정부와 협의해서 의료사고 감정을 생략하거나 의사, 치과의사 또는 한의사인 1명의 감정위원이 감정을 하도록 할 수 있다(동조 제1항). 그리고 간이조정절차에서는 조정부의 장이 단독으로 조정결정을 할 수 있다(동조 제2항). 조정부가 간이조정절차에 따라 조정하려는 경우에는 미리 신청인과 피신청인의 의견을 들어야 한다(동조 제5항).

4) 조정의 종결

> **의료분쟁조정법** 제33조의3(조정을 하지 아니하는 결정) 조정부는 조정신청이 다음 각 호의 어느 하나에 해당하는 경우 조정을 하지 아니하는 결정으로 사건을 종결시킬 수 있다.
> 1. 신청인이 정당한 사유 없이 조정을 기피하는 등 그 조정신청이 이유 없다고 인정하는 경우
> 2. 신청인이 거짓된 사실로 조정신청을 하거나 부당한 목적으로 조정신청을 한 것으로 인정하는 경우
> 3. 사건의 성질상 조정을 하기에 적당하지 아니한 경우

> **의료분쟁조정법** 제35조(배상금의 결정) 조정부는 (...) 조정결정을 하는 경우 의료사고로 인하여 환자에게 발생한 생명·신체 및 재산에 관한 손해, 보건의료기관개설자 또는 보건의료인의 과실 정도, 환자의 귀책사유 등을 고려하여 손해배상액을 결정하여야 한다.

> **의료분쟁조정법** 제36조(조정결과의 통지) ② (...) 조정결정 송달을 받은 신청인과 피신청인은 그 송달을 받은 날부터 15일 이내에 동의 여부를 조정중재원에 통보하여야 한다. 이 경우 15일 이내에 의사표시가 없는 때에는 동의한 것으로 본다.
> ④ (...) 성립된 조정은 재판상 화해와 동일한 효력이 있다.

① **조정을 하지 아니하는 결정** 조정부는 ⓐ 조정신청이 이유 없는 경우, ⓑ 신청인이 거짓된 사실로 또는 부당한 목적으로 조정신청을 한 경우, ⓒ 사건의 성질상 조정하기에 적당하지 않은 경우에는 '조정을 하지 아니하는 결정'으로 사건을 마무리할 수 있다(의료분쟁조정법 제33조의3). ② **조정결정** 조정부의 '조정결정'은 조정부의 장을 포함한 조정위원 과반수의 출석과 출석위원 과반수의 찬성으로 의결한다(동

법 제23조 제4항). 조정결정을 하는 경우 조정부는 의료사고로 인하여 환자에게 발생한 생명·신체 및 재산에 관한 손해, 보건의료기관 개설자 또는 보건의료인의 과실 정도, 환자의 귀책사유 등을 고려하여 손해배상액을 결정한다(동법 제35조). ③ **결과의 통지** 조정부가 '조정결정' 또는 '조정을 하지 아니하는' 결정을 내리면 조정중재원 원장은 조정결정서의 정본을 7일 이내에 신청인과 피신청인에게 송달해야 한다(동법 제36조 제1항). 신청인과 피신청인은 송달을 받은 날부터 15일 이내에 동의 여부를 조정중재원에 통보해야 하며, 만일 15일 이내에 의사표시가 없으면 동의한 것으로 보게 된다(동조 제2항). 성립된 조정은 재판상 화해와 동일한 효력, 즉 확정판결의 효력을 발한다(동조 제4항).

[조정절차 중 합의] 조정신청을 하여 조정절차가 진행 중이더라도 신청인과 피신청인은 분쟁 중인 사건에 대해 합의할 수 있다(의료분쟁조정법 제37조 제1항). 합의가 이루어지면 조정절차는 중단되며, 조정부는 당사자의 의사 확인 후 합의 내용에 따라 조정조서를 작성한다(동조 제2항 및 제3항). 조정조서가 작성되어 합의가 성립하면 이 합의는 조정결정이 이루어진 경우와 마찬가지로 재판상 화해의 효력을 갖게 된다(동조 제4항).

IV. 중재

중재란 당사자가 중재합의에 기초해 사인(私人)인 중재인의 중재 판정으로[281] 분쟁을 해결하는 절차이다. 중재인은 당사자가 선정하는데, 보통 문제 되는 사건과 관련된 분야의 전문가가 중재인이 된다. 의료분쟁의 중재는 「의료사고 피해구제 및 의료분쟁 조정 등에 관한 법률」(이하 의료분쟁조정법)상의 중재절차를 통해 가능하다. 사법(私法)상의 분쟁 해결을 위해 제정된 「중재법」상의 중재절차도 활용될 여지가 있다. 「의료분쟁조정법」은 동법상의 중재절차에 대해 「중재법」을 보충적으로 준용하고 있다(의료분쟁조정법 제43조 제4항).

---

281 중재인은 국가기관이 아니라 사인(私人)이어야 하며, 중재권한은 국가권력이 아니라 당사자의 합의로부터 나온 것이어야 한다(목영준·최승재, 『상사중재법』, 박영사, 2018, 6쪽).

['화해'와 '조정' vs. '중재'] 화해 제도 및 조정 제도는 무엇보다 당사자의 양보와 타협을 기초로 문제를 해결하는 절차이다. 이때 화해나 조정을 돕는 주체가 있더라도 어쨌든 문제 사안에 대한 최종적인 결정 주체는 결국 당사자라 할 수 있다. 이와는 달리 중재는 중재인이 판사와 유사한 역할을 하는 일종의 "사적 재판"[282]이라 할 수 있다. 중재 절차에서는 판사는 아니지만 각 분야 전문가인 중재인이 사건에 대한 판단을 내리고, 당사자는 – 법이 정하는 특별한 사유가 없는 한 – 이에 불복할 수 없다.

1. 한국의료분쟁조정중재원에 의한 중재

(1) 중재합의

> **의료분쟁조정법** 제43조(중재) ① 당사자는 분쟁에 관하여 조정부의 종국적 결정에 따르기로 서면으로 합의하고 중재를 신청할 수 있다.
> ② 제1항의 중재신청은 조정절차 계속 중에도 할 수 있다. (...)
> ③ 당사자는 합의에 따라 대통령령으로 정하는 바에 따라 조정부를 선택할 수 있다.

중재합의란 '현재 발생한 또는 장래 발생할지도 모르는 분쟁을 중재에 의해 해결하기로 하는 당사자 간의 약정'[283]이다. 의료분쟁의 당사자들이 조정중재원에서 중재 절차를 진행하고자 한다면, 조정부의 중재결정에 따르기로 서면으로 합의하고 중재를 신청해야 한다(의료분쟁조정법 제43조 제1항). 중재신청은 조정절차가 계속되는 중에도 할 수 있다(동조 제2항). 당사자는 중재의 주체가 되는 조정부와 관련해, 의료분쟁조정 위원회의 위원장에게 지정을 위임할 것인지 아니면 위원장이 제시하는 조정부 중 하나를 당사자의 합의로 선택할 것인지에 대해 합의할 수 있다(동조 제3항 및 동법 시행령 제17조 제1항). 만일 당사자가 중재를 신청한 날부터 15일이 경과할 때까지 조정부의 선택에 대해 어떤 합의도 하지 못했다면, 두 번째 방법을 택한 것으로 간주된다(동법 시행령 제17조 제1항). 그리고 두 번째 방법에 따라 위원장이 조정부를 제시했는데도 그날부터 15일 내에 당사자가 조정부를 선택하지 않으면, 위원장은 중재를 담당할 조정부를 지정할 수 있다.

---

282 김갑유, 『중재실무강의』, 박영사, 2013, 3쪽.
283 목영준 · 최승재, 『상사중재법』, 51쪽.

(2) 중재 절차

> **의료분쟁조정법** 제43조(중재) ④ 중재절차에 관하여는 조정절차에 관한 이 법의 규정을 우선 적용하고, 보충적으로 「중재법」을 준용한다.

중재절차에 대해서는 조정절차에 관한 「의료분쟁조정법」의 규정을 따른다. 보충적으로는 「중재법」이 준용된다(의료분쟁조정법 제43조).

(3) 중재판정

> **의료분쟁조정법** 제44조(중재판정의 효력 등) ① 중재판정은 확정판결과 동일한 효력이 있다.
> ② 중재판정에 대한 불복과 중재판정의 취소에 관하여는 「중재법」 제36조를 준용한다.

중재절차를 거쳐 내려지는 중재판정은 확정판결의 효력을 발한다(의료분쟁조정법 제44조 제1항). 중재판결에의 불복과 취소는 「중재법」의 규정에 따른다(동조 제2항).[284]

2. 「중재법」에 기초한 중재

(1) 제도의 의의

> **중재법** 제3조(정의) 이 법에서 사용하는 용어의 뜻은 다음과 같다.
> 1. "중재"란 당사자 간의 합의로 재산권상의 분쟁 및 당사자가 화해에 의하여 해결할 수 있는 비재산권상의 분쟁을 법원의 재판에 의하지 아니하고 중재인(仲裁人)의 판정에 의하여 해결하는 절차를 말한다.

「중재법」은 ─ 합의나 화해로 해결할 수 없는 ─ 사법(私法)상의 분쟁 해결을 위해 제정된 법이다. 동법 제40조에 기초해 상사분쟁을 중재하는 대한상사중재원이 설립되었는데, 우리나라의 국민건강보험체계하에서는 의사 또는 의료기관과 환자의 관계는 상거래라고 보기 어려우므로 대한상사중재원에 의해 우리 국민의 의료분쟁이 해결되는 경우를 생각하기는 힘들다. 다만, 국내 의료기관이 외국인 환자와 진료계약을 체결할 때 대한상사중재원을 중재기관으로 하는 중재합의를 하는 경우가 있다.[285]

---

284 이에 대해서는 아래의 「중재법」에 기초한 중재' 단락의 설명을 참조.

다른 한편 서울지방변호사회가 운영하는 '서울지방변호사회 조정중재센터'는 2,000만 원 이하의 민사소액사건을 대상으로 『중재법』상의 중재업무를 수행하면서 '의료사건중재인단'을 분야별 중재인단 중 하나로 설치하고 있다.[286]

(2) 중재합의

1) 의의와 방식

> **중재법** 제3조(정의) 2. "중재합의"란 계약상의 분쟁인지 여부에 관계없이 일정한 법률관계에 관하여 당사자 간에 이미 발생하였거나 앞으로 발생할 수 있는 분쟁의 전부 또는 일부를 중재에 의하여 해결하도록 하는 당사자 간의 합의를 말한다.

> **중재법** 제8조(중재합의의 방식) ① 중재합의는 독립된 합의 또는 계약에 중재조항을 포함하는 형식으로 할 수 있다.
> ② 중재합의는 서면으로 하여야 한다.

중재의 방식으로 분쟁을 해결하기 위해서는 우선 당사자가 이미 발생한 분쟁 또는 앞으로 발생할 분쟁의 전부나 일부를 — 중재로 해결할 것에 대해 합의하는 '중재 합의'가 있어야 한다. 중재 합의는 서면으로 하는데(중재법 제8조 제2항),[287] ① 독립된 합의 형식으로 할 수도 있고 ② 계약 내용에 중재 조항을 포함하는 방식으로도 할 수 있다(동법 제8조 제1항). 우리나라의 국민건강보험법체계 하에서 진료행위가 이루어지는 경우에는, 의료계약에 관한 단락에서 이미 언급했던 바와 같이, 서면으로 진료계약을 체결하는 경우가 드물다. 다만 외국인 환자의 경우에는 의료기관과 진료계약을 서면으로 체결하게 되는데,[288] 이러한 경우 앞으로 발생할 의료분쟁의 해결에 대해 중재합의를 서면계약에 포함하는 방식으로 계약할 수 있을 것이다.

---

285 홍승욱, 「외국인환자의 의료분쟁 해결에 관한 제도적 고찰」, 『2009년 한국의료법학회 춘계학술대회 자료집』, 36-37쪽; 신현호·백경희, 『의료분쟁조정·소송 각론』, 170-171쪽; 김나경, 『의료사고와 의료분쟁』, 86쪽.

286 이에 대한 소개는 신현호·백경희, 『의료분쟁조정·소송 각론』, 171쪽; 김나경, 『의료사고와 의료분쟁』, 86-87쪽.

287 중재합의의 '서면성'은, 분쟁 해결을 사인에게 맡기는 만큼 계약 내용의 중요성을 일깨워 준다는 점에서 중요한 의미를 갖는다고 설명하는 목영준·최승재, 『상사중재법』, 55쪽 참조.

288 김나경, 『의료사고와 의료분쟁』, 88쪽; 이와 관련하여 상거래계약에서의 '중재조항'의 삽입에 관해서는 목영준·최승재, 『상사중재법』, 52쪽 이하 참조.

중재합의는 중재인, 중재절차 등 중재의 운영 방식에 대해서도 이루어진다.

[중재인의 선정] 중재합의의 가장 중요한 내용 중 하나는 중재인을 정하는 것이다. ① 중재인의 수 당사자는 중재인의 수를 합의로 정하는데, 만일 이에 대한 합의가 없으면 중재인의 수는 3명이 된다(중재법 제11조). ② 중재인의 선정절차 중재인의 선정절차도 당사자의 합의로 정하는데, 만일 이에 대한 합의가 없으면 법이 정한 선정 방식에 따라 선정한다(중재법 제2항 및 제3항). 당사자가 중재인 선정에 대해 합의했더라도 합의된 절차에 따라 중재인 선정이 이루어지지 않았거나 선정을 위임받은 주체가 중재인을 선정할 수 없을 때는 당사자의 신청에 의해 법원이나 법원이 지정한 중재기관이 중재인을 선정한다(동조 제5항). ③ 중재인의 기피 중재인이 되어달라고 요청받은 사람 또는 중재인으로 선정된 사람은 자신의 공정성이나 독립성에 관해 의심을 살 만한 사유가 있을 때에는 지체 없이 이를 당사자에게 고지해야 한다(동법 13조 제1항). 이러한 사유가 있거나 당사자가 합의한 중재인의 자격을 갖추지 못한 경우 당사자는 당해 중재인을 기피할 수 있다(동조 제2항).

2) 소송과의 관계

> 중재법 제9조(중재합의와 법원에의 제소) ① 중재합의의 대상인 분쟁에 관하여 소가 제기된 경우에 피고가 중재합의가 있다는 항변(抗辯)을 하였을 때에는 법원은 그 소를 각하(却下)하여야 한다. (…)
> ③ 제1항의 소가 법원에 계속(繫屬) 중인 경우에도 중재판정부는 중재절차를 개시 또는 진행하거나 중재판정을 내릴 수 있다.

만일 당사자가 중재합의를 했는데도 소가 제기된 경우, 피고가 중재합의가 있다는 항변을 하면 법원은 소를 각하해야 한다(동법 제9조 제1항). 이 경우 법원에 소송이 계속중이더라도 중재판정부는 중재절차를 개시, 진행하거나 중재판정을 내릴 수 있다(동조 제3항). 그렇지 않다면 분쟁을 신속하게 해결한다는 소송외적 분쟁해결제도의 취지가 실현되지 않을 수 있다.

(3) 중재 절차

> 중재법 제20조(중재절차) ① 이 법의 강행규정(強行規定)에 반하는 경우를 제외하고는 당사자들은 중재절차에 관하여 합의할 수 있다.
> ② 제1항의 합의가 없는 경우에는 중재판정부가 이 법에 따라 적절한 방식으로 중재절차를

> 진행할 수 있다. 이 경우 중재판정부는 증거능력, 증거의 관련성 및 증명력에 관하여 판단할 권한을 가진다.

분쟁의 당사자는 중재절차에 관해서도 합의할 수 있다(중재법 제20조 제1항). 합의가 없으면 중재판정부가 적절한 방식으로 중재절차를 진행하게 된다(동조 제2항). 중재절차는 — 조정이나 소송의 경우와 유사하게 — 사실조사, 감정, 심리 등의 과정으로 구성된다. 중재판정부는 구술심리나 그 밖의 증거조사를 하기 전에 충분한 시간을 두고 구술심리를 하는 기일이나 증거조사를 하는 기일을 당사자에게 알려 주어야 한다(동법 제25조 제2항). 그리고 어느 한 쪽 당사자가 중재판정부에 제출하는 준비서면, 서류, 그 밖의 자료는 지체 없이 상대방 당사자에게 제공되어야 하고, 중재판정부가 판정에서 기초로 삼으려는 감정서도 양쪽 당사자에게 제공되어야 한다(동조 제3항 및 제4항).

(4) 중재판정

> **중재법** 제35조(중재판정의 효력) 중재판정은 양쪽 당사자 간에 법원의 확정판결과 동일한 효력을 가진다. 다만, 제38조에 따라 승인 또는 집행이 거절되는 경우에는 그러하지 아니하다.

> **중재법** 제36조(중재판정 취소의 소) ① 중재판정에 대한 불복은 법원에 중재판정 취소의 소를 제기하는 방법으로만 할 수 있다.
> ② 법원은 다음 각 호의 어느 하나에 해당하는 경우에만 중재판정을 취소할 수 있다.

중재절차를 거쳐 내려지는 중재판정은, 「중재법」 제38조에 따라 승인 또는 집행이 거절되는 경우를 제외하면 확정판결의 효력을 발한다(중재법 제35조). 중재절차는 단심제로, 당사자는 「중재법」이 규정하는 사유에 해당하는 경우[289]에만 중재판정

---

289 중재법 제36조(중재판정 취소의 소) ② 법원은 다음 각 호의 어느 하나에 해당하는 경우에만 중재판정을 취소할 수 있다. 1. 중재판정의 취소를 구하는 당사자가 다음 각 목의 어느 하나에 해당하는 사실을 증명하는 경우. 가. 중재합의의 당사자가 해당 준거법(準據法)에 따라 중재합의 당시 무능력자였던 사실 또는 중재합의가 당사자들이 지정한 법에 따라 무효이거나 그러한 지정이 없는 경우에는 대한민국의 법에 따라 무효인 사실, 나. 중재판정의 취소를 구하는 당사자가 중재인의 선정 또는 중재절차에 관하여 적절한 통지를 받지 못하였거나 그 밖의 사유로 변론을 할 수 없었던 사실, 다. 중재판정이 중재합의의 대상이 아닌 분쟁을 다룬 사실 또는 중재판정이 중재합의의 범위를 벗어난 사항을 다룬 사실. 다만, 중재판정이 중재합의의 대상에 관한 부분과 대상이 아닌 부분으로 분리될 수 있는 경우에는 대상이 아닌 중재판정 부분만을 취소할 수 있다. 라. 중재판정부의 구성 또는 중재절차가 이 법의 강행규정에 반하지 아니하는

취소의 소를 제기하는 방식으로 불복할 수 있다.

[화해 중재판정] 중재절차가 진행되는 중에 당사자들이 화해하는 경우도 있을 수 있다.[290] 당사자들이 화해를 하면 중재판정부는 중재절차를 종료하는데, 이때 당사자들이 요구하는 경우 그 화해 내용을 중재판정의 형식으로 서면으로 작성할 수 있다(중재법 제31조 제1항). 이를 '화해중재판정'이라고 하는데, 화해중재판정은 중재판정과 동일한 효력을 가진다(동조 제3항).

당사자 간의 합의에 따르지 아니하였거나 그러한 합의가 없는 경우에는 이 법에 따르지 아니하였다는 사실; 2. 법원이 직권으로 다음 각 목의 어느 하나에 해당하는 사유가 있다고 인정하는 경우. 가. 중재판정의 대상이 된 분쟁이 대한민국의 법에 따라 중재로 해결될 수 없는 경우, 나. 중재판정의 승인 또는 집행이 대한민국의 선량한 풍속이나 그 밖의 사회질서에 위배되는 경우.

290 다수의 사안에서 중재판정이 종국적으로 내려지기 전 당사자들이 화해한다고 한다(목영준·최승재, 『상사중재법』, 220쪽 참조). '화해중재판정'은 이러한 경우 화해하면서 합의한 사항에 대한 이행을 확실하게 하기 위한 수단이 된다.

찾아보기

저자 소개

고려대학교 법학과 (법학사)

고려대학교 대학원 법학과 (법학석사)

독일 Frankfurt (Goethe) 대학교 (법학박사: Dr.jur.)

영국 Edinburgh 대학교 SCRIPT 연구소 Visiting Research Fellow (Post-doc.)

(현) 성신여자대학교 법과대학 교수

한국의료분쟁조정중재원 비상임이사

국가생명윤리정책원 이사

미래의료인문사회과학회 부회장 및 학술위원장

대한의료법학회 국제교류이사

한국생명윤리학회 법제이사

대한의학유전학회 생명윤리이사

제2판

법조문과 사례로 이해하는 **의료분쟁**

초판발행   2020년 12월 30일
제2판발행   2025년 5월 20일

지은이   김나경
펴낸이   안종만·안상준

편 집   박세연
기획/마케팅   김한유
표지디자인   BEN STORY
제 작   고철민·김원표

펴낸곳   (주) **박영사**
            서울특별시 금천구 가산디지털2로 53, 210호(가산동, 한라시그마밸리)
            등록 1959. 3. 11. 제300-1959-1호(倫)

전 화   02)733-6771
f a x   02)736-4818
e-mail   pys@pybook.co.kr
homepage   www.pybook.co.kr
ISBN   979-11-303-4967-1   93360

정 가   16,000원